Bibliothèque de Philosophie scientifique

Dr GUSTAVE LE BON

Enseignements Psychologiques de la Guerre Européenne

Les causes économiques, affectives et mystiques de la guerre.
Les forces psychologiques en jeu dans les batailles.
Les variations de la personnalité.
Les haines de races.
Les inconnues de la guerre.
Les problèmes de la paix. — L'avenir.

PARIS
ERNEST FLAMMARION, ÉDITEUR
26, RUE RACINE, 26

LA GUERRE EUROPÉENNE

PRINCIPALES PUBLICATIONS DU Dr GUSTAVE LE BON

1° VOYAGES, HISTOIRE ET PSYCHOLOGIE

Voyage aux monts Tatras, avec une carte et un panorama dressés par l'auteur (publié par la *Société géographique de Paris*).

Voyage au Népal, avec nombreuses illustrations, d'après les photographies et dessins exécutés par l'auteur pendant son exploration (publié par le *Tour du Monde*).

L'Homme et les Sociétés. — Leurs origines et leur histoire. Tome Ier : Développement physique et intellectuel de l'homme. — Tome II. Développement des sociétés. (*Épuisé.*)

Les Premières Civilisations de l'Orient (Égypte, Assyrie, Judée, etc.). In-4°, illustré de 430 gravures, 2 cartes et 9 photographies. (Flammarion.)

La Civilisation des Arabes. Grand in-4°, illustré de 366 gravures, 4 cartes et 11 planches en couleurs, d'après les documents de l'auteur. (Didot.) (*Épuisé.*)

Les Civilisations de l'Inde. Grand in-4°, illustré de 352 photogravures et 2 cartes, d'après les photographies exécutées par l'auteur. (*Épuisé.*)

Les Monuments de l'Inde. In-folio, illustré de 400 planches d'après les documents, photographies, plans et dessins de l'auteur. (Firmin-Didot.) (*Épuisé.*)

Lois psychologiques de l'évolution des peuples. 11e édition.

Psychologie des foules. 18e édition.

Psychologie du Socialisme. 7e édition.

Psychologie de l'Éducation. 18e mille.

Psychologie politique. 11e mille.

Les Opinions et les Croyances. 9e mille.

La Révolution Française et la Psychologie des Révolutions. 9e mille.

Aphorismes du Temps présent. 6e mille.

La Vie des Vérités. 7e mille.

2° RECHERCHES SCIENTIFIQUES

La Fumée du Tabac. 2e édition augmentée de recherches nouvelles sur les alcaloïdes que la fumée du tabac contient. (*Épuisé.*)

Recherches anatomiques et mathématiques sur les lois des variations du volume du crâne. In-8°. (*Épuisé.*)

La Méthode graphique et les Appareils Enregistreurs, contenant la description des nouveaux instruments de l'auteur, avec 63 figures. (*Epuisé.*)

Les Levers photographiques. Exposé des nouvelles méthodes de levers de cartes et de plans employées par l'auteur pendant ses voyages. 2 vol. in-18. (Gauthier-Villars.)

L'équitation actuelle et ses principes. — Recherches expérimentales. 4e édition. 1 vol. in-8°, avec 57 figures et un atlas de 178 photographies instantanées. (Flammarion.)

Mémoires de Physique : Lumière noire. Phosphorescence invisible. Ondes hertziennes. Dissociation de la matière, etc. (*Revue scientifique.*)

L'Évolution de la Matière, avec 63 figures. 27e mille.

L'Évolution des Forces, avec 40 figures. 15e mille.

L'Évanouissement de la Matière. (Conférence publiée par le *Mercure de France.*)

Il existe des traductions en Anglais, Allemand, Espagnol, Italien, Danois, Suédois, Russe, Arabe, Polonais, Tchèque, Turc, Hindostani, Japonais, etc., de quelques-uns des précédents ouvrages.

Bibliothèque de Philosophie scientifique.

Dr GUSTAVE LE BON

Enseignements Psychologiques

DE LA GUERRE EUROPÉENNE

Les causes économiques, affectives et mystiques de la guerre.
Les forces psychologiques en jeu dans les batailles.
Les variations de la personnalité.
Les haines de races.
Les inconnues de la guerre.
Les problèmes de la paix. — L'avenir.

PARIS
ERNEST FLAMMARION, ÉDITEUR
26, RUE RACINE, 26
1915

LA GUERRE EUROPÉENNE

SES ENSEIGNEMENTS PSYCHOLOGIQUES

LIVRE PREMIER

PRINCIPES DE PSYCHOLOGIE NÉCESSAIRES A L'INTERPRÉTATION DE CET OUVRAGE

INTRODUCTION

L'ÉTUDE PSYCHOLOGIQUE DE LA GUERRE

Je ne me suis pas proposé d'étudier dans cet ouvrage les événements de la guerre européenne, mais seulement les phénomènes psychologiques dont sa genèse et son évolution restent enveloppées.

La narration fidèle d'une telle lutte serait impossible aujourd'hui. Trop de passions nous agitent. Les générations qui créent l'histoire ne sauraient l'écrire. Le recul du temps est nécessaire à l'intelligence des grands drames que les passions des hommes font surgir. Sans équité pour les vivants, l'histoire n'est impartiale que pour les morts.

Mais derrière les événements dont nous voyons se dérouler le cours, se trouve l'immense région des forces immatérielles qui les firent naître. Les phénomènes du monde visible ont leur racine dans un monde invisible où s'élaborent les sentiments et les croyances qui nous mènent. Cette région des causes est la seule dont nous nous proposons d'aborder l'étude.

La guerre qui mit tant de peuples aux prises éclata comme un coup de tonnerre dans une Europe pacifiste, bien que condamnée à rester en armes.

Le succès de la diplomatie durant la guerre balkanique laissait espérer que les gardiens officiels de la paix la préserveraient encore. Il n'en fut rien. Après une semaine de pourparlers diplomatiques l'Europe était en feu.

Des événements d'une aussi formidable grandeur ne sauraient dépendre de la volonté d'un seul homme. Les causes en sont profondes, lointaines et variées. Elles s'accumulent lentement jusqu'au jour où leurs effets apparaissent brusquement. Il semblerait que dans la genèse des événements historiques, les causes s'additionnent en progression arithmétique alors que leurs effets croissent avec la rapidité des progressions géométriques.

Pour comprendre les véritables origines de la guerre européenne, il faut remonter à des faits antérieurs et surtout étudier les transformations de l'âme allemande moderne. De la mentalité d'un peuple dérive sa conduite et par conséquent son histoire.

La guerre actuelle est une lutte de forces psychologiques.

Des idéals inconciliables sont aux prises. La liberté individuelle se dresse contre l'asservissement collectif, l'initiative personnelle contre la tyrannie étatiste, les anciennes habitudes de loyauté internationale et de respect des traités, contre la suprématie des canons.

L'idéal d'absolutisme de la force que l'Allemagne prétend aujourd'hui faire triompher n'est pas nouveau, puisqu'il régna sur le monde antique. Deux mille ans d'efforts furent nécessaires à l'Europe pour essayer de lui en substituer un autre.

Le triomphe des théories germaniques ramènerait les peuples aux plus dures périodes de leur histoire, à ces âges de violence dans lesquels la justice n'avait d'autre fondement que la loi du plus fort.

L'humanité commençait à oublier ces heures sombres où le faible était écrasé sans pitié, où l'être devenu inutile se voyait violemment rejeté, où l'idéal des peuples était la conquête, le meurtre et le pillage.

Ce fut une illusion dangereuse de croire que les progrès de la civilisation avaient définitivement anéanti les mœurs sauvages des périodes primitives. De nouveaux barbares, dont les siècles n'ont pas adouci la férocité ancestrale, rêvent maintenant d'asservir le monde pour l'exploiter.

Les conceptions dominatrices de l'Allemagne sont redoutables parce qu'elles ont fini par revêtir une forme religieuse. Hallucinés par leur rêve, les peuples germaniques se croient, comme jadis les Arabes au temps de Mahomet, une race supérieure destinée à régénérer le monde, après l'avoir conquis.

Les divinités d'un peuple n'incarnent pas seulement ses illusions, mais aussi ses besoins matériels, ses jalousies et ses haines. Tels les dieux nouveaux de la Germanie.

Ils appartiennent à la famille de ces puissances mystiques dont le rôle fut prépondérant dans l'histoire. Pour les faire triompher, des millions d'hommes périrent misérablement, de florissantes cités furent ravagées, de grands empires fondés.

La lutte actuelle a plus d'une analogie avec les anciennes guerres religieuses. Fille des mêmes illusions, elle en présente les incohérences, les fureurs et les violences. L'irrationnel la régit entièrement. Si la raison avait été capable de dominer les aspirations des rois et des peuples, cette guerre ne fût pas née.

***

Ce n'est donc nullement avec les ressources de la logique rationnelle qu'il faut tâcher d'interpréter la tragique série d'aventures dont le monde voit se déchaîner le cours.

Examinée du point de vue de la raison pure, la guerre européenne apparaît à sa naissance et durant son évolution comme un chaos d'invraisemblances imprévisibles pour l'intelligence la plus sagace.

Que nous montre-t-elle en effet ?

A son origine, un souverain ayant pendant vingt-cinq ans maintenu une paix nécessaire à la prospérité de son empire et qui, brusquement, se laisse entraîner dans un conflit redoutable qu'il ne souhaitait pas. Un peuple dont la richesse industrielle et commerciale grandissait chaque jour, acceptant avec une délirante joie cette lutte meurtrière qui le ruinera pour longtemps. Des hommes cultivés incendiant des villes, des bibliothèques séculaires, des chefs-d'œuvre de l'art respectés par les guerres antérieures. Quel prophète aurait pu prédire une telle éclosion d'incohérentes choses ?

Parmi les imprévisibles phénomènes que cette guerre fit surgir, ne faut-il pas citer encore l'explosion de fureur mystique dont fut saisi le peuple Allemand et à laquelle les plus illustres savants ne surent pas se soustraire. L'action de la contagion mentale l'emporta sur la raison et un vent de folie enveloppa leurs discours.

Du côté français, que de transformations également impossibles à prévoir. Une nation impressionnable, mobile, indisciplinée, transformée brusquement en masses résolues, tenaces, vivant stoïquement pendant des mois au fond des tranchées meurtrières sous la constante menace d'une mort obscure.

A tous ces événements inattendus, l'histoire ajoutera aussi le sacrifice de l'héroïque petite nation belge qui n'hésita pas, pour défendre son honneur, à voir ses villes incendiées, ses femmes et ses enfants massacrés. Aucune puissance — et l'Allemagne moins que toute autre — ne pressentait cette résistance d'un peuple si faible aux fureurs d'un ennemi si fort.

Cette série d'aventures tragiques ne pouvait être prévue par la raison, parce qu'aucune d'elles n'eut la raison pour mobile. Où donc devrons-nous en rechercher les causes?

***

Dirigés uniquement par la logique rationnelle dans leurs investigations, les savants veulent toujours la voir conduire le monde et s'indignent dès que les phénomènes semblent échapper à son influence.

Ils oublient ainsi qu'à côté des lumières intellectuelles, guidant l'homme de science à travers ses recherches et le philosophe dans ses doctrines, existent des forces affectives, mystiques et collectives, sans parenté avec l'intelligence. Chacune d'elles possède une logique spéciale, très différente de la logique rationnelle. Cette dernière bâtit la science, mais ne crée pas l'histoire.

Les formes de logiques indépendantes de l'intelligence élaborent leurs enchaînements dans cet obscur domaine de l'inconscient, dont la science commence à peine l'étude. C'est pourquoi elles restèrent longtemps ignorées.

Tant que leur rôle fut méconnu, les écrivains attribuèrent aux événements des causes rationnelles qu'ils n'eûrent jamais et transformèrent ainsi l'histoire en une construction imaginaire fort différente de la réalité.

Bien que fondamentales, les notions précédentes restent un peu neuves encore. Après les avoir exposées dans divers ouvrages, j'ai tenu à montrer leur valeur explicative en les appliquant à l'étude d'un des plus grands événements du passé : la Révolution française. Les héros de cette tragédie ne cessèrent jamais d'invoquer la raison. Ils la déifièrent même. On citerait difficilement pourtant une période de l'histoire où les hommes furent moins conduits par elle. Jamais on ne vit aussi souvent d'illustres personnages dire ce qu'ils ne voulaient pas dire et faire ce qu'ils ne voulaient pas faire.

Les forces secrètes qui dirigeaient les acteurs du grand drame avaient de bien autres sources que le rationalisme sans cesse invoqué par eux. Il était réservé à la science moderne de déterminer la nature de ces forces.

Les événements actuels présentent des problèmes psychologiques aussi difficiles que ceux dont l'époque révolutionnaire resta longtemps enveloppée. Si les principes posés par nous sont exacts, ils ne devront pas seulement éclairer la genèse des illusions contre lesquelles les peuples combattent aujourd'hui, mais aussi les causes de beaucoup de faits d'apparence incompréhensible, depuis les divergences sur les origines de la guerre jusqu'aux incendies de monuments artistiques et aux massacres qui ont si profondément indigné le monde.

*
* *

La guerre européenne représente les débuts d'une ère de bouleversements. Bouleversement de l'existence, bouleversement des sentiments, bouleversement des pensées. Nous sommes arrivés peut-être à une de ces périodes de l'histoire où, comme au moment de la Révolution française, les hommes changent leur idéal, leurs principes et aussi leurs élites.

Les peuples sont rapidement poussés vers un avenir qu'aucune lueur n'éclaire encore. L'imprévisible les domine. Des conceptions politiques et morales, tenues pour inébranlables, semblent destinées à disparaitre. Théories et doctrines s'évanouissent tour à tour. Plus de lendemains assurés. Les forces psychologiques qui s'entrechoquent dans les combats, commencent à peine leur œuvre.

* * *

Les illusions des rhéteurs et des livres s'effacent devant l'action. Le bruit du canon fait taire les discours.

Des drames de l'heure présente sortira sans doute une patrie régénérée et plus forte. Les héroïques qualités de ses défenseurs montrent que l'anarchie dont elle semblait menacée n'avait touché que sa surface. Une intrépide jeunesse offre à nos yeux émerveillés le plus réconfortant spectacle.

Cette jeunesse aura vécu la plus prodigieuse aventure de l'histoire, une épopée qui dépasse en grandeur les plus célèbres légendes.

Que sont les exploits des guerriers d'Homère, les prouesses des fabuleux compagnons de Charlemagne, les combats des paladins contre les enchanteurs, auprès des luttes gigantesques dont le monde voit avec stupeur se dérouler le cours?

Nul n'aurait pu prévoir ce merveilleux épanouissement de vertus identiques chez des hommes issus des classes sociales les plus diverses. Soustraits à la vie tranquille du bureau, de la ferme, de l'atelier, de l'école, des palais même, ils se trouvèrent brusquement transportés au sein d'une de ces aventures formidables, sillonnées d'impossible, qu'on n'entrevoit qu'en rêve.

Ce furent en réalité des êtres nouveaux que la France menacée fit surgir, êtres créés par un rajeunissement d'âmes ancestrales qui sommeillent quelquefois mais ne meurent jamais.

Fils des preux de Tolbiac, de Bouvines et de Marengo, ces guerriers intrépides sentirent revivre au premier appel de la Patrie toute la vaillance de leurs glorieux ancêtres.

Plongés dans un effroyable enfer, ils eurent souvent de ces mots héroïques qu'éternise l'histoire.

« Debout les morts ! » criait aux blessés couchés par la mitraille le dernier combattant d'une tranchée assaillie de toutes parts. La Grèce lui eût tressé des couronnes et célébré sa mémoire.

Mourir en héros pour une noble cause, alors qu'on se croyait voué à une existence monotone et vide, est une destinée enviable. La valeur de la vie ne dépend pas du nombre des jours, mais de l'œuvre accomplie pendant ces jours.

Défenseurs du sol sacré des aïeux, ouvriers de l'avenir forgeant une France nouvelle sur l'enclume du destin, nos immortels morts sont déjà entrés dans ce Panthéon des demi-dieux révérés par les peuples et que le temps n'atteint plus.

CHAPITRE PREMIER

LES FORCES AFFECTIVES, COLLECTIVES ET MYSTIQUES. LEUR ROLE DANS LA VIE DES PEUPLES

§ 1. — Les cycles de la vie.

Un examinateur superficiel de la guerre européenne, voyant dans les armées et les instruments qu'elles mettent en jeu des combinaisons scientifiques fort savantes, la croirait volontiers gouvernée tout entière par une logique rationnelle très sûre.

Bornée à l'étude de la technique des batailles, cette constatation serait exacte ; mais en poussant plus loin les investigations, on découvre bientôt que des forces supérieures dirigent les pensées, les sentiments et les actions des combattants.

La lutte utilise des armes matérielles. Les vrais conducteurs de ces armes sont des forces psychologiques. Leur pouvoir règne sur les plaines sanglantes où s'entassent des milliers de morts, serviteurs dociles des puissances qui dominent leurs volontés et que souvent ils ne soupçonnent pas.

Des forces immatérielles sont donc les vraies directrices des combats. Derrière chaque canon, chaque baïonnette; un œil suffisamment perspicace découvrirait les invisibles maîtres qui les font mouvoir.

Pour marquer nettement la nature de ces forces, je serai obligé de rappeler brièvement quelques-uns des principes de psychologie exposés dans mes précédents ouvrages[1].

Trop de mystères enveloppent les phénomènes de la vie pour que leur interprétation soit actuellement possible. On peut dire seulement que les choses se passent comme si chacun des divers éléments : biologiques, affectifs, etc., dont les êtres se composent, avait une existence indépendante et se trouvait soumis à une logique spéciale, ce terme étant pris dans le sens d'enchaînement déterminé des phénomènes.

La logique biologique régit le cycle de la vie organique et des besoins nécessaires à son entretien. La logique affective dirige les sentiments et les instincts qui nous mènent. La logique collective conditionne la morale et la vie sociale. De la logique mystique sont nés les dieux et les croyances. La logique intellectuelle enfante les découvertes qui transforment l'existence des hommes.

Les divers cycles de la vie ayant leurs lois spéciales, une forme unique de logique ne saurait expliquer les manifestations de chacun d'eux. D'un plan de phénomènes à un autre, les méthodes d'interprétation doivent nécessairement changer.

A la base de l'existence se trouve le cycle organique. Il est le domaine de l'égalité pure. Les cellules d'un homme, d'un rat, d'un oiseau fonctionnent de la même façon sous l'influence des lois de la vie et surtout de ces deux grands canalisateurs de toute existence : le plaisir et la douleur.

Dans le cycle de la vie affective : sentiments, passions, etc., l'égalité est moins complète mais cependant tous les êtres se ressemblent encore beaucoup.

1. *Lois psychologiques de l'Évolution des peuples. La Psychologie des foules. Les Opinions et les Croyances. La Révolution française et la Psychologie des Révolutions. La Vie des Vérités. La Psychologie politique.* Le petit volume ayant pour titre : *Aphorismes du Temps présent,* résume les principes exposés dans ces ouvrages.

L'amour, la haine, la jalousie, le courage, le dévouement, se rencontrent aussi développés chez certains animaux domestiques que chez leurs maîtres.

C'est seulement dans le cycle de la vie rationnelle que la différence séparant les animaux et l'homme devient considérable. Entre les divers représentants de l'espèce humaine, les variations intellectuelles sont également très grandes.

La logique rationnelle règne d'une façon exclusive dans le laboratoire du savant, mais elle n'exerce qu'une faible influence sur la conduite des individus et des nations. Ce sont surtout des éléments affectifs, mystiques et collectifs qui conditionnent leur existence.

Sans la connaissance de ces mobiles réels il serait impossible de comprendre la vie des peuples. La raison n'oriente que bien rarement leurs pensées et leurs actions.

§ 2. — Les forces affectives et intellectuelles.

Le caractère s'édifie par une combinaison héréditaire de sentiments, c'est-à-dire d'éléments affectifs. Il est notre grand guide dans la vie. On comprend avec son intelligence, on se conduit avec son caractère. L'intelligence fait penser, le caractère fait agir. Le rôle du caractère est prépondérant dans la conduite.

Le caractère est donc ce qui importe le plus dans l'existence des individus et des peuples. Son développement est sans rapport avec celui de l'intelligence.

« Quand l'esprit domine le caractère, écrivait le général Marmont, on change sans cesse d'avis, de projets et de direction, parce qu'une vaste intelligence considère à chaque instant les questions sous un nouvel aspect. »

L'évolution des sentiments est indépendante de notre volonté. Nul ne peut aimer ni haïr à son gré.

On s'étonne parfois de constater — et les opinions formulées sur l'origine de la guerre en fournissent de frappants exemples — combien les convictions sentimentales tiennent peu compte des évidences rationnelles. C'est que les sentiments et la raison n'obéissant pas à la même logique sont incapables de s'influencer. Un sentiment se combat par un autre sentiment mais non avec des raisons.

Les plus illustres philosophes ne paraissent pas bien fixés encore sur les rôles respectifs de l'affectif et du rationnel. Suivant M. Boutroux, les Français seraient conduits par les sentiments, et l'intellectualisme dominerait les Allemands. Cette généralisation me semble peu exacte. Les Allemands peuvent être très rationalistes, mais ils restent comme tous les peuples guidés par des sentiments bons ou mauvais. La férocité est un sentiment au même titre que l'humanité. Elle fait partie de ce vaste domaine de l'affectif auquel nul être ne saurait se soustraire.

Les influences affectives figurent parmi les grandes régulatrices de l'histoire. Donnant aux idées leur force, elles nous amènent à voir les choses d'une façon variable, suivant notre sensibilité.

Chaque peuple possède un agrégat de sentiments héréditaires qui déterminent son orientation mentale. Ceux dont les équilibres ancestraux diffèrent conçoivent les mêmes choses d'une manière dissemblable. Il en résulte ces haines de races que rien ne peut réduire. Elles furent, nous le verrons bientôt, une des causes principales de la guerre européenne.

Dans les grands conflits internationaux, ces haines, d'origine affective et nullement rationnelle, prennent une intensité extrême et détruisent les autres sentiments. On pourrait, je crois, leur appliquer la maxime d'Hippocrate d'après laquelle, quand deux douleurs surviennent simultanément, la plus forte annule l'autre[1]. Au moment de la guerre, nos haines politiques et religieuses intestines étaient assurément très vives, mais elles furent effacées par la haine prédominante de l'agresseur.

Ce phénomène doit bien résulter d'une loi psychologique générale, puisqu'il a été observé partout. L'Angleterre, qui se trouvait à la veille d'une guerre civile en Irlande, vit tous les partis de l'empire s'unir sous le même drapeau. Il en fut de même en Russie, où les anarchistes et les révolutionnaires se sont transformés en fidèles soutiens du trône.

Si les Allemands avaient soupçonné ce principe psychologique, ils n'auraient pas compté sur les dissensions intérieures de la France et de l'Angleterre comme éléments de succès.

Ce que nous venons de dire du phénomène de disparition d'un sentiment faible devant un sentiment fort ne s'applique évidemment qu'à des sentiments de même espèce. Une haine intense effacera une haine faible, mais laissera subsister des sentiments de nature différente et pourra même être renforcée par eux. C'est ainsi que la haine contre nos agresseurs a été accentuée par l'indignation que les cruautés allemandes inspirèrent et par notre sympathie pour les Belges résultant de leur héroïque défense.

§ 3. — Les forces collectives.

La mentalité des hommes en foule se révèle absolument dissemblable de celle qu'ils possèdent à l'état isolé. Une réunion d'hommes diffère autant des individus qui la composent qu'un être vivant diffère des cellules qui contribuent à le former.

1. *Duobus doloribus simul obortis vehementior obscurat alterum.*

La raison a fort peu d'influence sur l'âme collective. Elle est dirigée par une logique très spéciale, la logique collective.

L'homme collectif se montre toujours intellectuellement inférieur à l'homme isolé, mais dans le domaine des sentiments il peut lui être supérieur. Les foules ne connaissent pas certains sentiments, tels que celui de la reconnaissance. Elles en possèdent d'autres d'une pratique plus difficile, tels que l'altruisme, le dévouement à des intérêts généraux, l'héroïsme même.

L'homme médiocre augmente sa force en faisant partie d'une collectivité, l'homme supérieur la diminue.

Les sentiments des foules, étant à la fois intenses et mobiles, leur permettent de passer rapidement de l'adoration à la haine.

Privées du sens des possibilités, les foules vivent surtout d'espérances. Le mysticisme dont elles sont saturées leur fait attribuer un pouvoir magique au meneur qui les séduit et aux brèves formules synthétisant leurs désirs.

La contagion mentale s'exerce aussi bien sur les individus isolés que sur les collectivités, mais la foule ne raisonnant pas, son rôle y est prépondérant.

Toutes les illusions sont facilement acceptées par les foules et du fait seul qu'elle devient collective, une illusion acquiert la force d'une vérité. La guerre actuelle fournit de nombreux exemples de cette loi.

L'opinion collective représente une force considérable, mais rarement spontanée.

La foule est, en effet, un être amorphe incapable d'agir sans meneur. Ce dernier l'influence par des éléments de persuasion spéciaux à la logique affective : l'affirmation, la répétition, le prestige et la contagion.

Il faut toujours des meneurs pour créer ou orienter l'opinion, même dans le cas de conflits nationaux.

Le meneur n'est pas nécessairement l'homme qui harangue la foule. Des sentiments héréditaires, des croyances violemment excitées par certaines circonstances peuvent jouer son rôle. Mais le vrai point de départ des opinions est invariablement un meneur ou le grand événement qui en tient lieu.

C'est une vérité assez méconnue par nos professeurs. M. Lévy Bruhl, dans un travail sur les causes de la guerre, synthétise leurs idées quand il écrit :

Dans les crises où l'histoire prend des allures de drame, les acteurs qui occupent le devant de la scène sont proprement ce qu'Emerson appelait des hommes représentatifs. Ce qui s'exprime par leurs paroles et par leurs gestes ce sont les tendances et les passions des foules anonymes. Ils sont les organes individuels des volontés collectives.

Cette thèse, soutenue par tous les historiens allemands et très répandue aujourd'hui dans notre université, dérive du fait qu'à un certain moment la volonté collective devient toute puissante. Entraîné par le torrent qu'il a déchaîné, le meneur peut alors, en effet, devenir un mené. Il suffit cependant de remonter un peu le cours des choses, pour découvrir qu'une opinion collective dérive le plus souvent d'une opinion individuelle.

Visiblement applicable à l'histoire des grandes religions à leurs débuts, cette loi est également celle des grandes crises politiques : la guerre européenne notamment.

Savoir créer et maintenir des sentiments collectifs et, par conséquent, des opinions générales, constitue un des fondements de l'art de gouverner. Il n'est plus aujourd'hui de despote assez fort pour gouverner contre l'opinion, mais il est facile de la créer. Les sommes énormes dépensées par les Allemands pendant la guerre pour conquérir l'opinion prouvent qu'ils en comprenaient bien la puissance.

Une des forces du gouvernement allemand dans le conflit actuel est d'avoir su, depuis longtemps, orienter à sa guise l'opinion de son peuple. Journaux, professeurs, écrivains suivaient docilement sa volonté. Il a pu ainsi transformer le conflit européen en une guerre nationale. Ce n'est pas un souverain ni une caste militaire qui luttent aujourd'hui, mais le peuple allemand tout entier.

Si le gouvernement a facilement réussi dans cette tâche, c'est aussi parce que l'esprit militaire collectif de la nation avait entièrement effacé chez elle l'esprit civique.

Les grandes assemblées possèdent les principales caractéristiques des foules : niveau intellectuel médiocre, excitabilité excessive, fureurs subites, intolérance, obéissance complète aux meneurs.

C'est pourtant à de telles assemblées que les principaux peuples civilisés ont fini par confier leurs destinées. L'expérience semble prouver que le despotisme collectif de ces assemblées présentait encore moins d'inconvénients que le despotisme d'un individu ou d'une caste. Les grandes assemblées arrivent généralement à faire la lumière sur une question, et la crainte de leurs critiques empêche beaucoup d'iniquités. Les Russes en ont fait l'expérience lorsque la convocation de la Douma apparut, après des défaites répétées, comme une dernière ressource. Par elle seulement furent révélés, en effet, les agissements qui avaient conduit le pays à de si terribles catastrophes.

En temps ordinaire, les forces intellectuelles possédées par l'élite d'un pays dominent facilement les forces collectives. Il en est autrement dans les grandes crises : guerres, révolutions, etc. Les forces collectives, dérivées des influences individuelles, peuvent alors devenir assez puissantes pour entraîner des pays entiers dans un irrésistible tourbillon et faire surgir des manifestations nouvelles de la mentalité nationale.

§ 4. — L'âme nationale.

L'âme individuelle n'a qu'une existence éphémère. L'âme de la race est permanente et ne craint pas la mort.

Cette âme de la race ou, en d'autres termes, l'âme nationale, ne se crée pas en un jour. Elle résume l'œuvre d'un long passé. L'histoire des peuples civilisés est le récit de leurs efforts pour acquérir l'âme permanente qui seule peut les sortir de la barbarie.

Suffisamment stabilisée, l'âme ancestrale peut lutter contre l'âme instable des individus et des foules pour en limiter les oscillations. Elle donne alors à un peuple une force considérable.

C'est grâce à l'âme ancestrale que tous les hommes d'un pays pensent et agissent de la même façon dans les grandes circonstances.

La guerre actuelle a montré avec netteté cette puissance de l'âme nationale. Si tous les Français valides abandonnèrent sans regret leurs situations, leurs intérêts individuels pour exposer journellement leur vie, c'est que leurs impulsions égoïstes individuelles avaient été subitement dominées par l'âme de la race. Il ne serait nullement exagéré de dire que, sur les champs de bataille, l'armée infinie des morts a plus combattu que celle des vivants.

Je n'ai pas à examiner ici comment les races se sont formées. Malgré les affirmations illusoires des historiens allemands, on peut soutenir qu'il n'en est plus de pures aujourd'hui chez les nations civilisées. Filles des hasards de l'histoire, elles naissent lorsque des peuples d'origines parfois diverses, comme les Prussiens actuels, ont été soumis pendant longtemps à des conditions d'existence communes et unis par des intérêts communs. Un des plus sûrs éléments de leur cohésion est la communauté de langage et de religion.

Chaque race historique et chaque phase de la vie de cette race impliquent certaines institutions, certaines règles de morale, certaines croyances, certains arts et n'en impliquent pas d'autres. Jamais un peuple n'a pu adopter de civilisation étrangère sans la transformer.

Il découle des observations qui précèdent que nous possédons tous une âme individuelle et une âme ancestrale. Dans la vie journalière, l'âme individuelle peut agir mais, dans les grandes circonstances, notamment celles intéressant l'existence d'un peuple, c'est l'âme de la race qui nous mène.

Il est naturel que l'âme individuelle soit égoïste puisque l'individu songe surtout à lui-même. Il est non moins naturel que l'âme ancestrale, exclusivement préoccupée de la race, amène l'individu à se sacrifier aux intérêts de cette race.

§ 5. — Les forces mystiques.

Le terme mysticisme désigne, en philosophie et en religion, des choses assez différentes. C'est un de ces mots nombreux dont le contenu varie suivant les époques et les personnes qui en font usage.

D'une façon générale, on peut dire que le mysticisme est caractérisé par le goût du mystère, l'amour du surnaturel, la croyance en l'intervention de puissances supérieures dans les phénomènes et le dédain de l'expérience.

Le mysticisme est générateur de ces explications faciles dont l'humanité se contenta pendant des siècles. Même aux périodes les plus avancées de leur histoire, les peuples anciens ne s'élevèrent jamais jusqu'à la notion de lois naturelles invariables. Les dieux régissaient tous les phénomènes. Neptune gouvernait les mers, Cérès faisait mûrir les moissons.

Le mysticisme s'est présenté sous des formes diverses, suivant les époques. La croyance aux fétiches, aux reliques, aux eaux miraculeuses, à la puissance magique d'une formule politique, constituent, aussi bien que l'union du croyant avec Dieu dans l'extase, des phénomènes voisins. Mysticisme religieux, mysticisme politique, mysticisme social sont de la même famille.

Le mysticisme possède ses lois particulières. Les enchaînements de sa logique sont fort différents de ceux de la logique affective et de la logique rationnelle.

Un des seuls caractères communs à la logique affective et à la logique mystique est de procéder par affirmations dégagées de toute démonstration rationnelle. Le mysticisme et la raison appartiennent d'ailleurs à des sphères qui ne se pénètrent pas.

Les convictions mystiques sont créées par suggestion ou contagion mentale, mais jamais au moyen de raisonnements. La raison ne peut pas plus les engendrer que les détruire.

Elles apparaissent aux croyants sous forme de vérités absolues et présentent pour eux une si lumineuse évidence, que le fait seul de les contester implique une complète mauvaise foi. On comprend facilement la force engendrée par de tels postulats.

Les impulsions mystiques ne tiennent pas plus compte des besoins matériels que des arguments rationnels. Sous leur influence, la douleur, l'intérêt personnel, l'amour maternel même s'évanouissent. J'en ai donné ailleurs de célèbres exemples. Un mystique n'hésitera pas à faire périr, au nom de sa foi, les êtres qui lui étaient les plus chers. C'est au mysticisme que sont dus les martyrs de toutes les croyances : religieuses, politiques et sociales.

Grâce à la contagion mentale, le mysticisme devient facilement collectif et donne alors une grande force aux croyants. Il fut toujours très avantageux pour un peuple, les Juifs dans l'antiquité, les Arabes au Moyen Age, les Germains aujourd'hui, de se croire destiné par Dieu à régénérer le monde.

Nul ne peut se dire entièrement soustrait à l'empire du mysticisme. Les esprits les plus lumineux ne sont pas certains d'échapper à sa domination quand de grands bouleversements viennent modifier les équilibres de leur vie mentale. Ils se transforment alors entièrement, perdent toute notion des réalités et leur logique rationnelle s'effondre.

Le rôle du mysticisme dans la genèse et l'évolution de la guerre européenne a été, nous le verrons, immense.

Longtemps ignorées ou dédaignées par la science, les forces mystiques se placent au premier rang des mobiles directeurs des hommes. Une simple énumération des causes fondamentales des luttes accumulées, depuis l'origine des âges, à la surface de notre planète, met en évidence leur rôle prépondérant.

Ces facteurs principaux des grands conflits humains appartiennent à trois ordres de causes : biologiques, affectives et mystiques.

Facteurs biologiques : la faim et les besoins, qui jetèrent jadis sur le monde les hordes germaniques, lorsqu'elles eurent trop pullulé dans leurs forêts pour y trouver la subsistance nécessaire.

Facteurs affectifs : les passions diverses, haine, cupidité et autres du même genre, qui précipitèrent les uns contre les autres tant de peuples et anéantirent plusieurs civilisations.

Facteurs mystiques : les forces qui lancèrent les Arabes sur l'empire romain pour y propager la foi d'un prophète, et les Européens sur l'Orient, à l'époque des Croisades, dans le but d'y conquérir le tombeau de leur Dieu.

D'origine mystique aussi les guerres et les persécutions religieuses qui couvrirent l'Europe de bûchers et de ruines pendant plus d'un siècle.

De source mystique encore le rêve des armées de la Révolution voulant convertir les peuples à leur foi après les avoir subjugués.

Parmi les divers mobiles d'actions des hommes, ceux d'origine mystique se montrèrent toujours les plus forts. Ils furent les créateurs des illusions qui font vivre l'histoire. Sous leur influence de grands empires ont été détruits, d'autres ont été fondés. C'est sur eux que les civilisations reposent encore.

Le monde moderne se croit soustrait à l'influence des forces mystiques. Jamais pourtant l'humanité n'y fut plus asservie.

Politiques, religieuses ou sociales, elles appartiennent à la même famille, exercent une action identique et subissent les mêmes lois. La raison ne les gouverne pas.

Si l'Europe se voit en feu aujourd'hui, si l'élite de sa jeunesse meurt sur des champs de carnage, si tant de familles sont dans le désespoir, c'est parce qu'un peuple qui se croit destiné à régénérer le monde, prétend lui imposer sa mystique chimère de domination universelle.

CHAPITRE II

LES VARIATIONS DE LA PERSONNALITÉ

§ 1. — La fixation de la personnalité et sa variabilité.

L'ancienne psychologie considérait l'âme humaine comme un élément distinct homogène, séparable du corps, auquel il était superposé. La personnalité constituait quelque chose de très défini, peu susceptible de grandes variations.

Cette conception ne semble plus défendable aujourd'hui. L'homme des livres, artificiellement doté d'une personnalité fixe, apparaît maintenant une fiction.

L'homme réel est bien différent. Qu'il s'agisse des êtres côtoyés dans la vie journalière ou des héros de l'histoire, chacun d'eux représente un agrégat d'éléments divers qui, en s'associant, forment des équilibres dont l'ensemble constitue ce qu'on appelle le moi.

Les équilibres ainsi construits persistent tant que le milieu ne varie pas.

La fixité de la personnalité dépend donc uniquement de la constance du milieu. Dès que ce milieu subit un changement, les équilibres des éléments de la vie mentale se dissocient. Il en résulte, chez le même être, la naissance d'équilibres nouveaux et, par conséquent, d'une personnalité nouvelle.

De telles transformations de personnalité constituent un phénomène dont j'ai signalé la fréquence aux époques de révolution et que la guerre actuelle permet d'observer facilement.

Il est impossible de prévoir ce que sera une personnalité ainsi brusquement formée et, par conséquent, de pressentir sa conduite. L'être le plus doux pourra devenir sanguinaire. Les hommes de la Terreur en ont fourni beaucoup d'exemples. Sans remonter si loin, on peut dire que nul n'aurait deviné ni la barbarie des intellectuels germaniques pendant la guerre, ni les qualités dont les Français firent preuve.

Ces transformations de personnalités ont été d'une observation journalière pendant la guerre, et j'aurai occasion d'en montrer plusieurs bien frappantes. Pour le moment, je me bornerai à citer les réflexions du célèbre écrivain anglais Rudyard Kipling, à la suite de ses visites sur le front des armées :

> Qui de nous n'a compté parmi ses relations un de ces hommes qu'on croit connaître, de qui on se fait une certaine image conventionnelle, complètement détruite et changée par l'événement, si une catastrophe se produit dans son existence? Celui que nous considérions comme un être quelconque, un homme pareil à nous, se hausse soudain, très simplement, à une altitude qui nous semblait inaccessible. Lui, le simple camarade qui vivait la même petite vie que nous, est soudain devenu quelque chose de très grand. Et c'est là l'histoire de la France d'aujourd'hui.

La vieille doctrine de la constance de la personnalité est si répandue encore, qu'on s'étonne toujours de voir les hommes changer de conduite et d'opinions en changeant de situation et par conséquent de milieu. Comment pourraient-ils, cependant, ne pas modifier leur manière d'agir puisqu'ils sont devenus d'autres hommes?

Alors même que ne se produisent pas les importants événements capables de bouleverser la personnalité, notre moi constitue toujours une construction fragile, susceptible d'assez grandes oscillations. La maladie l'altère, le chagrin le déprime, la joie l'épanouit.

Les oscillations journalières de notre personnalité peuvent donc être assez étendues. Elles le seraient davantage encore sans les freins de toutes sortes, créés par la civilisation, qui en limitent à chaque instant les écarts. L'existence sociale serait impossible si la personnalité des hommes n'était pas un peu stabilisée par une foule de règles, de lois, de coutumes qu'ils ne peuvent violer. Pas de civilisation viable sans contraintes.

Trop d'exemples, fournis par les guerres et les révolutions, montrent ce que devient la personnalité humaine quand disparaissent les lois inhibitives qui sont l'armature de toute civilisation. Le monde a contemplé avec stupeur les actes de bestialité sauvage commis dans la lutte actuelle. Ils furent l'œuvre d'un peuple possédant une culture intellectuelle élevée, mais dont les instincts de barbarie ancestrale étaient seulement contenus par des sanctions sociales que la guerre fit naturellement disparaître.

Si toutes les nations aux prises n'imitèrent pas de tels exemples, c'est que plusieurs appartenaient à des races chez lesquelles les freins sociaux avaient agi pendant assez longtemps pour donner aux individus une certaine fixité de sentiments.

A mesure que l'hérédité stabilise la mentalité d'un peuple, les contraintes sociales sont moins nécessaires pour réfréner la sauvagerie primitive. Une discipline interne remplace alors la discipline externe imposée par les lois.

Les peuples arrivés à cette stabilité sont assez rares. Même chez eux, des freins sociaux restent encore indispensables pour orienter la légion des caractères flous, indécis, dont les équilibres mentaux sont si mobiles qu'ils ne peuvent trouver en eux la force de se diriger et d'agir. Ces êtres forment une poussière amorphe obéissant à toutes les impulsions. Comme Hamlet, ils hésitent toujours et ne se décident jamais.

§ 2. — La volonté consciente et la volonté inconsciente.

Les phénomènes perçus par la conscience sont seulement des reflets d'une existence psychique intérieure que nous ne connaissons pas et où s'élaborent les plus importants mobiles de la conduite.

De cette élaboration des motifs naît la volonté. Elle se présente sous deux formes. La volonté consciente, seule admise par les psychologues, et la volonté inconsciente. Bien que non reconnue, cette dernière est pourtant la plus répandue.

La volonté consciente implique une libre délibération, la discussion de considérations objectives. Dans la volonté inconsciente, c'est l'inconscient qui délibère pour nous. La décision arrive alors toute formée dans le champ de la conscience, qui l'accepte généralement, bien qu'elle puisse la rejeter.

La volonté inconsciente a sa source dans les besoins, désirs, aspirations de la race, du groupe ou du milieu dont notre personnalité est enveloppée. Aspirations, besoins et désirs s'épanouissent sous forme de suggestions et d'impulsions qui orientent notre volonté inconsciente quand ils ne la dominent pas.

La plupart des hommes n'agissent que sous l'empire de volontés inconscientes, et comme ils les connaissent seulement au moment de l'action, on observe souvent chez eux une divergence complète entre leurs paroles et leurs actes.

Cette dualité formée par la volonté consciente et la

volonté inconsciente se constate chez des peuples entiers. Ils possèdent, de par un long passé, une âme ancestrale si stabilisée qu'elle suffit à les faire agir de la façon la plus utile aux intérêts généraux. Leur âme individuelle, résultant des influences du milieu, peut les conduire à penser et raisonner — mais non agir — d'une façon différente.

Parmi les faits nombreux qui justifient cette thèse, je citerai quelques observations remarquables de M. W. Steed, directeur politique du *Times*, sur la psychologie du peuple anglais. Les termes qu'il emploie sont différents des miens, mais la théorie demeure la même.

L'Anglais est surtout une créature d'instinct. Il se méfie des idées. Il a horreur de la logique. Un instinct plus profond que la raison lui dit que la vie même n'est pas logique, qu'elle est faite d'énergie, souvent aveugle, dont les ressorts se trouvent au-dessous de ce que les psychologues appellent « le seuil de la conscience »...

Si l'on regarde l'Angleterre de près, on s'aperçoit qu'il y a fréquemment une contradiction flagrante entre les idées et la conduite des personnes qui les expriment. Elles vivent dans la plus pure inconséquence, et ne s'en aperçoivent pas.

Entre les deux parties de l'esprit anglais, celle où sont casées les idées et celle d'où proviennent les impulsions fondamentales, il y a comme une cloison étanche. *Ce qu'un Anglais peut dire dans un état de tranquillité normale ne fournit aucun indice de ce qu'il fera dans un moment de crise individuelle ou nationale.* C'est alors seulement qu'il se révèle, qu'il trouve son vrai tempérament, qu'il parle peu et qu'il agit.

La part de l'inconscient dans l'exécution d'un acte dit volontaire est donc considérable, bien que généralement inaperçue.

La volonté inconsciente est souvent d'origine ancestrale, mais elle peut résulter aussi des sentiments et des passions du moment.

Nos volontés inconscientes ont encore d'autres sources. Le groupe social auquel nous appartenons, la coutume, la mode suffisent à les créer. Grâce à ces influences, nous savons ce qu'il faut faire en mainte circonstance sans avoir la peine de réfléchir.

§ 3. — Les variations de la volonté.

Consciente ou inconsciente, la volonté ne représente pas une grandeur invariable. Elle subit facilement des oscillations inattendues. Certaines influences l'excitent, d'autres la diminuent. Le luxe et le désir de jouir tendent à la réduire.

Dès que, dans un pays, la volonté s'abaisse et la crainte des responsabilités se généralise, la décadence commence. Les peuples disparaissent de l'histoire lorsque — comme les Romains à la fin de l'Empire — ils ont perdu leur volonté.

Dans la lutte entre nations, la volonté joue un rôle prépondérant. Une bataille est surtout une lutte de volontés. Celle de la Marne en fournit un mémorable exemple.

Dans beaucoup de combats il arrive un moment critique où l'issue de la lutte dépend uniquement de la persistance de la volonté chez un des adversaires. A la bataille de la Marne, l'aile droite du général von Klück battit en retraite au moment même où son adversaire, le général Maunoury, se décidait à reculer. Lorsque, à la bataille de l'Yser, les ennemis résolurent de se retirer après avoir perdu 150.000 hommes, ils n'auraient eu qu'à prolonger un peu leur effort pour triompher. « Si les Allemands avaient tenu un quart d'heure de plus, écrit M. F. Nothomb, peut-être passaient-ils partout. » Même observation pour la bataille du *Grand-Couronné*, du succès de laquelle dépendait le sort de Nancy. Le général Malleterre rapporte que le 7 septembre 1914, le commandant du 314ᵉ reçut l'ordre de se replier. Il refusa, mais sur un ordre écrit dut obéir. Au moment précis où il allait se retirer, l'ennemi battait en retraite.

La frappante série de faits que je viens de citer montre le rôle prépondérant de la volonté durant les dernières minutes des batailles.

Le rôle des meneurs : chefs d'Etat, fondateurs de croyances, grands capitaines, consiste à faire naître en l'âme des multitudes des volontés inconscientes. Ils y réussissent d'autant mieux qu'ils agissent dans le sens des impulsions ancestrales des peuples auxquels ils s'adressent. Tous les généraux célèbres ont su accroître la volonté de leurs soldats. A cette stimulation de la volonté collective furent dus beaucoup de leurs triomphes. Comme Napoléon, ils connaissent les mots, les gestes et les actes qui grandissent les énergies et rendent invincible.

On est toujours étonné du pouvoir de l'homme qu'anime une volonté forte. Laissant de côté les faits récents, je rappellerai encore l'exemple d'une observation faite par Richelieu et que résume ainsi M. Clémenceau :

Quand Richelieu s'empara de Port-Mahon, il resta ébahi d'une incompréhensible escalade de ses troupes sous une mitraille d'enfer. A ce point que, voulant se rendre compte de ce qui était arrivé, il commanda, le lendemain, de recommencer l'attaque de l'ouvrage, qui, cette fois, n'était pas défendu. Vains efforts ! Nos soldats, n'éprouvant pas de résistance, ne purent fournir, hors les sollicitations du courage, le même effort de volonté. Ils avaient besoin, pour se mettre en pleine valeur, d'obstacles tout voisins de l'impossible.

Ce n'est pas la foi qui soulève les montagnes, mais la volonté.

LIVRE II

L'ÉVOLUTION MODERNE DE L'ALLEMAGNE

CHAPITRE PREMIER

NAISSANCE ET DÉVELOPPEMENT DE LA PUISSANCE ALLEMANDE

§ 1. — L'histoire de la Prusse.

La vie politique d'un peuple n'est qu'un des éléments de son histoire. Pour le connaître un peu il faut étudier la genèse de son âme individuelle et sociale, ses sentiments, ses croyances et ses pensées.

Les facteurs déterminants de l'évolution diffèrent, d'un peuple à l'autre. L'importance prépondérante accordée aujourd'hui aux facteurs économiques est très exagérée. Leur action varie, en effet, suivant la race, le milieu, les institutions, les actions individuelles ou collectives, et bien d'autres conditions encore.

L'histoire d'un peuple est donc un phénomène fort complexe. Elle ne se détermine facilement que pour les nations récentes ayant évolué sous l'influence d'un petit nombre de facteurs fondamentaux. Tel est précisément le cas de la Prusse.

Pour comprendre l'Allemagne moderne depuis son

absorption par la Prusse, il est nécessaire de jeter un coup d'œil rapide sur les origines de la mentalité qui devait engendrer la guerre actuelle.

L'unité de l'Allemagne sous la domination de la Prusse ne compte pas encore un demi-siècle d'existence.

Elle avait été plusieurs fois tentée depuis les origines de notre ère. Des chefs Francs, Saxons, Souabes, Autrichiens, etc., arrivèrent parfois à réunir entre leurs mains diverses provinces de l'Allemagne. Les Hauhenstaufen réussirent à fonder au XIIe siècle un empire dont la durée fut très longue.

Toutes ces entreprises se terminèrent par le même insuccès. L'avenir seul dira combien de temps pourra se maintenir l'unification qu'a réalisée la Prusse. Elle paraît devoir persister longuement, parce que l'influence subie par l'Allemagne a été beaucoup plus profonde que toutes celles antérieurement exercées. En moins de cinquante ans la Prusse a tellement agi sur la mentalité allemande qu'on peut se demander si l'ancien chancelier de l'Empire, le prince de Bulow, a raison, dans un de ses livres, de redouter la révolte de l'esprit allemand contre la monarchie prussienne.

Devant étudier au cours d'un autre chapitre la mentalité créée par la domination prussienne, je me bornerai maintenant à rappeler rapidement comment s'est autrefois formée celle des dominateurs de l'Allemagne actuelle.

La mentalité de l'ancienne Prusse se rapproche de celle des peuples que leurs conditions d'existence ont conduits pendant plusieurs siècles à lutter contre des voisins pour s'emparer de territoires convoités. De ce besoin de conquête dérivent leurs mœurs, leur morale et leur droit.

La Prusse est un Etat artificiel, lentement accru par des annexions effectuées au détriment de populations d'origines diverses. Pendant des siècles ses tentatives d'agrandissement furent inlassablement répétées.

Elles amenèrent plus d'une fois de durs revers. En 1640, la guerre de Trente ans avait tellement ravagé le pays que certaines régions possédaient à peine la moitié de leur population. Des villes comme Prenzlow étaient tombées de 6.000 âmes à 600.

Presque vidée de ses habitants, la Prusse en recruta un peu partout et devint le caravansérail des peuples voisins.

Très heureusement pour elle, la révocation de l'Edit de Nantes avait chassé de France des milliers de protestants qui formaient une élite industrielle. Le roi de Prusse eut l'intelligence d'en attirer plus de 20.000 sur son territoire. Grâce à eux, le pays connut une prospérité jadis ignorée.

Ils introduisirent dans le Brandebourg une foule d'industries et de connaissances agricoles nouvelles, fondèrent des manufactures, des verreries, des fabriques d'horlogerie, des fermes agricoles, etc. Sous leur influence Berlin, petite ville malpropre aux rues toujours pleines de fumier et qui comptait 6.000 âmes à peine, devint une cité prospère.

Ces réfugiés se multiplièrent rapidement; en 1740, sur ses 2.500.000 habitants, la Prusse abritait 600.000 descendants d'émigrés.

Les Prussiens d'origine française sont encore fort nombreux aujourd'hui, quoique beaucoup d'entre eux aient fini par germaniser leurs noms.

Les rois de Prusse gouvernèrent toujours leur royaume d'une façon absolue. Bien avant les philosophes allemands modernes, ils considéraient que l'Etat étant au-dessus de tout devait créer lui-même sa morale et son droit. Le peuple n'avait qu'à obéir. Frédéric Ier défendait à ses sujets de raisonner. Ils n'y songeaient d'ailleurs pas.

Le principe essentiel de la monarchie prussienne, auquel tout fut constamment sacrifié, était d'accroître sans cesse son territoire. Elle ne s'occupait nullement de justifier comme aujourd'hui le droit de conquête par une prétendue supériorité de la race. Il eut été du reste impossible de l'invoquer dans un pays composé de peuples aussi divers. La volonté du maître tenait lieu de suprématie ethnique.

Pour réaliser ce rêve de conquête, les rois de Prusse consacrèrent la plus grande partie de leurs ressources à l'armée. Un règlement de 1733 rendit le service obligatoire pour tous. A l'avènement de Frédéric-Guillaume Ier les troupes prussiennes comptaient 38.000 hommes et 83.000 à sa mort, en 1739. La France de cette époque n'avait que 160.000 soldats et l'Autriche seulement 100.000.

Son successeur, Frédéric dit le Grand, sut avec cette armée constituer une grande puissance. L'étendue de la Prusse fut alors doublée par l'adjonction de la Silésie et d'une partie de la Pologne.

Il fallut arriver à Napoléon pour assister à la destruction du royaume si péniblement construit.

Cette désagrégation ne dura pas longtemps. La Prusse reprit à Leipzig et à Waterloo la revanche d'Iéna. Les traités de 1815 lui donnèrent les provinces du Rhin qui renfermaient les villes célèbres de Cologne, Mayence, Trèves, etc.

Sadowa et Sedan achevèrent sa grandeur. Tous les gouvernements de l'Allemagne acceptèrent son joug. Le petit royaume prussien était devenu un formidable empire.

Avec la puissance l'orgueil s'accrut et l'Allemand finit par se croire le premier peuple de l'univers. Historiens et philosophes le persuadèrent qu'il constituait une race privilégiée destinée par la volonté du ciel à régénérer le monde.

Le bref résumé qui précède a montré que la Prusse, née de conquêtes, ne grandit que par des conquêtes. Il est donc merveilleux qu'elle ait pu pendant si longtemps, illusionner l'Europe. Sans doute, les rois de France se sont toujours un peu méfiés d'elle et empêchèrent, comme à l'époque de Richelieu, l'unité de l'Allemagne, mais depuis Voltaire jusqu'à nos jours la Prusse fut très populaire en France. Par une aberration singulière prouvant à quel point est difficile l'art d'observer, philosophes et écrivains y voyaient un empire libéral. La Révolution commit la même erreur. Pour Danton, la Prusse était « notre alliée naturelle ». Michelet se montrait aussi sympathique aux Prussiens et souhaitait l'unité de l'Allemagne. « Dieu nous donne, disait-il, de voir une grande et puissante Allemagne. »

Cette prodigieuse confiance continua jusqu'à Sadowa. « La France est logiquement avec la Prusse », écrivait le plus influent de nos publicistes. Un grand journal affirmait à cette époque que « l'unité de l'Allemagne c'est le triomphe de la Révolution. Être pour la Prusse, c'est vouloir le triomphe de la plus juste des causes ». Quelles illusions !

§ 2. — Débuts pacifiques de la politique de l'Empire. Renaissance des idées belliqueuses.

Pendant les années qui suivirent l'unification de l'Allemagne sous la domination prussienne, Bismarck, maître de l'Empire fondé par ses combinaisons, ne songeait qu'à le consolider dans la paix. L'idée directrice de sa politique fut de s'assurer des alliances contre les tentations possibles de revanche de la France.

Cette possibilité de revanche le hanta toujours. Il en parlait souvent dans ses discours au Reichstag. L'extrait suivant montre bien la nature de ses préoccupations.

La mise en question de la frontière allemande a commencé lorsque la France s'est emparé des Trois-Evêchés : Metz, Toul et Verdun. C'est un fait oublié et je ne le rappelle qu'à cause de la connexité historique. Nous n'avons point l'intention de reconquérir Toul ni Verdun ; nous possédons Metz. Mais depuis lors, il ne s'est guère succédé en Allemagne de génération qui n'ait été forcée de tirer l'épée contre la France. Et cette période de combat pour la frontière avec la nation française est-elle aujourd'hui définitivement close ou ne l'est-elle pas ? C'est ce que vous ne pouvez savoir pas plus que moi. Je ne puis qu'exprimer ma propre conjecture : qu'elle n'est pas close ; il faudrait pour cela que tout le caractère français et toute la situation de frontière fussent changés.

Pendant toute la durée de son pouvoir, Bismarck continua ses efforts pour maintenir la paix et l'empereur actuel suivit d'abord la même politique. L'Empire allemand se consolidait et sa prospérité économique devenait immense. Sa flotte commerciale, chaque jour plus importante, visitait tous les points du globe. Elle n'y rencontrait guère qu'un seul concurrent, l'Angleterre, rival redouté et toujours haïe davantage.

La France que craignait tant Bismarck finissait par ne plus préoccuper l'Allemagne. Ses dissensions religieuses et politiques semblaient l'avoir trop affaiblie pour que persistât son ancienne idée de revanche. Si un conflit avec la France se trouvait parfois envisagé, ce n'était que pour le cas où elle deviendrait l'alliée de l'Angleterre, l'ennemie qu'il faudrait tôt ou tard combattre.

Pendant la domination de Bismarck, la guerre était considérée comme un danger à éviter. Avec l'expansion commerciale et industrielle, elle devint un but souhaité, d'abord pour enrichir l'Allemagne et ensuite pour établir son hégémonie sur le monde.

C'est alors, qu'avec le concours du parti militaire, des sociétés patriotiques, de la presse et des universitaires commença la campagne destinée à surexciter l'opinion et la préparer à la guerre.

Le Gouvernement favorisait de tout son pouvoir ce mouvement qui lui permettait d'obtenir du Parlement, par crainte d'un prochain conflit, les impôts dont il avait besoin pour augmenter ses effectifs militaires.

§ 3. — **La politique de conquête formulée dans les écrits allemands.**

Un des écrivains qui contribuèrent le plus à préparer l'opinion à la conflagration européenne actuelle fut le général Bernhardi. Sur la couverture de l'édition anglaise de son dernier livre, *Unsere Zukunft* le traducteur a écrit : *The book that caused the War.*

Cette assertion est évidemment exagérée, car Bernhardi a simplement vulgarisé des opinions formulées dans la plupart des Revues et surtout par les nombreuses sociétés dites patriotiques dont l'influence fut très grande en Allemagne.

Bien que cet ouvrage ait simplement soutenu des idées générales en Allemagne, il ne sera pas inutile d'en extraire quelques passages. Ils montreront clairement que les conceptions politiques auxquelles la Prusse a converti l'Allemagne sont identiques à celle pratiquée par les premiers fondateurs de la monarchie prussienne.

Voici d'abord le résumé des principales observations consignées dans le chapitre V du livre de Bernhardi[1] :

« Dans ses entreprises un Etat doit tenir compte seulement

1. L'original Allemand étant devenu introuvable à l'époque où fut composé cet ouvrage j'ai traduit d'après l'édition anglaise.

du facteur force et mépriser les lois qui ne sont pas à son avantage.

Pouvons-nous tolérer qu'une nation de 40 millions d'hommes, déjà battue par l'Allemagne puisse prétendre aujourd'hui fixer des limites à son extension?

Nous ne pouvons assurer notre position continentale qu'en détruisant la Triple Entente, en humiliant la France et en lui laissant seulement la position inférieure qu'elle mérite.

Il faut réunir à l'Allemagne, les Etats indépendants de l'Europe Centrale. Tant que nous n'aurons pas croisé l'épée avec l'Angleterre notre politique extérieure est condamnée à l'insuccès.

Le moment choisi pour déclarer la guerre doit dépendre de notre volonté et non de celle de nos ennemis.

Notre armée, notre marine et notre politique étrangère doivent être toujours prêtes pour une attaque immédiate. »

Dans un chapitre sur l'arbitrage international, l'auteur essaie de montrer la difficulté de faire juger par des arbitres une question de droit.

C'est la force seulement et non le droit qui peut régler les différends entre les grands Etats. Des personnes différentes ont des conceptions dissemblables de la justice. Elles varient non seulement avec les individus, mais avec les nations. Chacune possède un idéal de justice qui dérive de son caractère et de son histoire. Personne ne peut dire quel est le meilleur.

Il serait impossible d'établir une loi écrite pouvant s'adapter à toutes les différences entre les nations. Chaque nation, chaque profession a une conception particulière de l'honneur. Les traités d'arbitrage sont particulièrement pernicieux pour une nation puissante et ambitieuse qui n'a pas encore atteint le point culminant de son développement. Toute cour d'arbitrage empêcherait nos progrès territoriaux, et le développement des Etats forts serait arrêté au profit des nations décadentes.

La moralité d'un Etat ne saurait être celle d'un individu. Celle de l'Etat dépend de la nature et du but de l'Etat, exactement comme la moralité individuelle dépend de la nature de l'individu et de ses devoirs envers la société.

L'essence de l'Etat est la force ; sa faiblesse est un crime.

Il est immoral pour un Etat de ne pas étendre sa puissance, si cette extension est demandée par un développement de sa population. Un pays ne peut être lié par des traités qui mettent son existence en danger ou qui sont désavantageux pour lui.

Ces idées heurtent évidemment les notions résultant de plusieurs siècles de civilisation européenne et nous ramènent aux doctrines qui guidaient les petits princes italiens au temps de Machiavel[1]. Elles sont cependant classiques chez beaucoup d'universitaires allemands, nous le verrons en étudiant, dans un autre chapitre, leur conception de l'Etat.

Bernhardi n'est donc nullement un isolé, un de ces esprits excentriques comme il s'en rencontre partout et dont la voix reste sans écho. Ce qu'il a écrit, des littérateurs de tout ordre n'ont cessé de le répéter. Voici, par exemple, des passages d'un livre intitulé *Si j'étais Roi*, reproduits par *le Correspondant* de septembre 1914 :

> L'Allemagne étant au-dessus de tout a droit à tout. L'Allemagne vise à la destruction de tout ce qui peut gêner son extension par le sang et par le fer. L'Angleterre doit être anéantie, la France doit être écrasée afin de lui prendre ses colonies et les territoires dont nous avons besoin pour notre sécurité. Les petits Etats de Hollande et de Belgique doivent vivre sous la haute tutelle de l'Allemagne, la Russie serait vaincue facilement et ses territoires de la frontière deviendraient des terrains à coloniser.

Un des panégyristes de Bismarck, M. Scherr, a très bien marqué dans les lignes suivantes l'absence totale de scrupule des principes de la politique allemande :

> Les hommes réfléchis et expérimentés doivent laisser, là où il mérite d'être, c'est-à-dire dans l'abécédaire des enfants, le lieu commun usé qui dit que la politique la plus honnête est la meilleure. Il n'y a jamais eu de politique honnête, dans le sens usité du mot et il ne saurait y en avoir. L'homme d'Etat créateur doit accomplir son œuvre sans s'inquiéter si elle est malhonnête ou nuisible pour ses adversaires.

Une des caractéristiques essentielles des concep-

1. Un peu étonné de l'indignation produite par ses doctrines chez des peuples ignorant que l'auteur n'avait fait que répéter des idées courantes en Allemagne, Bernhardi s'est cru obligé de déclarer dans une interview qu'il avait été mal compris et mal traduit, mais son texte est si clair qu'on ne saurait vraiment y trouver plusieurs interprétations.

tions politiques de la Prusse a toujours été un mépris profond pour les Etats faibles. Le droit de vivre ne leur est pas reconnu. M. A. Beyens, ancien ministre de Belgique à Berlin, rapporte le passage suivant d'une conversation avec le ministre des Affaires étrangères allemand :

Seules les grandes puissances, selon lui, avaient le droit et le pouvoir de coloniser. Il dévoila même le fond de sa pensée : les petit Etats ne pourraient plus jouir, dans la transformation qui s'opérait en Europe au profit des nationalités les plus fortes de l'existence indépendante qu'on leur avait laissé mener jusqu'à présent; ils étaient destinés à disparaître ou à graviter dans l'orbite des grandes puissances.

Répandu par ses historiens, ses philosophes, ses écrivains, le rêve de domination universelle hallucinait de plus en plus le peuple allemand. De même que jadis les Arabes et les Turcs, il se considérait comme une race supérieure à laquelle rien ne pouvait résister.

Toutes ces excitations devaient finir par porter leurs conséquences. L'opinion se transformait et le parti de la guerre grandissait chaque jour.

§ 4. — Résumé de l'évolution politique de l'Allemagne.

L'histoire de l'Allemagne et de ses aspirations depuis son unification sous la domination prussienne, peut se résumer en quelques lignes.

L'Allemagne actuelle, nous l'avons vu plus haut, est une création de la Prusse, royaume artificiellement formé par la conquête et n'ayant jamais prospéré que grâce à des conquêtes.

Quand, à la suite de la guerre de 1870, la Prusse réunit sous sa domination tous les Etats de l'Allemagne, elle leur imposa naturellement l'organisation à laquelle était due sa grandeur.

Faire naître, progresser, puis rendre collectifs certains sentiments constitue un des principes essentiels de la psychologie politique. Avec des sentiments habilement maniés, on dirige les volontés d'un peuple. En perpétuant ces sentiments, on refait son âme.

Aidée par ses universités, ses historiens, ses philosophes, ses sociétés patriotiques et surtout son éducation militaire, la Prusse, en moins de cinquante ans, modifia entièrement l'orientation mentale du peuple allemand. Les historiens le convainquirent de sa supériorité sur toutes les nations de l'univers. Les philosophes lui enseignèrent que le droit était une illusion sans puissance devant la force. Les politiciens firent luire à ses yeux le rêve d'une domination universelle. Le rude régime de la caserne asservit sa volonté.

Pour dominer les rivaux qu'elle voyait grandir, il fallait à l'Allemagne une armée et une flotte capables d'imposer partout ses lois. Pour obtenir les crédits nécessaires à ses armements, le gouvernement assurait que l'existence de l'Empire était gravement menacée par l'hostilité d'ennemis jaloux.

Le plus redouté était l'Angleterre. Les écrivains allemands ne cessaient de la désigner aux fureurs populaires comme l'irréductible ennemie de l'expansion germanique. Contre la rivale abhorrée, protégée par les flots, se construisait rapidement la flotte de guerre destinée à détruire sa puissance navale.

Si faire surgir des sentiments dans l'âme d'un peuple est relativement facile, les refréner ensuite devient extrêmement difficile. Ils se transforment vite en forces redoutables qu'on ne maîtrise pas.

Tel fut le cas de l'Allemagne. L'heure devait fatalement sonner où son gouvernement ne serait plus maître des sentiments créés sous son impulsion et celle des partis constitués pour pousser à la guerre. Il était alors inévitable qu'au premier incident éclatât le conflit que beaucoup rêvaient.

CHAPITRE II

LA CONCEPTION DE L'ÉTAT DES PHILOSOPHES ALLEMANDS ET LEUR INTERPRÉTATION DE L'HISTOIRE

---

§ 1. — Origines de la conception allemande de l'État.

Les rapports de l'individu et de l'Etat ont toujours constitué un des importants problèmes de la politique. Un équilibre satisfaisant réussit, chez certaines grandes nations modernes seulement, à s'établir entre le pouvoir nécessaire à l'Etat et la liberté indispensable aux citoyens.

Dans le monde antique, dans le monde oriental surtout, la question fut résolue simplement par l'omnipotence du souverain qui dirigeait l'Etat.

Etant donné les races diverses gouvernées et l'ambition permanente de s'annexer des pays voisins, la monarchie Prussienne ne pouvait être qu'absolue.

Ses rois tenaient pour vérité évidente que rien ne surpassait le pouvoir de l'Etat. Sa volonté devait servir de morale et de lois. Son devoir était de s'agrandir par des conquêtes.

L'intérêt seul de l'Etat pouvant le déterminer à respecter un traité, les rois de Prusse furent toujours bien convaincus qu' « une bonne guerre sanctifie toute cause », comme l'écrivait Nietzsche plus tard.

Les principes que nous venons de résumer furent pratiqués par les divers souverains de la Prusse mais naturellement sans être formulés. Il était réservé aux philosophes d'essayer de donner une base rationnelle aux théories dont l'histoire de leur pays prouvait l'utilité.

D'abord exprimés par des penseurs éminents tels que Hegel et Fichte, les principes philosophiques de la conception de l'Etat furent enseignés ensuite par de nombreux historiens, Treitschke, notamment, des littérateurs tels que Nietzsche, des vulgarisateurs comme Lasson et Bernhardi. C'est d'après leurs textes mêmes que nous exposerons la doctrine. Les conséquences politiques qu'elle devait entraîner ont été déjà indiquées dans les citations du précédent chapitre.

Hegel fut l'un des premiers qui érigea nettement la théorie du droit absolu de l'Etat lequel, suivant lui, devait être adoré comme un Dieu. La Force seule était la régulatrice de l'histoire.

Pendant longtemps, ces conceptions ne dépassèrent pas la sphère universitaire. Assez tard seulement elles furent vulgarisées dans le grand public.

L'Etat Prussien ne pouvait qu'encourager des théories le représentant comme une incarnation divine supérieure à toute autorité, dispensée du joug de toute loi morale et possédant un droit absolu de conquête sur les peuples faibles.

Les principes étatistes formulés par les philosophes d'outre-Rhin étant d'aspect un peu choquant, ils tentèrent de les rattacher à des conceptions antérieures et, remontant jusqu'aux Romains, essayèrent de montrer que sous la République aussi bien que sous l'Empire, l'Etat constituait une entité supérieure douée d'un pouvoir absolu.

Ils cherchèrent ensuite à représenter l'empire Allemand comme une simple continuation du Saint

Empire germanique débarrassé des influences inférieures de l'Autriche catholique.

En réalité la conception allemande de l'Etat n'a que de bien vagues analogies avec les conceptions romaines. Elle se rapproche plutôt du régime des gouvernements asiatiques.

De la théorie de l'Etat en Prusse découle toute son organisation et son histoire. Elles en découlent non parce que les principes précédents ont été formulés, mais parce qu'ayant été plus appliqués que formulés, ils ont assez profondément pénétré dans les âmes pour être devenus des mobiles d'action.

§ 2. — L'absorption de l'individu par l'État

Les théories allemandes ont pour conséquence nécesssaire, l'absorption complète de l'individu par l'Etat.

C'est ce qui arriva, effectivement, en Prusse d'abord et plus tard dans le reste de l'Empire. L'Etat prévoit et règle tout. Sa systématisation bureaucratique qui semblerait insupportable ailleurs, est acceptée parce qu'un régime militaire fort dur habitue tous les Allemands à une obéissance passive, fortifiée par leur soumission héréditaire.

L'Etat représente pour l'Allemand, suivant la conception d'Hegel, une divinité à laquelle chacun se sent heureux d'obéir. L'Etat, dit Novalis, constitue un individu mystique dont les tribunaux, le théâtre, la cour, l'église, le gouvernement, les réunions publiques sont pour ainsi dire les organes.

Cette divinité ne demande pas aux citoyens un assentiment raisonné mais simplement l'obéissance. De par la théorie des philosophes elle se trouve au-dessus du blâme et de la louange.

Rarement, du reste, songerait-on à la critiquer.

L'organisation bureaucratique de la Prusse inspire une telle admiration à ses administrés, qu'ils rêvent maintenant de l'imposer à l'univers.

En France, nous considérons l'Etat comme une entité séparée de nous, utilisée parfois pour obtenir des faveurs ou étayer notre faiblesse, mais toujours un peu notre ennemie. Aux yeux de l'Allemand, l'Etat représente l'incarnation de sa race. Le combattre serait se combattre lui-même.

Quelles qu'en soient les raisons, le prestige de l'Etat en Allemagne est immense. Son culte se trouve ancré dans les âmes. L'autorité n'a aucune peine à obtenir une obéissance absolue. Alors que l'Anglais et le Français sont avides de liberté, l'Allemand aime obéir. Il a la passion de la tyrannie et sitôt la moindre parcelle d'autorité tombée entre ses mains, il tyrannise à son tour.

Quant au simple soldat, c'est l'esclavage complet qu'on en exige. Dans une allocution adressée aux recrues de Postdam en 1891, l'empereur leur disait : « Vous êtes à moi corps et âme. Si je vous ordonnais de tirer sur votre père et sur votre mère, il faudrait exécuter mes ordres sans murmurer. » A quel peuple civilisé, en dehors des Allemands, un chef d'Etat oserait-il adresser pareil discours?

L'obéissance des Allemands rend leur gouvernement facile. Les règlements, si aisément violés par les Français, sont toujours respectés chez eux. Des histoires comme celle de l'hôtel Astoria à Paris y seraient absolument impossibles. Il fut, on se le rappelle, construit par un Allemand qui, sachant combien les règlements sont éludés en France, donna à son édifice une hauteur dépassant de beaucoup les dimensions permises. En Allemagne, les étages non réglementaires eussent été démolis dans les vingt-quatre heures si, par un invraisemblable hasard, ils avaient pu être construits. En France, malgré les arrêtés de la Préfecture de la Seine, du Conseil municipal, du Conseil d'Etat, etc., depuis 1907, l'hôtel est encore debout. Exemple visible de l'impuissance de l'Etat français à faire respecter les règlements et de son faible prestige.

On ne doit pas assurément considérer comme une traduction exacte des opinions courantes, les divagations de certains savants germaniques pendant la guerre. Il est bon cependant d'en tenir compte quand elles émanent d'hommes suffisamment représentatifs.

C'est à ce titre que peuvent être reproduites les réflexions du professeur Oswald assurant que :

> L'Allemagne, grâce à sa faculté d'organisation, a atteint une étape de civilisation plus élevée que les autres peuples. Parmi nos ennemis, les Russes en sont encore à la période de la horde, alors que les Français et les Anglais ont atteint le degré de développement culturel que nous-mêmes avons quitté, il y a plus de cinquante ans. Cette étape est celle de l'individualisme. Mais au-dessus de cette étape, se trouve l'étape de l'organisation. Voilà où en est l'Allemagne d'aujourd'hui ! Vous me demandez ce que veut l'Allemagne ? Eh bien, l'Allemagne veut organiser l'Europe, car l'Europe jusqu'ici n'a pas été organisée. L'Allemagne veut s'engager dans une voie nouvelle pour réaliser l'idée du travail collectif.

Cette déclaration a dû réjouir les socialistes collectivistes. Elle rencontrera difficilement des adhérents chez les esprits éclairés qui savent que le progrès et les grandes découvertes sont l'œuvre des élites et non des collectivités.

C'est seulement quand il s'agit d'utiliser des esprits médiocres qu'apparaissent les avantages de l'organisation collective. Elle a été fort utile à l'Allemagne, dont le caractère discipliné et grégaire lui rend faciles les besognes en commun et difficiles les travaux individuels. Les Allemands y ont d'ailleurs perdu toute personnalité. Nous aurons occasion de montrer ailleurs combien leur identité de pensée a frappé les personnes ayant eu l'occasion de visiter beaucoup de prisonniers allemands pendant la guerre. Tous, officiers ou soldats, semblaient coulés dans le même moule.

L'Etatisme a revêtu pour les Allemands une forme mystique. Il est admis comme un dogme religieux par leurs écrivains. Voici dans quels termes M. Edward Meyer, professeur à l'Université de Berlin, oppose dans la revue *Scientia* (1er mars 1915) la conception étatiste de l'Allemagne à celle des Anglais :

> De fait, il s'agit de deux conceptions diamétralement opposées de l'État et de leur lutte à la vie ou à la mort dans la formidable guerre actuelle...
>
> La différence porte non seulement sur les conceptions anglaise et allemande de l'Etat, mais aussi sur l'idée que chacun des deux peuples se fait sur la liberté. Pour l'Anglais, liberté signifie le droit de l'individu à la poursuite illimitée, en dehors de toute intervention de l'État, de ses propres intérêts matériels, alors qu'il doit dans le reste, c'est-à-dire dans ses manières de voir, ses mœurs, ses habitudes de vie, se conformer à la volonté de la majorité, de l' « opinion publique ». Pour l'Allemand, au contraire, liberté signifie une subordination aux intérêts de la collectivité, aux fins idéales de sa nation. L'Etat est pour l'Anglais une institution de contrainte dont les droits et les exigences à l'égard de l'individu doivent être limités autant que possible. Pour l'Allemand, au contraire, l'Etat est précisément l'organe dans lequel s'incarnent les fins les plus élevées qui se posent à son peuple, un organe dont la sphère de puissance doit embrasser et vivifier tout l'ensemble de la vie nationale et dont les commandements sont tels, que chaque individu, en tant que membre du grand Tout, les transforme par lui-même en manifestations libres de sa propre volonté, en les élevant ainsi à la dignité de commandements moraux de libre soumission et de libre accomplissement du devoir. C'est pourquoi l'Allemand voit dans le service militaire universel la base et la plus haute réalisation de l'Etat national libre, tandis que l'Anglais le considère comme la plus grande abomination, comme une contrainte despotique qui ruine sa notion de la liberté.

Rien de plus clair que cet exposé. Il nous montre nettement le régime que l'Allemagne victorieuse imposerait à l'Europe, comme elle l'a imposé à l'Alsace. L'individu doit obéir passivement, mais on lui permet de croire que cette obéissance est une « manifestation libre de sa propre volonté ». L'esclave antique aurait pu se persuader, grâce à la même illusion mentale, qu'en tournant la meule au fond d'une cave, il obéissait à sa libre détermination.

Aucun peuple, s'il n'était héréditairement dressé par la caserne, ne serait capable d'une obéissance aussi servile. Jamais un Américain ni un Anglais ne supporterait le régime germanique. Ils considèrent l'Etat fait pour l'individu et non l'individu pour l'Etat. La liberté et l'indépendance leur semblent fort supérieures à la soumission passive.

On a justement remarqué une grande analogie entre les conceptions étatistes des philosophes allemands et celles des socialistes jacobins français. Ces derniers les formulent autrement peut-être, mais ils les ont toujours pratiquées avec vigueur quand les hasards des circonstances leur en ont donné le pouvoir.

Une différence notable sépare cependant notre jacobinisme étatiste et l'étatisme allemand. Alors que le second est très pratique et rêve toujours de conquêtes, le premier vit surtout de théories. Bien qu'extrêmement autoritaire, le jacobinisme français enseignait le pacifisme et la fraternité universelle, sauf pour les catégories de citoyens qu'il persécutait vigoureusement.

§ 3. — Le culte de la Force.

La conception de l'Etat précédemment mentionnée implique nécessairement la prépondérance de la force matérielle. Ici encore les rois prussiens n'avaient pas eu besoin de dissertations philosophiques pour en saisir l'utilité. Créé par la force, leur royaume ne pouvait se maintenir et grandir que par elle.

Les écrivains allemands furent donc naturellement conduits à justifier les résultats obtenus en faisant de la force matérielle la grande dominatrice de l'histoire. Aux forts appartient le succès qui seul révèle la valeur d'un peuple.

Etant souveraine, la force peut rester sans pitié. Elle possède la liberté d'agir à son gré. Historiens et philosophes n'ont cessé de le répéter. « La puissance du vainqueur, voilà ce qui détermine le droit », écrit le célèbre juriste Ihering. Traducteur des idées ambiantes, Nietzsche écrivait : « Une morale de maître affirme que l'on n'a de devoir qu'envers ses égaux. A l'égard des êtres de rang inférieur, à l'égard de tout ce qui est étranger on peut agir à sa guise, comme le cœur vous en dit et de toute façon. Rien n'est plus dangereux pour les forts que la pitié. »

En reproduisant dans un autre chapitre les instructions de l'état-major allemand, nous aurons occasion de montrer avec quelle rigueur sont appliqués ces principes et à quel point toute humanité en est sévèrement bannie.

Il y a loin, on le voit, de ces doctrines à celles que le christianisme, ou simplement les progrès de la civilisation, avaient fini par imposer à la plupart des peuples civilisés. L'Allemagne est théoriquement restée chrétienne, mais le Jésus pacifique de la Bible est devenu chez elle une divinité aussi farouche que l'antique Odin, rêvant sans cesse conquêtes et massacres. Ce christianisme nouveau, aux allures très païennes, a entièrement rejeté la morale biblique jugée, suivant la formule de Nietzsche, « une morale d'esclave ». La douceur, la sensibilité, l'humanité sont considérées comme de l'impuissance. Le degré de force détermine le droit. La nation la plus forte a le droit de dominer les autres et ne leur doit aucune bienveillance. Tous les intellectuels allemands sont imbus du mot typique attribué à Guillaume II : « Pour moi, l'humanité finit aux Vosges. »

Ces principes devaient fatalement conduire aux férocités froides dont la guerre a fourni au monde l'attristant spectacle.

Le culte de la force n'a fait naturellement de progrès chez les Germains que depuis le jour où des entreprises heureuses leur prouvèrent qu'ils étaient forts. De nouveaux théoriciens vinrent alors leur persuader que constituant une race supérieure ils avaient le devoir de conquérir l'univers. La guerre devint une croisade destinée à écraser les peuples inférieurs pouvant s'opposer à la mission de l'Allemagne dans le monde. Sur les débris des races inférieures, soigneusement dépouillées de leurs richesses, régnerait l'idéal allemand.

Quand on ne réussit pas à dominer ses instincts, il est utile de les glorifier. On peut alors leur obéir sans honte. Les philosophes agirent donc sagement en exaltant les aspirations les plus basses des Allemands et notamment leurs instincts de conquête, de meurtre et de rapine.

§ 4. — Les rapports de la religion et de l'État.

Dans la plupart des monarchies, même très absolues, la religion et l'Etat forment deux pouvoirs indépendants. Ils furent parfois en lutte, mais bien rarement l'un des deux se vit entièrement asservi par l'autre.

La conception allemande de l'absolutisme étatiste rendait impossible aux fondateurs du royaume prussien de supporter une puissance religieuse capable de contre-balancer la leur.

Ils n'eurent pas, du reste, à la subir, car le protestantisme s'efface presque toujours devant le pouvoir temporel et entre peu en conflit avec lui.

Mais, quand, après 1870, la Prusse étendit sa domination sur le reste de l'Allemagne, il se trouva qu'à côté de 40 millions de protestants figurèrent 25 millions de catholiques et alors surgirent de grandes difficultés. Malgré toute son habileté, Bismarck n'arriva pas à les résoudre et, après une période de luttes, il dut se résigner à des compromis.

Ces derniers n'empêchèrent pas les conflits de s'aggraver chaque jour. La guerre actuelle les fit disparaître, mais cette disparition sera forcément momentanée.

Les deux religions que professe l'Allemagne rendront toujours fort malaisée sa complète unification.

Le rôle de ces 25 millions de catholiques dans la politique de l'empire est en effet considérable. Bien que le gouvernement soit au fond absolu, il a bien dû accepter un Parlement dont les votes peuvent le gêner quelquefois, surtout en matière d'impôts. Les catholiques possèdent un nombre considérable de revues et de journaux peu dociles aux impulsions gouvernementales. Ils forment au Reichstag ce qu'on appelle le Centre. Par son alliance avec certains éléments d'opposition, ce groupe peut obtenir la majorité. En 1909, ses votes obligèrent le chancelier de Bulow à démissionner.

Le parti catholique possède naturellement fort peu de sympathies dans le gouvernement. Un secrétaire d'Etat déclarait à la tribune qu'il constituait « un abcès purulent dans l'organisme de l'empire. »

Ce parti est seul assez fort pour lutter contre l'omnipotence de l'Etat prussien. Alors que ce dernier et l'Eglise protestante n'ont d'autre chef que le roi de Prusse, le parti catholique a deux chefs : l'empereur et, très au-dessus de lui, le pape, représentant de Dieu.

Le parti protestant se montre d'autant moins disposé à céder aux catholiques qu'il est convaincu, comme l'enseignent plusieurs historiens, que l'Allemagne devait sa grandeur à l'esprit protestant. Nous reproduisons ailleurs un passage de Treitschke sur ce point important.

Il est probable que le dualisme religieux de l'Allemagne deviendra tôt ou tard une cause de faiblesse pour elle.

§ 5. — Comment les théoriciens allemands exposent leurs conceptions de l'État et du droit.

Le lecteur peu familier avec les philosophes et les historiens allemands pourrait supposer que j'ai exagéré leurs doctrines. Elles se retrouvent cependant reproduites dans les mêmes termes, depuis Hegel jusqu'à Treitschke, Lamprecht et Bernhardi. J'en citerai des extraits dans une autre partie de cet ouvrage et me bornerai maintenant à donner quelques fragments d'un ouvrage de M. Lasson, professeur à l'Université de Berlin, qui les résument parfaitement. Son livre avait paru dans une édition populaire plusieurs années avant la guerre. Le *Temps* en a déjà reproduit des passages.

Un État, écrit Lasson, ne saurait logiquement admettre au-dessus de lui, sans disparaître, aucun tribunal dont il doive accepter les décisions. Entre les États ne peut régner que la guerre. Le conflit est l'essence même et la règle des relations entre les États ; l'amitié n'est que hasard et exception.

Tant qu'il y aura des hommes doués de libre arbitre, la contrainte seule pourra assurer l'exécution du droit... Lorsqu'en cas de litige la force de résistance de l'adversaire sera brisée, le nouvel état de choses ainsi créé sera aussi digne de respect que le précédent.

D'État à État, il n'y a pas de loi. Une loi n'étant qu'une force infiniment supérieure, un État qui en reconnaîtrait avouerait sa faiblesse. Il ne serait qu'une communauté tolérée affectant grotesquement d'être un État sans pouvoir exercer la fonction essentielle qui est de repousser la contrainte par la force. Un petit État n'a droit à l'existence qu'en proportion de sa force de résistance. Entre États il n'y a qu'un droit : le droit du plus fort.

Le faible est, malgré tous les traités, la proie du plus fort, aussitôt que ce dernier le veut et le peut. Cet état de choses peut même être qualifié de moral puisqu'il est rationnel.

Entre les Etats envisagés comme êtres intelligents, les litiges ne peuvent être résolus que par la force matérielle... Pour supprimer la guerre, il faudrait supprimer l'Etat.

... L'absence de préparation à la guerre est chez un peuple signe de décadence physique et morale.

... Quels que soient les progrès de l'intelligence, des conditions matérielles ou de la moralité d'un peuple qui n'aurait pas la possibilité de se défendre et d'assurer les résultats acquis, tout le travail serait vain et ce peuple ne servirait que de fumier sur le champ de la culture d'autrui.

Lorsqu'une fois la guerre a éclaté, tout est en jeu; car toute guerre est question de vie ou de mort... Il serait aussi faible de garder des ménagements que misérable d'en attendre.

La guerre de conquête est aussi légitime que la guerre de défense. C'est une absurdité de s'indigner contre une guerre de conquête. Le seul point intéressant est l'objet de cette conquête.

Une guerre peut être faite pour des intérêts politiques, jamais pour une idée. Ce serait le renversement de toutes les saines bases de la vie de l'Etat.

L'Etat national, qui réalise la plus haute forme de culture de la race, ne peut se réaliser que par la destruction des autres Etats.

Le droit à l'indépendance n'est pas un droit inné chez un peuple, il doit être acquis à grand'peine... Un peuple de haute culture, mais de culture peu favorable à la concentration et à l'action militaire de l'Etat, doit en toute justice obéir au barbare dont l'organisation politique et militaire est supérieure...

Entre formes de culture différentes, il ne peut y avoir que conflits et haines.

L'intervention dans les affaires d'autrui est un droit qui n'est limité que par la force d'autrui.

Le faible se flatte volontiers de l'inviolabilité des traités qui lui assure sa misérable existence. Il n'a qu'une garantie : une force militaire suffisante.

Il y a des gens qui parlent d'un soi-disant droit des peuples de disposer d'eux-mêmes. Laisser un peuple ou, à plus forte raison, une fraction de peuple décider de questions internationales, par exemple son attribution à tel ou tel Etat, équivaudrait à faire voter les enfants d'une maison sur le choix de leur père. C'est le mensonge le plus frivole que jamais tête Welsche ait inventé.

Contre des peuples professant de pareilles maximes le droit sans force serait une bien faible cuirasse. Laissons les académiciens disserter sur la beauté du droit pur, opposer la religion du droit à la religion de la force, mais conseillons au reste des citoyens d'entretenir toujours des moyens de défense plus sûrs que les théories.

L'expérience actuelle aura été suffisante, je pense, pour apprendre à une jeunesse illusionnée par les rêveries de pacifistes bornés, qu'on fait seulement respecter son droit en devenant très fort[1].

Qui n'a que le droit pour soutien ne saurait triompher de la force. Certes, à diverses époques de l'histoire, on a vu des pontifes dépourvus d'armées opposer victorieusement leurs droits aux volontés de puissants souverains. Mais s'ils étaient sans troupes ils n'étaient pas sans force. Elle s'affirmait au contraire immense, puisque, représentants de Dieu ici-bas, ils faisaient craindre à leurs ennemis son assistance.

1. On me permettra de rappeler que dans plusieurs ouvrages j'ai fortement insisté sur l'erreur des pacifistes et la nécessité pour un peuple qui veut vivre d'être assez armé pour défendre son droit. J'ai prêché évidemment un peu dans le désert, pas complètement cependant. Le savant président de la société des Ingénieurs de France, M. Henri Gall, m'écrivait à la date du 8 Décembre 1914 : « Que de fois je pense à votre forte influence sur la génération présente qui comprendra mieux maintenant cette utilité de la force, dont elle vous devra la notion. »

Il n'est pas douteux que les théories allemandes correspondent à des périodes de civilisation dépassées depuis longtemps. Elles nous ramènent à ces époques lointaines où chaque potentat ne comptait que sur son épée et considérait, lui aussi, avec mépris les traités qu'il pouvait violer.

Imbu de l'idée des droits du plus fort, un journaliste allemand assurait que si l'Allemagne triomphait, elle pourrait s'éviter de payer toutes ses dettes extérieures. Sans doute, mais quel pays voudrait alors être en relations commerciales avec un peuple s'inspirant de telles maximes?

Il existe actuellement une désharmonie complète entre l'organisation militaire de l'Etat allemand et son évolution industrielle et commerciale. Ce sont deux phases de civilisation différentes superposées.

On a fait remarquer, avec raison, que les théories allemandes ont eu pour résultat avec l'incendie de Louvain la dévastation de la Belgique, et rappelé le mot très juste de Mommsen : « Prenez garde que dans cet Etat qui fut à la fois une puissance en armes et une puissance en intelligence, l'intelligence ne s'évanouisse et qu'il ne reste qu'un Etat purement militaire ».

Un des premiers effets des théories allemandes fut d'obliger l'Europe à demeurer quarante-cinq ans en armes pour aboutir à une conflagration universelle. Elle montrera finalement combien étaient illusoires les conceptions des philosophes germaniques.

CHAPITRE III

L'ÉVOLUTION ÉCONOMIQUE DE L'ALLEMAGNE

§ 1. — La prospérité industrielle et commerciale de l'Allemagne

On vit parfois, au cours de l'histoire, et le royaume prussien en a fourni pendant longtemps un frappant exemple, des peuples besogneux faire la guerre pour s'enrichir aux dépens de leurs voisins. Il est fort rare qu'un pays arrivé à la richesse par l'extension de son commerce extérieur et protégé contre toutes les attaques possibles par une puissante armée, se soit lancé dans une guerre dont, vainqueur ou vaincu, il ne pourra retirer aucun profit.

Tel fut pourtant le cas de l'Allemagne moderne. Sa prospérité n'a guère plus de vingt-cinq ans d'existence. Pendant cette courte période, sa population, son industrie et son commerce grandirent considérablement. Or elle fit la guerre au moment où son développement économique atteignait celui que l'Angleterre avait mis près d'un siècle à conquérir.

Les chiffres et les documents qui vont suivre donneront une idée claire de l'extension industrielle et commerciale de l'Allemagne à l'heure où commença le grand conflit européen.

De 48 millions d'habitants en 1888, sa population

montait en 1914 à près de 70 millions. Sa fortune avait passé dans le même temps de 250 milliards à 372 milliards[1]. Son commerce s'étendait dans tout l'univers; elle possédait peu de colonies, mais le monde entier était en train de lui en tenir lieu.

A côté de l'Allemagne militaire, représentée par la Prusse, une Allemagne industrielle, développée en quelques années, avait regagné l'avance de l'Angleterre et de l'Amérique.

Parmi les raisons diverses ayant favorisé l'évolution de son industrie, la plus importante fut la découverte de mines de houille. Elles ont permis de faire passer la production du charbon de 26 millions de tonnes en 1870, à plus de 190 millions en 1913, alors que la nôtre ne dépasse pas 41 millions[2].

L'extraction de la houille, qui avait enrichi jadis l'Angleterre, devait aussi faire prospérer l'Allemagne. Tandis que la France était obligée d'importer une partie de la houille qu'elle consommait, l'Allemagne pouvait en exporter.

Pour bien comprendre la valeur des chiffres précédents, on doit se rendre compte de la richesse qu'ils représentent.

Dans la phase industrielle que le monde traverse, la richesse d'un peuple résulte surtout de la quantité d'énergie mécanique dont il dispose. Cette énergie

---

1. Voici d'après le *Réveil National*, d'avril 1915, à combien les économistes Allemands évaluent la richesse de leur pays. Nous reproduisons ces chiffres sans garantie de leur exactitude : 1° fortunes privées, meubles et immeubles, 220 milliards ; 2° propriétés municipales avec ou sans bâtiments, 50 milliards ; 3° propriétés rurales, 50 milliards ; 4° industrie minière privée, 6 milliards ; 5° valeur du capital allemand engagé à l'étranger et valeurs étrangères en mains allemandes, 25 milliards ; 6° mines appartenant à l'État, établissements d'État, monuments, ports et canaux, 15 milliards ; 7° valeurs en circulation, argent, monnaie, 6 milliards. Ce qui donne un total de 372 milliards. Le revenu annuel de l'Allemagne serait d'environ 40 milliards.

2. Dont 27 millions produits par les départements occupés par l'ennemi. La même occupation nous a fait perdre les trois quarts de notre production de fer.

mécanique peut provenir du travail manuel de l'homme — et jusqu'à une époque assez récente il n'y en eut guère d'autre — ou du travail fourni par la combustion du charbon.

Des expériences variées ont prouvé qu'un manœuvre produit un travail de 6 kilogrammètres en une seconde, pendant 8 heures par jour. Le même travail obtenu avec de la houille brûlée dans une machine à vapeur, coûte environ les deux tiers d'un kilogramme de charbon, soit, pour une année de 300 jours ouvrables, 200 kilogrammes de charbon, par conséquent un cinquième de tonne. Une tonne de houille représente donc le travail de 5 hommes pendant un an et 1 million de tonnes le travail de 5 millions d'hommes. Dire que l'Allemagne extrait 190 millions de tonnes de charbon par an, c'est dire qu'elle peut produire le même travail mécanique que fourniraient 950 millions d'ouvriers, ou mieux d'esclaves dociles.

Ces esclaves dociles sont, en outre, fort peu coûteux. 1 million de tonnes valent, à raison de 15 francs la tonne, en temps ordinaire, 15 millions de francs. Si on évalue le salaire de chaque ouvrier à 5 francs par jour, soit 1.500 francs pour 300 jours, les 5 millions de manœuvres nécessaires pour remplacer 1 million de tonnes de charbon coûteraient 7 milliards 500.000 francs.

En substituant le travail de l'ouvrier houille à celui de l'ouvrier humain, le premier ne coûte que 3 francs par an au lieu de 1.500 francs[1]. Augmenter la richesse d'un pays en houille revient donc à multiplier énormément le nombre de ses habitants. Beaucoup de houille et peu d'habitants vaut mieux que

1. Les résultats de mes calculs pouvant surprendre au premier abord, je les ai fait vérifier par mon savant ami Ch. Lallemand, membre de l'Académie des sciences et Inspecteur général des Mines.

peu de houille et beaucoup d'habitants. 5.000 mineurs travaillant pendant un an suffisent pour extraire 1 million de tonnes de houille, pouvant produire le travail de 5 millions d'ouvriers.

Toute l'industrie moderne, depuis nos gigantesques cuirassés jusqu'aux obus qui sillonnent les tranchées, représentent de la houille transformée. Plus on possède de houille, plus on peut avoir d'usines, de chemins de fer, de cuirassés, de munitions et de canons.

L'énorme production de charbon en Allemagne a exercé sur sa vie économique et internationale des conséquences si profondes qu'elle représente certainement un des plus grands facteurs de son évolution moderne.

La première de ces conséquences fut l'abandon de l'agriculture pour l'usine. Pourvue de charbon et d'hommes en excès, l'Allemagne put fabriquer des objets à un taux assez bas pour empêcher toute concurrence.

Ce bon marché, lui permit d'accroître de plus en plus son exportation. Il lui fallut alors agrandir ses usines, qui finirent par devenir gigantesques.

Certaines, comme celles de Krupp, occupent 100.000 ouvriers. L'usine de Mannesmann en utilise 15.000; la Badische, 8.000, et celle de Bayer presque autant. La plupart de ces établissements possédaient des filiales dans divers pays, pour éviter les droits de douanes. La maison Merck, de Darmstadt, qui fabriquait la plus grande partie des médicaments vendus dans nos pharmacies, avait des succursales à Londres et à Montereau, près de Paris.

L'organisation de ces divers établissements est fort savante. Chez Bayer, il y a 14 directeurs, ayant sous leurs ordres, 304 chimistes, 67 ingénieurs, 8 médecins, 4 juristes et plus de 650 techniciens (mécaniciens, électriciens, etc.). 30.000 lampes électriques éclairent ses ateliers. Elle expédie journellement 30 wagons de matières.

Dans toutes les branches de l'industrie : instruments de laboratoire, objectifs photographiques, etc., les Allemands possèdent une supériorité analogue. Nos fabricants n'essayaient même plus de lutter.

Devant son succès, l'Allemagne augmentait sans cesse sa fabrication. Elle l'accroissait même dans de telles proportions qu'il lui fallait constamment chercher de nouveaux marchés.

Et ce fut là justement une des causes indirectes de la guerre. Nouvelle venue l'Allemagne rencontrait partout des rivaux, l'Angleterre notamment. Elle songea bientôt à les combattre.

Cette hypertrophie industrielle présentait d'ailleurs un côté fort dangereux facile à mettre en évidence.

Le grand financier allemand M. Hefferich assure que le revenu de l'Empire est de 50 milliards et sa fortune de 400 milliards.

Admettons ces chiffres malgré leur exagération probable; mais que représentent-ils surtout? Des capitaux immobilisés dans d'immenses usines dont la production, trop grande pour être consommée à l'intérieur, doit être vendue à l'extérieur. Si leurs débouchés se fermaient, des millions d'ouvriers tomberaient dans la misère. Sur 70 millions d'Allemands, 15 millions seulement, en effet, vivent d'agriculture.

La prospérité des usines et les bénéfices qu'elles peuvent servir à leurs actionnaires dépendent donc uniquement de la possibilité d'écouler leurs produits. Pas de revenus sans cette vente. On a dit, avec raison, que l'Allemagne était condamnée à s'enrichir toujours davantage ou à se ruiner.

Eblouis par leurs succès, les usines ont perpétuellement continué à s'agrandir. La Compagnie générale de l'électricité, par exemple, fondée en 1883 avec 5 millions de marks, doit rétribuer aujourd'hui un capital de 240 millions. Il serait impossible évidemment de servir des dividendes à une pareille masse de capitaux, si la production se ralentissait un instant.

Et c'est pourquoi l'Allemagne redoutait tant les concurrents et professait une haine si profonde pour le plus dangereux : l'Angleterre.

§ 2. — Causes diverses de la prospérité de l'Allemagne. Ses méthodes industrielles.

Nous venons de voir que la récente prospérité de l'Allemagne avait pour origine principale la découverte imprévue d'immenses mines de houille sur son territoire.

Mais cette cause n'est pas la seule. Il en existe plusieurs, les unes réelles, les autres imaginaires.

Parmi les causes imaginaires figure cette idée que les succès économiques de l'Allemagne sont la conséquence de ses succès militaires de 1870. Quoique souvent réfutée, pareille erreur est cependant répétée. Elle se trouve combattue, une fois de plus encore, dans un article récent de M. d'Avenel.

Il y montre facilement que la richesse et la domination sont choses indépendantes.

La supériorité militaire n'accrut jamais le commerce d'un peuple. Les pays les plus riches, comme les Etats-Unis, n'ont aucune puissance militaire. Les Hollandais et les Suisses n'en possèdent point d'avantage.

Il ne faudrait pas non plus croire que nos cinq milliards versés en 1871 enrichirent l'Allemagne, car la paix armée depuis quarante-cinq ans lui en a coûté plus de soixante. Du reste, pendant les huit ou dix premières années qui suivirent la campagne de 1870, sa situation ne fut pas brillante.

Cette guerre retarda donc plutôt qu'elle n'accéléra en

Allemagne le mouvement d'extension industrielle et commerciale qui se développait dans presque toute l'Europe.

Parmi les causes, cette fois très réelles, de la prospérité industrielle de l'Allemagne, il faut citer surtout la supériorité de son éducation technique et aussi les habitudes de discipline, d'ordre et de méthode créées par l'éducation militaire.

L'usine et la caserne se ressemblent fort, et l'Allemand passe sans difficulté de l'une à l'autre.

Cette influence de la caserne est proclamée par les Allemands eux-mêmes. M. Below, professeur à l'Université de Fribourg, rapporte les paroles suivantes d'un économiste :

« L'esprit de discipline qui règne dans l'armée Allemande est le même auquel nous sommes redevables de notre essor économique, qui a suscité contre nous la haine de l'Angleterre. Le système militaire est une école pour nos ouvriers. »

J'admets volontiers que les habitudes de discipline et de régularité créées par ce rigide régime de la caserne, acceptable seulement pour les Allemands, leur a beaucoup servi. Comment utilisèrent-ils les qualités ainsi acquises? Quelles sont leurs méthodes industrielles et commerciales?

J'ai déjà exposé dans divers ouvrages[1] leurs méthodes commerciales, le rôle des cartells, les procédés d'invasion en divers pays, etc.

Un savant économiste, M. Millioud, a entrepris la même étude dans la *Bibliothèque Universelle* de Genève, d'avril 1915. Ses observations sont analogues aux miennes, mais comme elles proviennent d'un savant appartenant à une nation neutre, ce sont elles que je résumerai ici.

---

1. *Psychologie du socialisme*, 7e édition, et *Psychologie politique*, 9e édition.

M. Millioud montre d'abord la croissante expansion des Allemands dans certains pays, la Belgique notamment. Ils y ont pénétré par leurs représentants et l'achat successif de maisons de commerce et d'usines, soit directement soit sous des prête-noms.

Grâce à la puissance de leurs cartells (association de tous les membres d'une même industrie, représentée par un bureau qui fixe les prix et encaisse les bénéfices répartis ensuite entre les associés), ils peuvent ruiner les concurrents en écoulant les objets au-dessous même du prix de revient. M. Millioud montre par exemple que les sidérurgistes allemands qui vendent les poutres de fer 130 marks la tonne en Allemagne, les donnent à 120 marks en Suisse et à 75 en Italie. Ils subissent, dans ce dernier cas, une perte d'environ 20 marks par tonne.

Au moyen de ces réductions et des crédits à très longue durée (12 à 18 mois), les commerçants allemands s'assurent en tous pays des clients. Après avoir évincé les concurrents ils sont maîtres des prix.

L'Etat allemand soutient de toutes ses forces l'industrie, non seulement par ses commandes mais surtout en favorisant l'exportation au moyen de tarifs différentiels ingénieux.

L'emploi de telles méthodes nécessitait beaucoup d'argent. D'où est-il venu ?

Le système industriel et commercial de l'Allemagne fut aidé par les banquiers qui drainaient progressivement les économies de leur pays et même du nôtre, par l'intermédiaire de nos sociétés de crédit, pour les verser dans des entreprises industrielles.

L'argent ne suffisant pas, il fallut le remplacer par des titres d'action et bientôt les réserves métalliques des banques se trouvèrent transformées en valeurs de portefeuille fort difficilement réalisables.

Ici apparait le vice du système et ses dangers. La

confiance peut bien remplacer quelque temps des réserves métalliques disponibles, mais pas toujours, surtout en cas de crise. Des faillites retentissantes l'ont suffisamment montré.

Ce danger n'était pas le seul. Les dividendes servis aux capitaux énormes engagés dans l'industrie exigeaient, je l'ai dit plus haut, un accroissement perpétuel de la production. Elle fut poussée au point de dépasser de beaucoup les besoins.

Il devint alors nécessaire de dominer les grands marchés du monde, de façon à pouvoir régler la distribution des produits et leurs prix. Mais on se heurta alors à des concurrents, notamment aux Anglais dont l'industrie croissait presque aussi vite que celle des Allemands.

L'auteur cité plus haut arrive finalement à la conclusion suivante :

> Sans être menacés par personne, les Allemands se sentaient menacés de toutes parts. Ils prétendent lutter pour leur existence. Ils disent vrai. Leurs industriels, leurs financiers, leurs hommes d'Etat les ont engagés dans une entreprise de conquête économique et les y ont engagés de telle façon et par de tels procédés qu'il leur était impossible d'y renoncer. Ces procédés se retournaient contre eux. Sans qu'ils eussent encore échoué, la victoire, manifestement, leur échappait. Fallait-il attendre la défaite, l'arrêt des industries, l'effondrement du crédit, la misère terrible qui en devait résulter pour le peuple et les fureurs auxquelles il s'emporterait peut-être? Cette situation ne rendait-elle pas la guerre inévitable tôt ou tard, et ne valait-il pas mieux la faire pendant qu'on avait le plus de chances d'en sortir promptement et définitivement victorieux? Et après, le bon droit n'appartiendrait-il pas, comme l'a dit M. Maximilien Harden, à celui qui aurait vaincu?

Je crois volontiers que les Allemands auraient été conduits un jour à faire la guerre pour les motifs économiques qui viennent d'être indiqués. Leurs écrivains l'ont tant répété qu'il n'est guère permis d'en douter, mais je ne pense pas que le moment était venu encore où cette nécessité se faisait sentir.

On en approchait seulement. D'après M. Bonnefon, un des conseillers intimes de l'empereur, M. Ballin, directeur de la ligne Hambourg-Amérique, poussait, un mois avant la guerre, un cri d'alarme qui aurait mérité d'être entendu par toute la presse française, tant il était prophétique. Partout, les marchés se ferment ou se rétrécissent devant l'Allemagne, s'écrie-t-il avec amertume. Dit-il vrai ? Dans ce cas, c'est la faillite pour un grand nombre d'entreprises secondaires; c'est le chômage pour des millions d'ouvriers, c'est l'inévitable conséquence d'un élan trop précipité, dans une Allemagne trop petite. Avant la guerre, il y avait déjà 100.000 ouvriers en chômage à Berlin et les entrepreneurs avaient de la peine à se procurer de l'argent à 8 p. 100.

La prospérité de l'Allemagne, quoique réelle, était donc, on le voit, assez menacée.

§ 3. — L'expansion commerciale des Allemands en France et dans le monde.

Malgré tous les dangers que je viens de montrer la prospérité de l'Allemagne grandissait toujours et elle faisait concurrence aux autres peuples sur tous les points du Globe.

Les rivalités commerciales n'ont pas pour unique conséquence des bénéfices pécuniaires. On pourrait dire sans exagération qu'une nation envahissant une autre par son industrie, arrive tôt ou tard à en être aussi maître que si elle l'avait conquise à main armée.

Tel était de plus en plus le cas des Allemands dans divers pays, en Belgique, en Russie et en France surtout. Des régions entières, la Côte-d'Azur, par exemple, avaient fini par leur appartenir. De Saint-Raphaël à la frontière italienne, tous les grands hôtels étaient devenus allemands.

L'envahissement était général. Une foule d'industries françaises : produits chimiques, optique, médicaments, matières colorantes, etc., se trouvaient dans leurs mains.

Par leur esprit d'organisation, leurs méthodes, leur instruction technique, leur travail opiniâtre, les Allemands s'emparaient progressivement de nos principales productions industrielles. Les saisies faites pendant la guerre ont prouvé l'existence, en France, de plus de 12.000 maisons allemandes. S'ils avaient pu continuer vingt ans encore, ils seraient devenus, sans batailles, les vrais propriétaires du pays.

Pareils phénomènes s'observaient également en Italie et en Russie. La plupart des banques et des grandes industries y étaient dirigées par des Allemands. En Angleterre, l'invasion commençait aussi, mais beaucoup moins qu'ailleurs.

L'envahissement économique du monde par l'Allemagne s'accomplissait, on le voit, rapidement, et sans la guerre il eût été bientôt complet. La Russie, par exemple, devenait de plus en plus allemande. Les discours prononcés à la Douma à la suite des défaites russes contenaient de bien inquiétantes révélations. En voici un résumé, emprunté au *Journal de Genève* du 12 septembre 1915 :

Tout ce que l'on a dit de l'emprise économique allemande sur d'autres pays est dépassé par ce qui s'est produit en Russie. La conquête était singulièrement avancée quand éclata la guerre. L'indolence classique de l'administration, dont trop de représentants acceptaient des backchichs en marks aussi bien qu'en roubles, y est sans doute pour quelque chose à côté de la dévorante activité déployée par les agents des entreprises allemandes, les unes officielles, les autres privées. Les banques étaient en grande partie allemandes. Les maisons de commerce, allemandes. Les exploitations de mines, et souvent de grandes usines, allemandes. Les colonies allemandes, installées il y a un siècle et demi déjà, dans les campagnes par l'impératrice Catherine, ne sont en rien dénationalisées; elles restent groupées, n'ont pas appris le russe, se sont installées, comme par hasard, dans le rayon des places fortes et sur les grandes lignes de communication stratégiques; leurs rapports avec les organisations pangermanistes se sont multipliés depuis quelques années et deviennent de plus en plus étroits. Leur rôle actuel est très suspect.

Mais les influences allemandes sont plus inquiétantes à la cour, dans les ministères, dans l'armée. Les orateurs ont dénoncé les complaisances de grands personnages pour des sujets allemands et autrichiens.

Si l'on considérait comme colonies les pays fructueusement exploités par un peuple, il faudrait dire que la France, la Belgique et la Russie constituaient les grandes colonies de l'Allemagne.

Pour acquérir des débouchés les Allemands ne s'étaient pas bornés à envahir l'Europe. Ils se répandaient de plus en plus sur le reste du monde.

Cet envahissement se faisait avec une rapidité considérable et il avait aussi pour conséquence l'expansion de la langue et de la civilisation des envahisseurs.

M. le professeur Bellesort, qui était au Japon au moment de la guerre, écrit :

J'étais revenu au Japon à quinze ans de distance; et le premier changement que j'y constatai dès mon arrivée, me serra le cœur : les Allemands nous y avaient presque entièrement supplantés. L'influence Anglaise y était restée relativement stationnaire, mais tout ce que nous y avions perdu, l'Allemagne l'avait gagné.

Autrefois nos écoles militaires, nos maîtres, nos livres, nos systèmes, notre langue avaient été en honneur. C'étaient maintenant les professeurs allemands, les livres allemands, l'armée allemande, la langue allemande, les méthodes allemandes, la science allemande. A la Faculté de droit de Tokio, cent élèves suivaient le cours du professeur français et mille celui du professeur allemand. Sur vingt-quatre boursiers envoyés en Europe, dix-neuf étaient dirigés vers Berlin et cinq qui venaient à Paris devaient encore séjourner en Allemagne. Une chaire de russe créée c'était toujours une chaire de français supprimée, jamais une chaire d'allemand. La médecine comme la musique européenne était entièrement allemande.

Les causes de ce succès sont attribuées par l'auteur à l'activité de l'Allemagne inondant le pays de journaux, de revues et d'agents de toute sorte, mais aussi aux lourdes fautes des jacobins qui gouvernaient alors la France. Depuis leurs persécutions religieuses nos missions étrangères, qui enseignaient le français et réagissaient contre les influences antifrançaises, furent remplacées par des Jésuites Allemands qui organisèrent une Université allemande à Tokio. La presse japonaise a pu écrire « que le protectorat des catholiques de l'Extrême-Orient serait désormais confié à l'Empereur d'Allemagne ».

Les Marianistes français avaient un collège fréquenté par huit cents élèves où l'étude du français était obligatoire. La suppression de leurs maisons de recrutement, en France, les mit dans l'impossibilité de remplacer leurs professeurs.

Ce n'est pas seulement au Japon que s'observe cette expansion de l'Allemagne et notre recul.

Depuis vingt ans, écrit le même auteur, partout où je suis allé, en Europe, en Amérique, en Extrême-Orient j'ai retrouvé l'Allemand insolent, haineux, malhonnête. Il ne se contentait pas d'exploiter nos fautes, ce qui était son droit : il se montrait aussi habile à falsifier notre histoire qu'à contrefaire nos produits. Partout je l'ai entendu proclamer ou insinuer l'idée de notre décadence. Docteurs des Universités ou commerçants de Hambourg, diplomates ou émigrants, un égal mépris de la vérité les animait contre nous. Ils apportaient dans la mauvaise foi et dans l'improbité une discipline vraiment stupéfiante. Mais je n'avais jamais été à même de revoir un pays où nous occupions naguère un rang très honorable et d'y pouvoir constater ce que ces quinze dernières années nous y avaient enlevé de prestige et d'autorité morale. Je n'avais jamais eu l'occasion de mesurer ainsi le résultat du travail incessant qui s'accomplissait contre nous et des abdications successives où nous étions pacifiquement acculés.

Dès que je sortais de France, dès que je m'éloignais du centre tumultueux et surchauffé, où le bruit et l'ardeur de nos querelles nous illusionnent sur notre activité, je comprenais que la guerre de 1870 se poursuivait implacablement dans tous les coins du monde, que nous continuions de battre en retraite et que cela ne pouvait pas durer. Tout vaut mieux qu'une désagrégation lente.

De semblables phénomènes d'expansion ont été constatés partout. La *Revue de Paris* du 1er mars 1915 signalait l'ingérence politique de l'Allemagne dans les affaires intérieures de la Perse. Les intrigues de ses conseils et de ses commis voyageurs ne cessaient d'y fomenter des troubles et des menées séparatistes.

Malgré son commerce mondial et son expansion croissante, l'Allemagne s'imaginait « ne pas avoir sa place au soleil » et se déclarait prête à entrer en conflit avec les peuples cherchant l'agrandissement de leurs colonies, comme la France au Maroc.

Et cependant ses expériences en Afrique prouvaient qu'elle n'avait pu créer aucune colonie prospère malgré des torrents de sang versé. Simple commerçant, l'Allemand se fait accepter partout. Devenu le maître, il se rend odieux à tous les hommes tombés sous sa domination.

CHAPITRE IV

LA MENTALITÉ ALLEMANDE MODERNE

§ 1. — Les origines de la mentalité allemande moderne.

La mentalité allemande actuelle est une création artificielle ayant moins d'un demi-siècle d'existence. Ses origines remontent à l'unification de l'Allemagne par la Prusse.

L'apparition de cette mentalité n'implique nullement la formation d'une race homogène, mais simplement l'acquisition d'un petit nombre de dominantes communes superposées aux facultés de races assez hétérogènes.

L'Allemagne actuelle est, en effet, un mélange de peuples très divers. Slaves, Celtes, Mogols, Badois, Prussiens, Wurtembergeois, Bavarois, Saxons, y apportent des caractéristiques partielles tout à fait différentes[1].

L'unification politique et ses conséquences ont créé

1. Les anthropologistes ont déterminé depuis longtemps les origines des populations actuelles de l'Allemagne et montré de quel mélange elles étaient composées. Le fond de la population prussienne est d'origine slave, les Mecklembourgeois, les Brandebourgeois, les Poméraniens sont des métis provenant de croisements avec des Grands Russiens ou des Petits Russiens. Les descendants des premiers sont blonds et dolichocéphales, les seconds sont bruns. Les seuls vrais descendants des anciens Germains se trouvent disséminés en Hollande, dans le Palatinat en Alsace, dans la Suisse allemande, etc.

rapidement une mentalité spéciale qui a fait de l'Allemand moderne un peuple non homogène assurément, mais dont toutes les aspirations sont orientées dans le même sens.

Les Allemands conquis se sont vite identifiés avec leurs nouveaux maîtres. L'assimilation fut d'autant plus facile qu'ils professèrent toujours une respectueuse admiration pour tous leurs conquérants, y compris Napoléon. Quand ce dernier entra à Berlin, les plus grands seigneurs prussiens, tels que le prince d'Isenburg, sollicitèrent humblement des grades dans son armée. Un peu révolté par cette platitude, l'empereur écrivait à Davoust : « Ces gens sont aussi vils dans l'adversité qu'arrogants et hautains à la moindre lueur de prospérité ».

C'est leur passé qui inculqua aux diverses populations de l'Allemagne un religieux respect de la force. Ils vécurent pendant des siècles sous des maîtres variés, mais systématiquement fort durs.

Le passé des Allemands fait comprendre pourquoi leur personnalité fut toujours assez effacée dans le cours des âges. Il fallut tout le zèle patriotique des écrivains pour leur bâtir après coup une histoire présentant quelque homogénéité. Elle fut fabriquée comme on établit de toute pièce une généalogie pour un parvenu ambitieux.

Une des plus ingénieuses tentatives de ces écrivains fut d'essayer de prouver, contre toute vraisemblance, que les invasions des hordes germaniques qui anéantirent la civilisation romaine en ravageant l'Europe régénérèrent le monde. En fait, ces peuplades, sans trace de culture et difficilement éducables, mirent de longs siècles à se créer une ébauche de civilisation avec les débris de celles que leur férocité avait détruites. « Pendant quatre siècles, écrit M. Duruy dans son *Histoire romaine*, cette race de proie fut le fléau du monde... » « Sans respect pour la parole jurée, disait Grégoire de Tours, sans pitié pour le vaincu, sans foi envers la femme, l'enfant et le faible. »

Les historiens germaniques s'efforcèrent ensuite d'attribuer à l'Allemagne du Moyen Age, qui ne songeait guère à inventer, des innovations artistiques et littéraires diverses. Les recherches de l'érudition moderne ont clairement prouvé l'origine française de l'architecture gothique, la plus belle extériorisation du Moyen Age. Français aussi tout le lyrisme médiéval, Parsifal, Tristan, Yseult, etc. Ce n'est pas davantage à l'Allemagne que sont dues la féodalité et la chevalerie. Elle a toujours imité, mais jamais innové. Son sol demeure encore couvert de toutes les copies architecturales de l'époque où le moindre principicule allemand avait les yeux tournés vers la cour de Louis XIV.

La docilité du caractère allemand, sous de vagues formes d'indépendance philosophique, et son esprit d'imitation doivent être retenus pour concevoir comment la Prusse parvint si rapidement, en utilisant ces facultés héréditaires, à modifier sa mentalité.

§ 2. — Caractéristiques générales de la mentalité allemande.

On ne peut parler de la mentalité d'un peuple qu'en se maintenant dans les indications générales. Chacun possède bien, sans doute, un certain nombre de caractères communs, mais de nombreuses divergences partielles les divisent. D'une province à l'autre s'établissent des dissemblances très marquées. Un Flamand, un Breton, un Bourguignon, un Marseillais ont des mentalités bien distinctes. La profession imprime aussi à l'individu une empreinte spéciale. L'ouvrier, le prêtre, le magistrat, l'officier ont leur mentalité particulière.

Cependant ces distinctions n'empêchent nullement l'existence de caractères communs. Il en est de même en zoologie. Les diverses variétés de chiens, par exemple, offrent des différences très sensibles, mais au-dessus d'elles existent des similitudes permettant de les classer dans un même genre.

Parmi les caractères généraux qu'on retrouve à peu près chez tous les Allemands modernes, figure, à côté de leur soumission respectueuse envers toute autorité officielle et de leur solidarité, un orgueilleux sentiment de supériorité collective. Il faut attribuer en partie à ce sentiment leur incapacité de concevoir un autre point de vue que le leur et, par conséquent, une ignorance totale de la psychologie des différents peuples. On sait quelles preuves de cette incompréhension les diplomates allemands fournirent avant la guerre.

Chez les intellectuels, cette vanité collective s'accompagne d'une surcharge d'opinions et de formules toutes faites, puisées dans les livres et dans l'enseignement universitaire. La spécialisation restreint d'ailleurs assez vite ces quelques idées générales et ils n'en ont plus alors d'autres que celles du gouvernement, répandues par les journaux.

La docilité servile des Allemands faisait dire au grand Frédéric qu'il était fatigué de régner sur des esclaves. Leurs gouvernants n'ont pas cependant à se plaindre de cette docilité car elle est l'origine d'une foi absolue dans les assertions de l'autorité. On a dit, par exemple au peuple allemand, que la destruction de la Belgique était destinée à punir ce pays d'avoir violé la neutralité, et il l'a cru. Avec la même facilité, il fut convaincu que la guerre avait été déclarée à la France parce qu'elle avait fait bombarder un chemin de fer par des avions. Pas un Allemand n'eut l'idée de discuter la véracité de ces affirmations.

La foi du Germain en ses professeurs n'est pas moindre qu'à l'égard de ses gouvernants. On lui a répété que la race allemande était caractérisée par des yeux bleus et un crâne dolichocéphale. L'ayant entendu dire une fois, il le répètera toujours, bien que les dolichocéphales soient rares en Allemagne et que la Prusse ait compté autrefois plus de sujets slaves que d'allemands. Le type théorique de la race germanique, artificiellement bâti par les professeurs, l'emportera sur le type réel.

Parmi les caractéristiques les plus générales de la mentalité allemande, on peut citer encore le manque d'éducation, la brutalité et l'absence totale d'esprit chevaleresque. Elles s'observent aussi bien chez les intellectuels que parmi les gens du peuple.

Les carnets saisis depuis la guerre sur les prisonniers de toutes classes ont révélé les traits fondamentaux de l'âme germanique beaucoup mieux que ne le faisaient les livres traitant ce sujet.

J'espère, écrit un colonel qui en a traduit plusieurs, qu'on publiera quelque jour la masse énorme des correspondances allemandes qui sont tombées entre nos mains : lettres de bourgeois, d'ouvriers, de négociants, de professeurs, d'artistes, où toutes les classes, tous les métiers, tous les milieux livrent le secret de leur pensée.

Descriptions d'incendies allumés de sang-froid; dilettantisme satisfait en face des ruines accumulées à plaisir; néronisme niais de buveurs de bière exaspérés; gloutonnerie de pillards heureux de se gaver sans payer; sadisme immonde de violateurs d'enfants; pédantesque cruauté de massacreurs à froid, qui cherchent dans la « philosophie de la guerre » la justification des meurtres inutiles; bourreaux de femmes et de vieillards, pour qui le sac d'un village conquis demeure le prix du combat : voilà comment, à nous, officiers et soldats, est apparu le peuple allemand sous l'uniforme.

Le *Temps* a publié sous ce titre : « Pensées d'un lieutenant allemand », une brochure dont l'auteur prêchait le meurtre, le pillage, l'incendie et le viol des femmes pour l'accroissement de la race élue. Il souhaitait que la lutte se poursuivît « sur des montagnes de cadavres et sur des mers de larmes. »

> Faut-il que la civilisation élève ses temples sur des montagnes de cadavres, sur des mers de larmes, sur des râles de morts? Oui, elle le doit. Si un peuple a droit de domination, son pouvoir de conquête constitue la plus haute loi morale devant laquelle le vaincu doit s'incliner. Malheur aux vaincus!

L'auteur de cette brochure ayant été fait prisonnier à Ypres, ses antécédents se trouvent aujourd'hui connus. Il était professeur d'histoire à l'école de Greisswald et patronné par le feld-maréchal Haesler. Ses théories, a-t-il avoué, sont celles de son protecteur. Elles représentent, assez bien d'ailleurs, la mentalité des militaires allemands et de beaucoup de professeurs.

Cette brutalité des intellectuels d'outre-Rhin a frappé tous les neutres les ayant visités durant la guerre. Voici ce qu'écrivait, dans une revue, un Espagnol, M. Ibanez de Ibero :

> C'est parmi les intellectuels allemands que j'ai trouvé les idées les plus violentes et les plus arrêtées au sujet de la guerre; les politiciens et les financiers m'ont paru beaucoup plus modérés dans leurs appréciations. Les professeurs d'université font preuve trop souvent d un entêtement fâcheux et d'une incompréhension totale des événements actuels; certains cerveaux paraissent même sérieusement atteints.
>
> ... La mentalité du professeur d'outre Rhin n'est guère compliquée; il peut parfois faire preuve de malice et d'astuce, mais il manque de psychologie.

Les remarques précédentes montrent que l'adoucissement des mœurs, très apprécié des nations latines, est fort dédaigné des Allemands. Douceur et bonté sont pour eux synonymes d'impuissance et de faiblesse.

Les Germains donnent comme justification de leur brutalité cet axiome : que l'Allemagne étant la nation élue par des décrets divins pour imposer sa volonté à toutes les autres, ne leur doit ni bienveillance ni même pitié. Ainsi s'explique le mot déjà cité de l'empereur Guillaume : « L'humanité pour moi finit aux Vosges ».

La brutalité germanique s'accompagne d'un manque de tact et d'éducation qui frappe les étrangers, tout autant que leur obséquiosité devant les êtres forts. On sait de quelle révoltante façon l'empereur d'Allemagne fit traiter notre ambassadeur, lorsqu'il quitta Berlin, le laissant — comme il me l'a raconté lui-même — enfermé vingt-six heures dans un train sans la moindre nourriture, sous la garde de gendarmes et l'obligeant à verser 5.000 francs en or pour lui permettre de continuer son voyage. L'impératrice douairière de Russie, qui se trouvait alors en Allemagne, fut elle aussi l'objet des plus indignes traitements. Au même moment, l'ambassadeur d'Allemagne à Paris était reconduit à la frontière dans un train de luxe spécial.

Ce défaut d'éducation est reconnu par les Allemands que les voyages ont un peu dégrossis. Voici le passage d'une conférence de W. Voigt, professeur à l'Université de Gettingue, publié par le *Journal de Genève*, le 31 octobre 1914. Il y reconnaît :

que le Français et l'Anglais cultivés sont d'une façon générale supérieurs en éducation à l'Allemand, car ils sont le fruit d'une civilisation plus ancienne.

L'Allemand se montre éminemment suggestible et c'est une des raisons pour lesquelles les journaux et les livres ont tant d'influence sur lui. On sait la crédulité dont il fit preuve pendant la guerre. Les plus invraisemblables histoires étaient acceptées sans hésitations.

Cette suggestibilité de l'âme allemande avait été déjà notée il y a fort longtemps. Le roman de Werther provoqua plusieurs suicides. Après la publication des *Brigands*, les étudiants allèrent habiter des forêts. De nos jours, Guillaume II est constamment hanté par l'image des chevaliers du Moyen Age revêtus d'une armure étincelante.

C'est l'action de la suggestion qui porte l'Allemand à vouloir ressembler à son voisin et penser collectivement. L'Anglais tient au contraire à penser par lui-même et chercherait plutôt à se différencier du voisin qu'à lui ressembler.

L'absence de sincérité est un des plus fréquents défauts des Allemands. Il paraît ancien, à en juger par ce qu'écrivait Velleius Paterculus aux débuts de l'ère chrétienne :

> Le caractère du Germain est un terrible mélange de férocité et de fourberie. C'est un peuple né pour le mensonge.

Je n'ai étudié dans ces pages que certains côtés de la mentalité allemande. Il devenait inutile de rappeler les qualités ayant déterminé leurs succès, puisqu'elles sont examinées dans d'autres chapitres.

§ 3. — Rôle du régime militaire prussien sur la formation de la mentalité allemande moderne.

Quand Leibnitz écrivait que l'éducation peut transformer la mentalité d'un peuple en moins d'un siècle, il formulait une demi-vérité. Elle eût été complète en ajoutant l'influence du régime militaire à celle de l'éducation.

C'est, en effet, et les Allemands eux-mêmes le proclament, par le régime militaire que la mentalité germanique se trouva modifiée en ses parties essentielles. Quand tous les hommes valides d'un pays sont obligés pendant deux ans, puis à des époques périodiques, de vivre dans une caserne où ils se voient vigoureusement fouettés pour la moindre irrégularité, la plus légère inexactitude, ils acquièrent forcément des habitudes de précision, d'ordre et de soumission qui les accompagnent dans la vie.

Toute l'éducation allemande à la caserne est fondée sur la crainte. Le grand Frédéric avait très bien marqué, dans les termes suivants, la puissance de ce facteur psychologique :

> Vous voyez tous ces hommes ; chacun pris séparément ne peut pas faire autrement que de me haïr. Une fois dans le rang, quand ils savent que derrière eux se tient le feldfebel armé de son bâton, ils tremblent devant moi et me défendraient eux-mêmes contre les assassins.
>
> Mais ce qui est plus fort, je n'ai qu'à commander et ils voleront au feu et ils donneront leur vie pour moi, sans réflexion, car ils ignorent jusqu'au but de la guerre, seulement ils nous croient, moi et mes caporaux, quand nous leur disons qu'ils doivent mourir pour moi. Et comment ai-je obtenu ce résultat ? En premier lieu à l'aide du bâton.

L'emploi du bâton et du fouet est toujours resté classique dans l'armée prussienne. Le chevalier de Lang, assistant au congrès de Rastadt, écrivait il y a un siècle :

> Tous les matins j'étais réveillé par le bruit des coups de fouet que les officiers du régiment de Baden donnaient quotidiennement à leurs hommes.

Malgré les réclamations répétées des centaines de fois dans les journaux allemands, la rigueur de ce régime n'a pas diminué. Après l'unification, il fut étendu à tous les soldats placés sous la direction de la Prusse et leur est appliqué avec vigueur et fréquence. C'est à force de coups de fouet que les jeunes Allemands passant par la caserne conçoivent la nécessité des principes d'ordre, de discipline, de régularité et de respect des supérieurs. A la moindre infraction, ils sont roués de coups. Pareille méthode inculque très vite au soldat une profonde déférence pour ses maîtres.

En temps de guerre l'Allemand se voit traité avec la même brutalité. Un témoin oculaire racontait dans le *Weekly Times* du 23 avril 1915 comment, pour la plus légère faute, le soldat se voyait attaché pendant des heures à un arbre et rudement fouetté[1].

On ne peut nier, ajoutait le rédacteur, que ces méthodes conviennent très bien au caractère allemand.

En réponse à cette question : Pourquoi cette brutalité des officiers allemands est-elle acceptée par les hommes, il faut remarquer que cet exercice de la force brutale fait partie de tout un système dont ils ont l'habitude et dans lequel ils vivent. Il a détruit toute individualité et coulé toutes les âmes dans un même moule. La force de la machine de guerre germanique tient à ce qu'un tel système est accepté depuis longtemps.

Le dressage des animaux avait déjà montré les excellents résultats obtenus par l'usage méthodique du fouet. L'Allemand moderne lui doit une grande partie de ses qualités. L'ombre du fouet entrevue toute sa vie derrière ses épaules le maintient dans le chemin du devoir.

Un tel régime devait forcément contribuer à créer ces conceptions allemandes sur le droit et la force qui étonnent tant les peuples civilisés. L'homme fustigé au gré de ses chefs apprend vite que la force seule peut s'attribuer un pareil droit et n'aperçoit plus dès lors aucune différence entre le droit et la force.

Tout en reconnaissant les qualités que peut inculquer à une nation un pareil dressage, il faut bien constater que cette méthode, excellente pour des hommes déjà assouplis par des siècles de servitude, ne serait acceptée par aucun autre peuple, sauf peut-être par des nègres et quelques tribus asiatiques.

En raison même de son pouvoir à la caserne, l'of-

1. *Le Temps* du 11 juin 1915 a rapporté les détails d'un débat de cinq heures à la commission du budget au Reichstag à propos des brutalités commises par les gradés sur le soldat au front. Les représentants de tous les partis ont déclaré avoir reçu de telles plaintes par centaines.

ficier jouit d'une immense considération. Se supposant d'une essence supérieure, il ne reconnaît aucune loi étrangère à celle du code militaire.

Un exemple bien typique de sa mentalité fut fourni par la célèbre affaire de Saverne. On vit un colonel faire jeter dans une cave et y garder durant vingt-quatre heures une trentaine de civils, dont un magistrat, qu'il n'avait pas trouvés assez respectueux pour lui. Poursuivi devant un tribunal militaire, il fut acquitté à l'unanimité et reçut les félicitations du kronprintz. En Angleterre, une telle violation du droit lui aurait valu le bagne ou la corde.

Très ignorant en dehors des choses de son métier, l'officier allemand n'a d'autres distractions que le jeu et l'ivresse. Sa mentalité rappelle fort celle des reîtres du Moyen Age, ivrognes, insolents et pillards.

§ 4. — Rôle de l'éducation sur la mentalité allemande moderne.

A côté de l'influence de la caserne, mais très au-dessous, il faut placer celle de l'école, qui rappelle d'ailleurs la caserne sur bien des points. Elle est, de l'école primaire à l'enseignement supérieur, admirablement adaptée aux besoins industriels de l'âge moderne. L'éducation technique s'y trouve fort développée. Il existe des écoles pour toutes les branches de l'industrie, y compris la cuisine.

De l'enseignement technique à l'enseignement supérieur, la règle établie demeure la subdivision extrême du travail. Qu'il s'agisse de recherches d'érudition ou de laboratoire, c'est toujours le même principe : étudier minutieusement de petits faits et dédaigner les idées générales.

En ce qui concerne l'érudition, voici comment s'exprime M. Croiset :

Ils apportent une application laborieuse à la collation des manuscrits, au catalogue des sources, à la bibliographie, à la minutie du détail qui rebutent des esprits plus brillants et moins tenaces.

On ne saurait considérer ces observations comme des critiques. Une méthode permettant d'utiliser les cerveaux les plus médiocres est fort précieuse pour un peuple.

Le même principe de division du travail s'applique dans les laboratoires scientifiques et industriels.

La très grande spécialisation technique conduit à des résultats pratiques considérables. Les plus savants chimistes se cantonnent, eux et leurs élèves, dans un étroit domaine. Comme exemple de cette subdivision, on a donné celui du fameux médicament d'Erlich.

Avant de s'arrêter à la formule définitive, il avait fait préparer un grand nombre de composés arséniés analogues par une multitude de chimistes, travail fastidieux auquel un seul n'aurait pu suffire, d'autant moins qu'il fallait suivre l'expérimentation chimique de chacun des composés ainsi obtenus.

Ce système, basé sur une organisation extrêmement minutieuse, est nécesssaire dans l'industrie moderne, mais Oswald nourrit de grandes illusions quand il en suppose les Allemands seuls capables. La concurrence faite à l'Allemagne par l'Angleterre et l'Amérique prouve que d'autres méthodes donnent d'aussi bons résultats. J'admettrai volontiers avec lui cette vérité, d'ailleurs banale, que le sens de l'organisation constitue un facteur de progrès. Les Romains lui durent leur supériorité. Les peuples, comme les Turcs, qui n'acquirent jamais que des ébauches d'organisation, n'ont rien fondé de durable. Partout où s'exerce leur influence c'est la ruine et, sans l'aide des Européens, ils n'auraient pu créer les quelques routes et lignes de chemins de fer qu'ils possèdent.

L'erreur de l'Allemagne consiste à croire que l'organisation ne puisse se faire que par l'Etat. Un étatisme rigide lui a réussi, parce qu'elle est tellement militarisée que les citoyens se plient sans difficulté aux plus méticuleux règlements. Mais déclarer ce régime le meilleur serait inexact, puisque d'aussi bons résultats ont été obtenus, je le répète, chez les Anglais et les Américains, où le rôle de l'Etat se trouve réduit au minimum et l'initiative des citoyens portée au maximum.

Etatisme et initiative individuelle sont des conceptions trop irréductibles pour qu'on puisse passer de l'une à l'autre. Le choix entre ces deux régimes est affaire de race et dépend de l'état mental des peuples. Leur caractère seul les détermine à opter pour la servitude étatiste ou la liberté.

§ 5. — Rôle de la religion sur la formation de la mentalité allemande.

Le rôle de la religion sur la mentalité allemande moderne est si faible, auprès de l'influence exercée par l'organisation militaire, que nous aurions pu ne pas le mentionner. Nous le faisons cependant, pour donner en passant un nouvel appui à cette thèse, développée dans plusieurs de nos ouvrages, que l'idée d'unité des croyances religieuses est une conception illusoire. Aucun peuple n'adopte une religion sans la transformer suivant sa mentalité.

Il est très intéressant de constater à quel point la même religion et, pour préciser plus encore, le même livre religieux peut exercer des influences différentes, suivant la constitution mentale de la race. En Angleterre, par exemple, le rôle du protestantisme a été considérable, alors qu'il s'est montré assez faible en Allemagne.

Son action se diffusa en Angleterre par la lecture de

la Bible, livre nécessaire, puisque le fondement même de la Réforme était de ne tenir compte que de ses seuls enseignements.

Si son influence fut considérable sur les Anglais, c'est que sa libre interprétation convenait parfaitement à l'indépendance de l'esprit britannique. Une religion anglaise, traduisant les sentiments anglais, devait sortir de cette lecture. Transporté en Angleterre, le Jéhovah biblique devint vite un Dieu britannique. Transporté en Chine, il se fût transmué. comme Boudha jadis, en Dieu chinois.

Adopté en Allemagne, le Dieu des Chrétiens, si doux pour les humbles, incarne une divinité farouche méprisant les faibles et protégeant seulement les forts.

Ne sauraient s'étonner d'une telle transformation les philosophes persuadés que les dieux ne modifient pas l'âme des peuples, mais bien que les peuples transforment à leur image les divinités qu'ils adoptent.

Cette loi générale, que j'ai développée ailleurs, s'observe très nettement dans l'évolution du christianisme de l'Allemagne moderne. Elle a su, et ceci en vérité est au point de vue psychologique une chose remarquable, concilier l'idéal évangélique de charité, de douceur et de protection des opprimés, que Nietszche qualifie de religion d'esclaves, avec un idéal de force, de brutalité et de conquêtes si totalement éloigné de l'enseignement chrétien. La logique mystique ignorant les contradictions, l'idéal religieux allemand et son idéal politique purent se fusionner, bien que tout à fait antagonistes.

Grâce à cette identification des idéals religieux et politique, l'Etat allemand s'appuie sur les théologiens, alors qu'en France il est combattu par eux C'est une grande cause de faiblesse pour un peuple d'être ballotté entre des puissances opposées, toujours prêtes à entrer en lutte.

Ils ne sont d'ailleurs pas tendres, les théologiens protestants allemands. Leur action est nulle contre les catholiques d'Allemagne, assez nombreux pour se défendre, mais les fidèles imbus de leurs doctrines ont déployé au cours de la guerre actuelle une haine sauvage à l'égard de la religion qu'ils abhorrent en fusillant partout un grand nombre de prêtres catholiques, sous de vagues prétextes, et en détruisant le plus grand nombre possible d'églises.

§ 6. — L'unification de l'âme allemande moderne. Son impersonnalité et ses éléments collectifs.

Les influences que nous venons d'exposer dans plusieurs paragraphes et qui, sous la main rigide de la Prusse, se sont maintenues avec une inflexible rigueur, produisirent dans toutes les mentalités germaniques des modifications de même nature. Leur action a détruit progressivement l'âme individuelle de l'Allemand pour en faire une âme collective.

Jamais l'unification mentale d'un peuple ne fut poussée plus loin. Elle frappa, je l'ai dit plus haut, toutes les personnes ayant visité, pendant la guerre, des prisonniers appartenant à des couches sociales totalement différentes. La justesse des réflexions suivantes d'un rédacteur de la *Gazette de Lausanne*, a été constatée unanimement par les observateurs :

Jamais je n'aurais cru que l'on puisse parvenir à une telle unification psychologique des masses; il y a là quelque chose dont on se demande si c'est très beau ou déplorable. On dirait qu'un seul cerveau pense dans des milliers de têtes. Phénomène de contagion? Résultat d'une éducation rigoureuse, tout entière dirigée vers la guerre? Je ne sais. Mais si les sensibilités sont différentes, si les intelligences sont diverses, si les modes d'expression varient, la personnalité semble avoir disparu, il n'y a plus d'individus en Allemagne, il n'y a plus qu'un peuple, un être social dont l'Etat tout puissant est le cerveau.

Tout est collectif chez l'Allemand moderne, le courage, l'initiative et la volonté. Il ne se sent capable d'agir que fondu dans un groupe : syndicat, corporation. communauté. Même isolé, l'Allemand reste collectif. Dans les régions les plus élevées de la science, il ne fait qu'œuvre collective. On voit fréquemment sur les livres les plus spéciaux, un traité d'ophtalmologie, par exemple, le nom d'une dizaine d'auteurs.

Il faut retenir ce rôle collectif de l'âme allemande pour comprendre certains documents, entre autres le fameux manifeste signé de quatre-vingt-treize savants éminents. Ces pages, désormais célèbres, pleines d'enseignements psychologiques, prouvent notamment la faible valeur intellectuelle de l'âme collective. Elles vérifient aussi cette observation, signalée depuis longtemps dans mes livres, que l'esprit le plus sagace perd tout jugement dès qu'il est soumis à des influences collectives. Des faits certains, des évidences incontestables n'existent pas pour l'observation collective.

Ce manifeste avait pour but de défendre les Allemands contre les accusations de meurtres, de pillages, d'incendies de villes et de monuments, qu'on leur adressait. En voici quelques extraits :

Il n'est pas vrai que nous ayons commis le crime de violer la neutralité de la Belgique. Il est prouvé que la France et l'Angleterre étaient résolues à la violer. Il est prouvé que la Belgique était d'accord avec elles. C'eût été recourir au suicide que de ne pas les devancer.

Il n'est pas vrai que nos soldats aient attenté à la vie et aux biens d'un seul citoyen belge, à moins que ne l'ait exigé la plus cruelle nécessité.

Il n'est pas vrai que nos troupes aient exercé brutalement leur fureur contre Louvain. Contre une population déchaînée qui les avait assaillis dans leurs cantonnements elles ont dû exercer des représailles en bombardant une partie de la ville.

Inutile aujourd'hui de discuter l'exactitude de ces dénégations, la lumière ayant été faite depuis longtemps par des documents officiels.

L'opinion des auteurs du manifeste doit se trouver à présent fixée. La plupart regrettent sans doute fort de l'avoir signé, mais peu d'entre eux oseraient néanmoins écrire, avec un célèbre publiciste allemand, M. Maximilien Harden :

Renonçons à nos misérables efforts pour excuser l'action de l'Allemagne, cessons de déverser de méprisables injures sur l'ennemi. Ce n'est pas contre notre volonté que nous nous sommes jetés dans cette aventure gigantesque. Elle ne nous a pas été imposée par surprise. Nous l'avons voulue, nous devions la vouloir. Nous ne comparaissons pas devant le tribunal de l'Europe ; nous ne reconnaissons pas semblable juridiction. Notre force créera une loi nouvelle en Europe. C'est l'Allemagne qui frappe... L'Allemagne fait cette guerre parce qu'elle veut une plus grande place dans le monde et de plus larges débouchés à son activité.

§ 7. — Pourquoi la mentalité allemande s'est facilement adaptée à l'évolution industrielle du monde moderne.

Les progrès des peuples n'ont jamais été continus dans l'histoire. Après certaines périodes de développement et de grandeur, des nations déclinèrent et disparurent. L'anéantissement fut si complet pour quelques-unes que, jusqu'aux découvertes de l'archéologie moderne, la place même de leurs capitales était ignorée. Hier seulement ont été retrouvés les vestiges de Troie, de Babylone et de Ninive.

Des causes diverses créèrent ces phases de grandeur et de décadence. Parmi les plus importantes, on peut citer la loi de l'adaptation présidant aussi bien à l'évolution des espèces animales qu'à celle des sociétés humaines. Elle condamne tous les êtres à se modifier quand surviennent des changements de leur milieu. Qui s'adapte progresse, qui ne s'adapte pas disparaît.

De même que chaque variation de climat entraîne une transformation profonde de la faune et de la flore, chaque changement économique, politique, religieux ou social nécessite une adaptation spéciale de la mentalité des peuples soumis à son action.

Les qualités rendant l'adaptation possible ne sont pas les mêmes pour les diverses variations de milieux. Celles utiles à une époque cessent de l'être à une autre.

Or, les conditions nouvelles d'existence créées par l'évolution scientifique de l'industrie demandent justement des facultés considérées jadis comme un peu secondaires et que possèdent à un haut degré les Allemands.

L'âge moderne exige une technique rigide impliquant une division du travail très minutieuse. Pour s'y adapter, il faut des qualités de patience, de régularité, de vigilante attention que les races trop vives ou trop imaginatives ne manifestent pas sans effort. De par leur nature, et grâce aussi à leur implacable régime militaire, les Germains les pratiquent sans difficultés.

Ces qualités, rendues indispensables par l'âge du machinisme, restèrent sans emploi presque jusqu'aux débuts du dernier siècle. L'industrie existait à peine. La science s'édifiait lentement. Pour poser ses bases, il avait fallu des Galilée, des Descartes, des Newton. Ces colosses de la pensée ne sont plus nécessaires. Ils se trouvent remplacés aujourd'hui par des millions de fourmis qui découpent le monde des phénomènes en un nombre infini de petits fragments. Les laboratoires allemands représentent de vastes fourmilières où des milliers de spécialistes s'attachent à l'étude exclusive des questions pratiques conduisant à des résultats négociables. Très justement, le prince de Bulow disait de ses compatriotes que, depuis 1870, ils étaient devenus un peuple de marchands.

A tous ces spécialistes, si précieux pour l'industrie, manque la science des généralités. Ce n'est pas de leur sphère que sortent des savants doués d'esprit philosophique : Darwin, Pasteur, Claude Bernard, Taine, etc. Les grandes inventions modernes, le téléphone, l'aéroplane, l'automobile, la télégraphie sans fil, l'antisepsie ne sont pas non plus issues des laboratoires allemands.

Malgré cette infériorité, la vanité germanique finit par dépasser toute mesure. Elle a conduit certains de leurs savants aux plus singulières interprétations de l'histoire. Chamberlain assure que Dante, Rembrandt, Pascal, Racine, etc., étaient Allemands. Des professeurs renommés écrivent des ouvrages de chimie sans citer Lavoisier et de gros traités de bactériologie sans nommer Pasteur.

Mais si les laboratoires germaniques sont bien rarement générateurs d'idées neuves, ils se trouvent admirablement outillés pour mettre au point et utiliser les idées élaborées par toutes les élites de l'univers. C'est leur grande force.

Vérifiée dans le domaine scientifique, cette observation se montre aussi exacte dans le domaine philosophique. Tous les grands philosophes et penseurs de l'Allemagne sont antérieurs à la période de l'unité allemande. Ils vivaient sous le régime un peu patriarcal des petits Etats que la Prusse n'avait pas militarisés encore. On ne pourrait en citer un seul, depuis cette époque, ayant exercé une influence importante. Le plus populaire, Nietszche, ne fit que vulgariser l'apologie de la force, déjà établie par les historiens allemands.

Quoi qu'il en soit, les qualités des Allemands se trouvent, je le répète, admirablement adaptées à l'évolution technique du monde actuel. Ils n'étaient rien jadis, ils voudraient être tout aujourd'hui.

L'Allemagne met naturellement au premier rang les facultés ayant assuré sa supériorité militaire, industrielle et commerciale. Chaque peuple hiérarchise forcément les valeurs sociales en prenant les siennes pour étalon. L'aptitude à fabriquer, commercer et détruire, représentant les grandes caractéristiques des Allemands, sont déclarées par eux des qualités de premier ordre.

Parmi les diverses supériorités que les Allemands s'attribuent, il en existe trois qu'on ferait difficilement accepter aux autres peuples comme étalons de valeur. La première est leur esclavage militaire. La seconde l'instinct animal qui les pousse à procréer sans trève. La troisième une âme grégaire leur faisant accepter, avec une obéissance servile, toutes les opinions que l'Etat leur impose.

Il est douteux que l'avenir hiérarchise les peuples d'après les évaluations germaniques.

L'idéal de l'humanité doit-il être de fabriquer le plus grand nombre possible de tonnes de choucroute, de charcuterie, de quincaillerie, de bière, d'articles de pacotille pour en couvrir le monde, sous la protection de canons destinés à empêcher la concurrence des rivaux?

Nous ne connaissons pas les destinées réservées aux peuples futurs, mais si le militarisme prussien triomphait, les élites seraient condamnées à disparaître et la liberté irait rejoindre dans l'oubli les divinités qu'on ne révère plus. Après avoir travaillé pendant des siècles à se dégager des servitudes successivement imposées par les hommes, la nature et les dieux, il faudrait de nouveau les subir et pour longtemps.

un demi-siècle de causes préparatoires et une semaine de causes immédiates. Quelles furent les causes préparatoires du conflit actuel pendant ces cinquante ans? Première question. Qui voulut la guerre pendant la semaine des pourparlers diplomatiques? Autre question.

Ni l'une ni l'autre ne sont d'une solution facile, puisque les partis en présence émettent des réponses absolument contradictoires. Tous les Allemands, par exemple, restent convaincus que, depuis longtemps, Français et Anglais souhaitaient cette lutte. La France est persuadée, au contraire, que l'Allemagne a profité du premier prétexte venu pour lui déclarer une guerre désirée. Laissant de côté pour le moment ce problème, nous allons étudier les facteurs lointains qui préparèrent la formidable conflagration.

§ 2. — La prétendue surpopulation de l'Allemagne.

Bien que très erronée, la théorie de la surpopulation de l'Allemagne comme cause de la guerre est aussi répandue en Allemagne qu'en France.

Elle représente la conséquence de l'application, si fréquente chez les écrivains d'outre-Rhin, des lois biologiques aux sociétés humaines. Bernhardi, notamment, se base souvent sur les théories de Malthus et de Darwin. Beaucoup des conclusions qu'il crut ainsi justifier ne le sont nullement, parce que si les espèces animales restent rigoureusement soumises aux forces naturelles, qu'elles ne sauraient combattre, les efforts de l'homme lui ont rendu possible la lutte contre ces forces.

On connaît la théorie de Malthus. La tendance naturelle de tous les êtres, y compris ceux de l'espèce humaine, est de se reproduire avec excès, mais comme

un rapport étroit existe entre le chiffre de la population et les moyens de subsistance, il arrive nécessairement qu'aussitôt atteint un certain nombre d'individus, les guerres et les épidémies détruisent l'excédent et rétablissent l'équilibre.

Sans doute, les progrès de l'industrie et de l'agriculture permettent de faire vivre une quantité d'hommes de plus en plus considérable sur une surface déterminée, mais un moment survient, cependant, où l'équilibre n'est plus possible. Une partie de la population se trouvant alors dans la gène est obligée d'émigrer ou de faire la guerre à des pays moins peuplés. Ce phénomène se présenta plusieurs fois dans l'histoire pour diverses races, les Germains jadis, les Japonais aujourd'hui.

Nous montrerons facilement bientôt que l'Allemagne ne se trouvait pas dans un tel cas. C'est cependant en se basant sur son excès supposé de population que divers écrivains, tels que Bernhardi, affirmaient la nécessité de la guerre. Voici comment s'exprime ce dernier, dans le tome I de son ouvrage : *la Guerre d'aujourd'hui :*

Etant donnée la situation mondiale actuelle, il faut considérer une guerre presque comme une nécessité dont dépend le développement futur de notre nation.

L'Allemagne nourrit aujourd'hui sur une étendue qui est à peu près celle de la France, 67 millions d'habitants, tandis qu'en France il n'y en a que 40 millions. Cette population énorme s'accroît tous les ans d'un million environ. Il est impossible que l'agriculture et l'industrie de la mère patrie puissent procurer à la longue à une masse d'hommes croissant dans de telles proportions, un travail assez rémunérateur. Nous avons donc besoin d'accroître notre empire colonial pour assurer à notre surcroît de population des moyens d'existence et du travail, si nous ne voulons pas que la puissance et la prospérité de nos voisins et rivaux s'augmentent comme aux jours d'autrefois, grâce à l'émigration allemande.

Une pareille acquisition territoriale ne nous est possible, avec les partages politiques d'aujourd'hui, qu'au détriment d'autres

Etats, ou en nous associant à eux; et ces solutions ne sont praticables que si nous réussissons d'abord à mieux assurer notre puissance dans l'Europe centrale. Aujourd'hui, à chaque démarche de notre politique extérieure, nous nous voyons placés devant une guerre européenne, contre des adversaires supérieurs, et le poids de cette situation nous est presque insupportable.

L'opinion de Bernhardi semble professée par beaucoup d'écrivains allemands :

Notre pays, disent-ils, est trop petit relativement à l'accroissement rapide de sa population; il nous faut d'autres terres, et nous ne pouvons les prendre qu'aux nations dont la population diminue et qui ne seront bientôt plus en état de tirer un assez bon parti de leur sol. Les Français se sont eux-mêmes désignés à nos coups.

Si cette conception était juste, l'émigration allemande s'accroîtrait tous les jours, alors qu'au contraire elle a diminué au point d'être devenue fort inférieure à l'émigration anglaise.

Et non seulement il n'y a pas surpopulation en Allemagne, mais depuis sa transformation industrielle on peut dire qu'elle manque de bras. A certains moments de l'année, en effet, elle est obligée de faire venir plusieurs centaines de mille ouvriers étrangers, Italiens, Croates, etc., pour les travaux des récoltes et des mines.

La population de l'empire allemand s'accroît de 800.000 âmes par an et atteint maintenant près de 70 millions d'habitants, mais il n'y a nullement excès.

L'Allemagne n'est pas, d'ailleurs, un des pays où la densité de la population se trouve le plus élevé. Voici, par kilomètre carré, le nombre des habitants de quelques pays :

France	74
Allemagne	120
Italie	121
Japon	139
Angleterre	144
Hollande	182
Belgique	254

Plaçons-nous maintenant, pour un instant, au point de vue des écrivains germaniques, admettons, contre l'évidence des chiffres, que l'Allemagne trop peuplée ait besoin de chercher des pays pour y déverser l'excédent de sa population. Elle n'aurait eu intérêt à la guerre que si ces pays avaient interdit l'entrée de leur territoire. Or, c'était justement le contraire. On a si peu empêché les Allemands de s'infiltrer partout qu'ils se répandaient dans une foule de contrées, et, par la seule force de leur production à bas prix, devenaient maîtres de tous les grands marchés du monde.

Supposons les Allemands victorieux au cours de la lutte actuelle, seraient-ils mieux reçus dans les pays ravagés par eux? On en peut douter. Les motifs de guerre tirés d'un prétendu excès de la population allemande sont donc entièrement illusoires.

Je considère comme tout autant erronée l'idée, si générale en France, que l'accroissement de la population d'un pays en fait la force. J'ai combattu plusieurs fois cette conception, malgré l'indignation de l'excellent docteur Bertillon. Si le chiffre de la population constituait la force d'un pays, nous devrions mettre au premier rang la Chine et la Russie. Or, dans la guerre avec les Japonais, les Russes, en dépit de leur nombre, furent toujours battus, et dans la guerre actuelle ils le sont encore bien souvent.

Malgré les apparences, ce n'est pas le nombre, mais les chemins de fer, les munitions et l'or qui pèsent le plus dans la balance du succès. Une armée de 500.000 hommes, possédant par hypothèse une quantité indéfinie de munitions et pouvant, grâce à son réseau de chemins de fer, se transporter à volonté d'un point à un autre, battrait une armée beaucoup plus forte manquant de lignes de chemins de fer et de munitions. C'est justement le cas des Russes.

Inutile, au surplus, de disserter sur un tel sujet. Les ligues et les discours n'ont probablement jamais augmenté d'une seule unité le chiffre de notre population, et puisque nous sommes impuissants à en accroître le nombre, tous nos efforts doivent tendre surtout à améliorer ses qualités. J'aimerais mieux avoir fait partie d'un petit peuple comme la Grèce, dont la pensée illumine encore le monde, que des légions asiatiques de Xerxès. Le rêve de l'homme doit être d'appartenir à une élite et non à un troupeau. Sans doute, cette élite ne peut empêcher certains troupeaux de pulluler, au point de devenir dangereux pour le reste du monde, mais alors on voit — et la guerre présente en fournit un catégorique exemple — les peuples peu nombreux s'unir contre les agressions de l'envahisseur.

Il semblerait, à entendre ces serviles adorateurs du nombre, parmi lesquels je regrette de voir figurer le plus officiel de nos économistes, M. Colson, que le seul but de l'humanité soit de fabriquer des marchandises dans de gigantesques usines et des canons dans d'autres ateliers, pour protéger les trafiquants de ces marchandises. L'humanité renoncerait vite à vivre si elle ne devait avoir en perspective d'autre idéal que l'esclavage dans l'usine et l'obéissance aux possesseurs de canons.

§ 3. — Le besoin d'expansion et de débouchés commerciaux.

Le besoin d'expansion et de domination relève du domaine psychologique. Il est naturel chez les peuples dont le pouvoir militaire grandit. Par le fait seul de l'accroissement de leur puissance, ils souhaitent de parler en maîtres dans les pays qui ne les avaient d'abord acceptés que comme commerçants.

Les besoins que l'orgueil seul inspire ne s'avouant pas aisément, on cherche naturellement un substratum matériel pour les justifier.

Le substratum matériel exposé par les écrivains allemands est la nécessité de créer à l'Allemagne des débouchés commerciaux. C'est là, tout autant que le prétendu excédent de population, un motif très illusoire, car ces débouchés, les Allemands, comme je le faisais observer plus haut, les possédaient dans tous les pays où ils se répandaient chaque jour.

Français et Allemands sont cependant solidement convaincus que le besoin pour l'Allemagne de s'ouvrir des débouchés commerciaux fut une des causes de la guerre. Voici, par exemple, comment s'exprime à ce sujet un de nos plus éminents historiens actuels, M. Hanotaux :

> Personne n'ignore que la volonté de l'Empire allemand d'assurer la nourriture et le bien-être à tous les Allemands, en assurant au travail allemand, à la production allemande des débouchés dans le monde entier, est la raison essentielle de la guerre actuelle : c'est cette politique que j'appelais, en débutant, la politique du ventre, les tribus allemandes se jettent sur l'univers comme une bande de loups affamés.

Dans un travail sur les causes économiques de la guerre, M. Lévy-Bruhl, professeur à la Sorbonne, expose une opinion analogue :

> Si l'Allemagne, dit-il, possédait de vastes et riches colonies, elle y trouverait sans doute des débouchés constants et certains. Comme l'Angleterre, comme la France, comme la Hollande, elle entretiendrait avec son empire colonial un commerce assuré et régulier... Elle en souffre comme d'une injustice. Ce sourd ressentiment a probablement contribué par voie de conséquence indirecte à pousser l'Allemagne dans la voie des armements militaires et navals... A quoi lui sert (s'est-elle demandée) sa supériorité militaire si elle ne lui assure pas les débouchés dont son commerce ne peut se passer ?

L'idée contenue dans les citations précédentes, que le besoin de se créer des débouchés commerciaux

soit un motif de guerre, constitue une des plus meurtrières erreurs de l'âge moderne, et il est vraiment singulier qu'elle puisse se formuler encore. Le plus sommaire coup d'œil jeté sur les statistiques des échanges commerciaux suffit, en effet, à la réfuter. Est-ce avec leurs colonies que la France et l'Angleterre font le plus de commerce? Non, certes. C'est avec de grands pays qu'elles n'ont jamais songé à conquérir. Quant au prétendu besoin de l'Allemagne de chercher des débouchés lointains pour ses marchandises, comment peut-il être invoqué devant ce fait d'une écrasante évidence, qu'en conquérant toutes les colonies des autres peuples, elle ne réaliserait jamais autant de commerce qu'elle en faisait avec la France, l'Angleterre et la Russie. Avant la guerre, les produits allemands envahissaient sans opposition tous les pays. Pourquoi, dès lors, se créer à main armée des débouchés qu'on possédait déjà sans avoir à risquer la vie d'un seul homme?

Dans un chapitre de ma *Psychologie politique*, intitulé : *Les formes nouvelles de la colonisation*[1], je faisais voir comment les Allemands avaient su jusqu'ici laisser aux autres peuples la peine et les dépenses nécessaires pour administrer un pays, et se bornaient à l'exploiter. J'y montrais, par exemple, que la Côte d'azur était devenue, sur une étendue de 200 kilomètres, une colonie allemande. Supposez, suivant l'hypothèse déjà formulée, la France et l'Angleterre conquises par les Allemands, feraient-ils plus de commerce avec elles? Ils en feraient sûrement beaucoup moins, car la conquête aurait appauvri les vaincus.

Le besoin de se créer des débouchés ne saurait donc, à aucun titre, figurer parmi les causes réelles de la

1. 11e édition, p. 277 et suivantes.

guerre puisque, répétons-le encore, ils étaient conquis depuis longtemps. Je n'aurais certainement pas cité une cause aussi illusoire dans ce chapitre si elle ne faisait partie d'un stock d'erreurs qui se maintiennent dans le monde, parce qu'on les admet les yeux fermés, sans jamais chercher à en scruter les fondements.

§ 4. — Les rivalités coloniales.

Le besoin pour l'Allemagne d'acquérir des stations coloniales, non pas comme débouchés commerciaux mais, ce qui est fort différent, comme points de ravitaillement pour la flotte qu'elle s'était construite, fut un motif de guerre beaucoup plus sérieux que celui mentionné à l'instant.

L'affaire du Maroc, qui faillit amener la guerre, apprit au monde les nouvelles ambitions du gouvernement germanique. Elle révéla aussi aux Allemands que les puissances européennes étaient peu soucieuses de laisser des étrangers envahir militairement leurs colonies. Or, les plus importantes stations militaires de l'univers se trouvaient prises. Pour en posséder, il fallait se résigner à les conquérir par la force. La tâche semblait facile puisque l'Allemagne constituait, pour doubler sa flotte commerciale, des vaisseaux de guerre puissants et nombreux.

La résistance de la France, appuyée par l'Angleterre, pendant l'affaire d'Agadir avait exaspéré beaucoup d'Allemands. Ils constatèrent que notre pays, considéré comme si faible, se redressait. Le mur qui s'opposait aux nouvelles aspirations germaniques ne semblait pas pouvoir être pacifiquement franchi.

En arrivant si tard sur la scène des rivalités coloniales, l'Allemagne se trouvait victime d'une des rares erreurs de prévision de Bismarck.

Cet homme d'Etat, en effet, avait poussé la France vers les colonies, afin de la détourner d'une guerre de revanche et de la mettre en antagonisme avec l'Angleterre. Il n'engagea pas l'Allemagne dans les entreprises coloniales dont l'utilité lui échappait.

Bismarck s'était trompé. La rivalité entre la France et l'Angleterre ne s'établit pas. Ce fut au contraire l'opposition d'intérêts entre la France et l'Allemagne qui se manifesta. Le célèbre chancelier, raisonnant avec les notions de l'époque, ne pouvait deviner qu'en poussant la France dans son développement colonial il allait directement contre les intérêts de l'Empire allemand, qui ne possédait alors qu'une insignifiante flotte.

Je ne crois pas, cependant, que l'Allemagne se fût lancée dans une guerre à cause du Maroc. Ses ambitions étaient plus hautes et moins lointaines. Je les avais marquées dans un autre ouvrage en indiquant qu'ayant besoin d'Anvers pour sa flotte elle ferait tôt ou tard une guerre afin de s'en emparer.

On peut dire que la possession d'Anvers fut, non pas, certes, une cause initiale de la guerre actuelle, mais un des principaux objectifs poursuivis par les Allemands. A qui en douterait il suffirait de lire la lettre suivante adressée le 17 avril 1915 à une revue allemande en Amérique par M. Dernburg, ancien ministre des Colonies, envoyé aux Etats-Unis par le Gouvernement allemand pour convertir l'opinion publique américaine à sa cause.

> La Belgique commande le principal débouché du commerce allemand à l'Ouest. Elle est l'expansion naturelle de l'Empire. Elle est le seul débouché maritime qui puisse être assuré au commerce allemand. Elle a été politiquement établie, maintenue et défendue par l'Angleterre en vue de soustraire à l'Allemagne ses avantages naturels. Nous ne pouvons donc pas renoncer à la Belgique.

Il est probable que les Allemands renonceraient plus

facilement à l'Alsace qu'à la possession d'Anvers. Et c'est pourquoi je n'ai cessé de répéter, dès la prise de cette ville, que la guerre serait fort longue.

§ 5. — Les erreurs politiques.

Le récit des événements politiques lointains ayant plus ou moins contribué à la genèse du conflit actuel demanderait à lui seul un fort volume.

Il faudrait remonter au moins à la conquête des duchés danois par la Prusse, que nous ne fîmes aucun effort pour empêcher, montrer ensuite que laisser la Prusse écraser l'Autriche à Sadowa fut une faute très grave qu'excuse à peine l'aveuglement politique de tous les hommes d'Etat de cette époque.

Ne pouvant effleurer ici cette histoire je me bornerai à rappeler quelques erreurs des diplomates anglais et russes en 1870, pouvant être rangées parmi les causes lointaines du conflit présent.

Parmi les plus lourdes, figure l'incompréhension des ministres anglais refusant l'ouverture d'un congrès qui eût certainement empêché les annexions de la Prusse. J'en ai déjà marqué les conséquences dans un livre publié bien avant la guerre actuelle, et me bornerai à les reproduire.

Si l'Angleterre se débat actuellement contre les immenses difficultés qu'entraîne la nécessité d'accroître considérablement ses impôts pour augmenter sa flotte et lutter contre la menaçante suprématie de l'Allemagne, c'est parce que, il y a quarante ans, ses gouvernants ne surent rien prévoir. Pour satisfaire des rancunes qu'un véritable homme politique devrait ignorer, elle nous refusa, après la guerre franco-allemande, de favoriser un congrès qui eût limité les prétentions de l'Allemagne et changé l'avenir. La crainte de voir se réunir ce congrès était le cauchemar de Bismarck. Il y pensait jour et nuit, dit-il dans ses mémoires.

Les hommes d'Etat anglais doivent regretter amèrement aujourd'hui ces erreurs de leurs prédéces-

seurs, et les hommes d'Etat russes non moins déplorer les fautes des leurs. Ils n'ont pas oublié certainement, comme le rappelait récemment M. Hanotaux, que « En 1870 la Russie avait aidé l'Allemagne à vaincre la France en pesant sur l'Autriche pour empêcher celle-ci de prendre part à la guerre ».

A ce passé qui créa en partie le présent, il faudrait ajouter les erreurs du congrès de Berlin. Elles entraînèrent les complications balkaniques dont la guerre est finalement sortie. Mais, je le répète, je n'ai pas l'intention de traiter ici toutes ces questions. J'aurai d'ailleurs l'occasion d'y revenir en étudiant les conséquences des erreurs de psychologie politique.

CHAPITRE II

LES HAINES DE RACES

§ 1. — Haines de races résultant des dissemblances de constitution mentale.

Les vieilles haines de races des peuples balkaniques sont à l'origine de la guerre actuelle et aussi d'un grand nombre de guerres anciennes. Avant d'insister sur leurs conséquences il importe d'en bien marquer les causes.

Ces haines, nous le verrons plus loin, peuvent être accrues par des divergences d'intérêts, mais leurs mobiles générateurs sont plus profonds. Ils tiennent surtout à ce que les hommes auxquels l'hérédité a donné des mentalités différentes, sont diversement impressionnés par les mêmes phénomènes et réagissent, par conséquent, de façons dissemblables sous des excitations identiques. Sentant et agissant différemment, comment partageraient-ils les mêmes sentiments, et seraient-ils accessibles aux mêmes évidences? Comment dès lors pourraient-ils se comprendre?

Sans doute, sur les questions scientifiques et techniques dépendant de l'intelligence, les hommes de tous les pays sont facilement d'accord, mais en matière politique, religieuse ou sociale, aussi bien

que dans la plupart des sujets de la vie journalière ils obéissent à des impulsions affectives, mystiques ou collectives et ne s'entendront plus, si élevé que soit leur niveau intellectuel.

Ils ne s'entendent pas surtout parce que la généralité de leurs opinions dérivent des suggestions du milieu agissant sur les éléments inconscients héréditaires dont les caractères de race sont formés.

Et non seulement les hommes de races différentes ne s'entendent pas, mais ils conçoivent avec une peine extrême qu'on puisse avoir une vision différente de la leur. On ne saurait s'en étonner, car pour comprendre entièrement un être quelconque il faudrait arriver à substituer sa mentalité à la nôtre.

La communauté du langage ne fait que dissimuler un peu les divergences sentimentales qui séparent les hommes. Ils peuvent parler une même langue, mais les mêmes mots n'évoquent pas du tout dans leurs âmes des images identiques.

Le contenu des mots varie beaucoup, en effet, suivant la mentalité des individus qui les emploient. Les mots concrets, c'est-à-dire désignant un objet bien déterminé possèdent seuls un sens objectif universellement invariable. Les mots abstraits : âme, liberté, nature, etc., ont une signification purement individuelle. Ce sont des termes subjectifs que chacun interprète à son gré.

L'incompréhension qui régit les rapports des peuples différents ne les empêche pas d'avoir entre eux des relations courtoises et de faire des traités destinés à concilier leurs intérêts. Mais pour que ces relations amicales continuent ils ne doivent pas trop se fréquenter afin que leurs divergences sentimentales n'entrent point en conflit. Possible dans le domaine du rationnel, l'internationalisme ne l'est pas dans l'ordre des sentiments.

§ 2. — Haines de races résultant des différences de religion et d'intérêts.

Les différences de religions et d'intérêts accroissent encore les haines naturelles de races. Elles suffisent à créer de violentes antipathies entre les hommes de même pays.

En ce qui concerne les haines engendrées par les divergences de religions il est à peine besoin de les mentionner. Les guerres et les persécutions religieuses dont notre histoire déborde en montrent suffisamment l'intensité.

Laissant de côté ces haines religieuses, je ne parlerai ici que des antipathies résultant des divergences d'intérêt économique.

On peut en citer comme exemple l'exécration des Allemands contre les Anglais. Ces deux peuples ne sont pas très éloignés par leurs origines ethniques, mais leur concurrence commerciale sur différents points du globe en a fait d'irréductibles ennemis.

C'était pour lutter contre les rivaux britanniques que l'Allemagne créait de toutes pièces et à grands frais une flotte formidable. Dans une foule de journaux germaniques l'Angleterre était représentée comme l'ennemi qu'il fallait à n'importe quel prix détruire.

Cette haine se trouvait aussi répandue chez les savants que dans le peuple. On en pourra juger d'après les lignes suivantes publiées par E. Meyer, professeur à l'Université de Berlin, dans la revue *Scientia* du 1er mars 1915 :

La caractéristique du siècle qui vient consistera dans une opposition irréductible et une haine irréconciliable entre l'Angleterre et l'Allemagne. Nous sentons et nous savons tous qu'elle est notre mortel ennemi qui veut nous ruiner dans notre existence nationale et dans notre culture indépendante. Aussi peut-il y avoir entre elle et nous une paix extérieure ; mais l'abîme qui s'est ouvert est infranchissable et de nombreuses généra-

tions se succèderont avant que puisse surgir l'idée d'une réconciliation.

L'exécration de l'Allemagne pour l'Angleterre n'est pas seulement une haine entre concurrents mais entre hommes absolument opposés en matière de sentiments. Persuadé qu'il appartient à une race supérieure l'Allemand s'indigne de la suprématie de l'Angleterre sur tous les points du globe. L'accroissement de la richesse et de la puissance anglaise lui semble une flagrante injustice. Les philosophes et les écrivains allemands n'ont cessé de prêcher contre cette ennemie du genre humain. Son pouvoir, d'après eux, était une simple apparence que le premier choc allemand renverserait.

Un des signataires de l'appel des intellectuels, le Dr Lenard, professeur de l'Université de Heidelberg, écrivait dans une brochure citée par M. Hovelaque (*Revue de Paris*, 4 mars 1915) :

Le nid central et le siège suprême de toute l'hypocrisie du monde, qui est sur la Tamise, doit être détruit. Point de respect pour les tombeaux de Shakespeare, de Newton, de Faraday... On ne peut avoir de vraie paix avec un voleur de grands chemins, tant qu'il n'aura pas péri, ou qu'on ne l'aura pas détruit. La lutte contre ce bandit est plus encore qu'une lutte pour l'existence et l'honneur du Vaterland : elle est une croisade pour affirmer l'existence de l'honnêteté sur la terre.

Les citations qui précèdent sont dues à deux savants, dont l'un au moins est célèbre. On juge ce que peut être la haine chez des écrivains quelconques. Elle ne s'étend pas alors à l'Angleterre seulement mais à tous les peuples et rappelle celle du croyant pour l'infidèle, du dévot pour les contempteurs de son Dieu. Nous aurons une idée de leur ton par le passage suivant d'un journal allemand publié en Amérique et reproduit dans *Le Temps* du 29 juin 1915 :

Quand nous aurons abaissé nos ennemis et confisqué leurs territoires, si l'un quelconque des anciens indigènes, qu'il soit

Anglais, Français, Italien, Américain ou tout autre de race inférieure, élève la voix plus haut qu'un soupir, nous le briserons contre terre.

Et après que nous aurons démoli ces cathédrales vermoulues et autres constructions hideuses, y compris les temples de l'Inde et autres contrées païennes, nous construirons des cathédrales bien plus grandes et des temples autrement splendides pour honorer notre noble kaiser et les grands actes de son peuple, destructeurs des races pourries du monde.

Oh ! combien nous sommes reconnaissants que Dieu ait choisi notre grand et incomparable kaiser et son peuple pour accomplir cette grande mission, car Darwin n'a-t-il pas dit (et il a dû prendre cette idée de nos grands professeurs allemands) que le mieux adapté seul doit survivre ? Et les Allemands ne sont-ils pas les plus capables en tout ? Aussi, nous autres Allemands, disons-nous : « Que les charognes pourrissent, il n'y a d'hommes nobles que les Allemands. »

Telle est la singulière vision que l'Allemand se fait des autres races. Il semble merveilleux de voir le public et les savants d'une nation où l'instruction est tant répandue ignorer aussi profondément les hommes qui les entourent. L'Allemand, dominé par les théories de ses professeurs, ne regarde le monde qu'à travers leur enseignement. C'est sans doute cette incompréhension qui fit accumuler à leurs diplomates de si nombreuses imprévisions avant la guerre.

§ 3. — Haines de races résultant de divergences dans les conceptions politiques.

La mentalité d'une race contribue à déterminer son régime politique ou tout au moins celui qu'elle peut accepter. Nous avons vu avec quelle facilité la mentalité germanique s'est soumise au régime étatiste de la Prusse. Elle s'y trouve tellement accoutumée maintenant, que non seulement les Allemands n'en conçoivent pas d'autre mais qu'ils veulent l'imposer à tous les peuples.

La conscience de l'Allemand est une conscience collective dirigée par l'Etat, celle de l'Anglais ou de l'Américain une conscience individuelle n'abandonnant à la collectivité qu'une faible partie d'elle-même.

Le triomphe de l'Allemagne serait la fin de la liberté pour l'Europe. Le despotisme militaire régnerait en maître et conduirait à la décadence finale.

Je répéterai volontiers avec le ministre anglais E. Grey : « J'aimerais mieux périr ou abandonner le continent pour toujours, que de vivre dans de pareilles conditions ».

Il y a, on le voit, imcompatibilité complète entre les conceptions politiques allemandes et celles des autres peuples. Elle aurait suffi à créer entre eux des haines irréductibles.

§ 4. — Le rôle des haines de race dans les conflits politiques.

La question des races a joué et jouera encore dans la vie politique des peuples un rôle fort important, mais au mot race il faut substituer ici le terme nationalité, bien qu'il n'implique nullement celui d'identité ethnique.

Autant que nous pouvons comprendre la pensée assez variable des hommes d'Etat, ils désignent par ce mot certains groupements d'individus auxquels des causes quelconques : la race, la religion, les coutumes, la langue, etc., ont donné une certaine cohésion.

Le principe des nationalités tend, malgré sa fragilité, à devenir le guide des groupements politiques modernes et à remplacer l'antique principe de l'équilibre. Il n'est pas beaucoup plus sûr peut-être, mais probablement moins dangereux.

Une des grandes difficultés de la constitution future de l'Europe sera l'extrême variété des peuples réunis actuellement dans les mêmes monarchies, et qui, après avoir réussi à se désagréger, finiront nécessairement par se combattre.

L'empire autrichien, notamment, est composé de nations divisées tantôt par les origines, tantôt par la religion, tantôt par la langue, les mœurs et les coutumes et qui n'ont pu encore se fusionner. On y compte 12 millions d'Allemands, 10 millions de Magyars, 6 millions et demi de Tchèques, 5 millions de Polonais, 3 millions et demi de Ruthènes, 4 millions de métis latins (Roumains et Italiens), etc. Actuellement ce sont les Allemands et les Hongrois qui, après avoir longtemps bataillé entre eux, ont fini par s'entendre pour imposer leur hégémonie.

Si l'Autriche est vaincue on verra nécessairement tous ces peuples se désagréger. La Transylvanie, la Dalmatie, la Galicie, l'Herzégovine, la Hongrie, etc., tâcheront de se séparer d'elle pour fonder des petits Etats, dépourvus d'ailleurs de toute homogénéité, puisque une foule de races, sans parenté, y sont agglomérées.

Un mélange semblable s'observe dans chacun des pays balkaniques, composés de races que la religion, la langue, les aspirations, tout en un mot, sépare. Voici par exemple, pour la Transylvanie et la Bukovine que revendique la Roumanie, quelles nationalités on y rencontre d'après une statistique publiée par la *Revue* :

« La Transylvanie compte 1.540.000 Roumains, contre 380.000 Hongrois, 560.000 Tchèques, 234.000 Allemands et 54.000 membres de nationalités diverses. Dans la Bukovine, les recensements donnent 208.000 Roumains, 268.000 Ruthènes, 91.000 Russes, 50.000 Allemands, 25.000 Polonais et environ 8.000 Hongrois. »

Le danger de tels mélanges réside en ce fait que, pour les raisons psychologiques exposées plus haut, ces multiples races se haïssent furieusement et se massacrent avec férocité quand elles ne sont pas maintenues par une main de fer.

C'est ce que montra clairement la deuxième guerre balkanique. Sous le régime turc les petits Etats des Balkans étaient obligés de vivre en paix. Dès qu'ils eurent réussi, par une alliance momentanée, à se soustraire à la domination musulmane, ils se précipitèrent furieusement les uns sur les autres le lendemain même de leur victoire. La Serbie et la Grèce écrasèrent leur alliée d'un jour, mais les Bulgares n'attendent que l'occasion de prendre leur revanche.

Ce qu'on appelle les aspirations de tous ces peuples est uniquement le désir de s'emparer du territoire de leurs voisins et d'en massacrer le plus grand nombre possible. La Bulgarie convoite la Macédoine et une partie de la Serbie. La Serbie voudrait s'annexer une portion de la Bulgarie et la Bosnie entière. La Roumanie aspire à posséder la Transylvanie et la Bessarabie. La Grèce rêve la domination de toute la Macédoine, des îles de l'Asie Mineure, de l'Albanie, etc.

Le malheur de ces contrées, écrit un journal suisse, est la cohabitation, sur les mêmes territoires, de races qui ne savent ni renoncer à de vieilles haines invétérées, ni s'accorder le droit de vivre côte à côte selon leurs mœurs, de parler leur langue et d'élever leurs enfants comme il leur plaît, si bien que les plus forts ne savent pas s'abstenir d'opprimer les plus faibles comme on le voit dans les régions macédoniennes adjugées par les traités de Bucarest aux Serbes et aux Grecs.

La même observation a été faite d'ailleurs pour l'Autriche. Les Roumains forment en Hongrie un bloc de 3 millions.

Ils y sont considérés et traités comme un péril national et s'y trouvent soumis au plus abominable régime de violence et d'arbitraire. Pour eux, l'égalité des droits civils et politiques, ins-

crite dans les constitutions, n'est qu'un mot vide de sens. Les tribunaux refusent systématiquement de leur accorder protection, le droit de réunion et celui d'association leur sont pratiquement déniés, leurs journaux sont bâillonnés par la censure et écrasés au moindre prétexte sous les amendes et les mois de prison.

Les balkaniques se sont battus pour changer de maître mais ils n'y ont rien gagné. Un dominateur civilisé est quelquefois le plus dur parce qu'il prétend, au moyen de son administration, s'ingérer dans tous les détails de la vie sociale. Beaucoup de balkaniques regrettent déjà la domination turque.

La question des races sera de plus en plus difficile à résoudre. L'ancienne diplomatie se montrait très sage en s'efforçant de n'y pas toucher et de maintenir sans trop de changements les équilibres qui s'étaient à la longue établis en Orient. La guerre européenne aura tout bouleversé et déchaîné des aspirations que le temps, la tradition, des nécessités de toutes sortes avaient apaisées.

Avant que puisse s'établir un équilibre nouveau entre tant de haines et d'ambitions contraires, l'Europe devra se résigner à subir de redoutables conflits. Quand on laisse trop de liberté à des races ennemies en présence elles se déchirent. Si on les comprime elles se révoltent.

CHAPITRE III

LES ALLURES AGRESSIVES DE L'ALLEMAGNE. L'IDÉE DE REVANCHE

§ 1. — Les allures agressives de l'Allemagne.

Nous avons précédemment montré les causes de l'essor économique de l'Allemagne et comment, après avoir dominé ses rivaux, elle se trouva en concurrence avec eux sur tous les points du globe. Ce développement matériel sans cesse accru eut une influence psychologique considérable sur le caractère des Germains.

Constatant partout leur suprématie commerciale, sachant que leur armée et leur flotte grandissaient chaque jour, ils se persuadèrent facilement être les représentants d'une race très supérieure aux autres par l'intelligence.

L'orgueil collectif est une passion à croissance rapide. Entretenu par les professeurs et les publicistes allemands, la vanité germanique finit par ne plus connaître de mesure. La nation entière devint convaincue qu'elle avait été choisie par Dieu pour dominer l'univers.

Les idées de ses écrivains se résument dans cette déclaration de M. Lasson, professeur à l'Université de Berlin, déjà cité :

Un étranger est un ennemi jusqu'à preuve du contraire...

Nous sommes moralement et intellectuellement supérieurs à tous, hors de pair... Dieu est avec nous.

On ne devait pas d'ailleurs s'arrêter sur cette pente. L'idée d'hégémonie universelle s'accentuait chaque jour davantage, et actuellement nous voyons des écrivains, comme M. Chamberlain, faire des propositions telle que la suivante :

Il n'y a pas de devoir plus important, plus impérieux — aujourd'hui ou demain, peu importe ! — que d'imposer au monde la langue allemande. Le devoir de tout Allemand, où qu'il se trouve, à tout instant, est de forcer les autres à parler sa langue, jusqu'à ce que celle-ci triomphe partout comme avec ses armes, l'armée du peuple allemand !... Il faut apprendre aux gens que celui qui ne sait pas l'allemand est un paria ! L'allemand doit devenir la langue universelle !

Dans les années qui précédèrent la guerre, l'Allemagne n'en était pas encore à ce degré de vanité collective. Elle y marchait rapidement cependant et, à mesure que croissaient ses ambitions, le ton de sa diplomatie devenait plus impérieux et provocateur. Les pacifistes français eux-mêmes sentaient bien qu'à moins de tomber fort bas, il faudrait arriver à se défendre. « Cela ne pouvait plus durer », fut le cri général au moment de la déclaration de guerre.

Sans doute, les allures arrogantes de l'Allemagne n'avaient jamais dépassé les bornes acceptables dans le langage diplomatique ; chacun en percevait toutefois le sens et en éprouvait très vivement l'humiliation. Les hommes d'Etat allemands menaçaient toujours, et leur monarque plus encore. La recommandation de tenir sa « poudre sèche » et « l'épée aiguisée » revenait sans cesse dans ses discours.

Au Maroc, à plusieurs reprises, dans les Balkans, à propos de l'annexion de l'Herzégovine par l'Autriche, l'Allemagne se montrait de moins en moins conciliante, bien que nous reculions perpétuellement.

Sur notre conduite, l'opinion d'un Français étant naturellement suspecte, il sera préférable de reproduire celle d'un neutre. Voici ce qu'écrivait la *Gazette de Lausanne*, du 24 mars 1915 :

Plus l'Allemagne se faisait menaçante, plus elle étendait ses prétentions, plus elle affirmait sa volonté de ne laisser aucune affaire se régler sans son intervention, et plus la France se montrait réservée et prudente, décidée à aller toujours jusqu'à l'extrême limite des concessions et à se mettre le moins possible sur le chemin de sa rivale. Non seulement elle se tenait sur le terrain du droit, mais elle paraissait avoir pour principe de rester volontairement en deçà de ce qui était strictement son droit : on la voyait sacrifier même ce que des témoins impartiaux tenaient pour ses légitimes intérêts, plutôt que de donner prise au moindre soupçon d'ambition ou d'agitation conquérante.

Et cette longanimité excessive inquiétait les amis de la France, qui voyaient avec tristesse son influence amoindrie. Elle alarmait les amis de la paix, qui savaient bien que ces concessions au lieu de désarmer l'Allemagne, ne feraient que l'encourager à une politique d'exigences illimitées d'où la guerre devait fatalement sortir ; elle effrayait les petites nations jalouses de leur indépendance, qui se demandaient avec anxiété à quels empiétements allait se porter l'action allemande désormais sans contrepoids.

Nous n'avions pas oublié l'affaire Forstner, crise de nationalisme aigu et d'arrogance belliqueuse, où l'Allemagne, avant d'attaquer, s'affirma et éprouva ses forces morales avec celles de l'ennemi. Toutes les circonstances de l'affaire étaient si offensantes pour la France que les témoins désintéressés se demandaient si ce n'était pas une de ces épreuves de force dont l'Allemagne est coutumière et d'où doit sortir ou la guerre ou l'humiliation de l'ennemi. L'Allemagne de 1913 a piétiné l'Alsace, devant la France indignée et muette. Et la France a résisté à l'épreuve, ses journaux ont été admirables de sang-froid et en pleine affaire Forstner, le président de la République allait dîner chez l'ambassadeur d'Allemagne.

Tous les points de cette citation sont rigoureusement exacts. L'histoire des relations franco-allemandes, depuis quelques années, laisse dans l'esprit cette évidence qu'à moins de tomber au dernier rang des peuples, nous ne pouvions plus éviter la guerre. En admettant même que son échéance fût reculée,

elle ne l'eût jamais été pour longtemps. L'empereur d'Allemagne, lui-même, si pacifique qu'il pût être, se serait vu obligé de la déclarer, afin de rester le maître d'une armée devenue assez forte pour imposer ses volontés.

Il y a dans le *Livre jaune* une foule de passages qui montrent à quel point en était arrivée l'outrecuidance allemande. Lorsque les préparatifs militaires de l'Allemagne nous obligèrent à revenir au service de trois ans, un membre du Reichstag déclara : « C'est une provocation, nous ne le permettrons pas. » Beaucoup de militaires et de civils allemands déclaraient publiquement que la France, possédant seulement 40 millions d'hommes, n'avait pas le droit de rivaliser avec l'Allemagne. Depuis les débuts de l'affaire du Maroc, elle s'était cru tout permis à notre égard et nous avions tout supporté.

§ 2. — L'idée de revanche.

L'idée que les Français souhaitaient la revanche de la guerre de 1870 fut une des causes indirectes du conflit actuel, par la crainte qu'elle inspira toujours aux Allemands.

Bismarck semblait prévoir l'avenir quand il se montrait défavorable à l'annexion de l'Alsace-Lorraine et ne consentit, dit-on, à l'exiger que sous la pression du parti militaire.

Cette annexion, par les armements qu'elle nécessita, coûta certainement immensément plus cher à l'Allemagne qu'elle ne lui rapporta. Des façons moins rudes, une administration bienveillante eussent sans doute fini par conquérir le cœur des Alsaciens et ôter à la France l'idée de revendiquer un pays ainsi germanisé. Mais, visiblement, l'Allemagne ne sut pas s'y prendre. L'oppression de son régime militaire,

LIVRE III

LES CAUSES LOINTAINES DE LA GUERRE

CHAPITRE PREMIER

LES CAUSES ÉCONOMIQUES ET POLITIQUES DE LA GUERRE

§ 1. — Les causes réelles et les causes imaginaires de la guerre.

Les grands événements tels que les guerres, procèdent de causes lointaines et de causes immédiates. Ce sont les premières que nous allons étudier dans le présent chapitre et les suivants.

Parmi les causes lointaines de la guerre actuelle, il en est de réelles et aussi d'imaginaires.

Les plus imaginaires ne sont pas les moins efficaces, quand on les envisage comme mobiles d'actions. J'ai souvent répété que le rôle du philosophe ne consistait pas à rechercher la valeur rationnelle des mobiles qui font mouvoir les hommes, mais l'influence que ces mobiles exercèrent. Si l'on rayait de l'histoire les batailles livrées pour des illusions dépourvues de valeur rationnelle, il n'en resterait pas beaucoup.

La guerre européenne comprend dans sa genèse

acceptable pour des Germains, parut intolérable à un peuple ayant toujours eu le goût de l'indépendance.

On peut dire cependant que l'idée de revanche était bien oubliée par la génération actuelle. Seuls les journaux allemands y faisaient de fréquentes allusions, afin de justifier les incessantes demandes de crédits militaires. A force de le répéter, le gouvernement allemand avait fini par convaincre son peuple que la France n'attendait qu'un prétexte pour lui déclarer la guerre. Toute l'Allemagne est persuadée aujourd'hui, et le restera pendant longtemps, que nous avons saisi avec empressement l'occasion de la combattre.

Quoique nos hommes politiques eussent à peu près renoncé à l'idée de revanche, la question d'Alsace-Lorraine maintenait beaucoup de froideur dans les rapports entre l'Allemagne et la France. Je tiens de l'ambassadeur de France en Allemagne que plusieurs fois, cependant, l'empereur l'avait entretenu de son désir de vivre en termes amicaux avec nous. Néanmoins on est bien obligé de constater qu'au Maroc et ailleurs, le ton de la diplomatie allemande, qu'il inspirait, fut toujours agressif, et dépourvu d'aménité.

Bien qu'indirectement, la question d'Alsace-Lorraine peut certainement figurer parmi les causes lointaines importantes de la guerre. Elle constitua, en tout cas, le motif toujours invoqué pour exciter le peuple allemand contre nous et accroître immensément sa force militaire. Sans ce prétexte, les armements n'eussent pas atteint le chiffre qui devait rendre tôt ou tard la guerre inévitable.

CHAPITRE IV

ROLE DES INFLUENCES MYSTIQUES SUR LA GENÈSE DE LA GUERRE. L'IDÉAL D'HÉGÉMONIE

---

§ 1. — **Les forces mystiques dans la guerre européenne.**

Chaque nation, civilisée ou barbare, est conduite par un idéal mystique plus impérieux que toutes les raisons.

L'impulsion mystique qui obligeait jadis les Carthaginois à sacrifier leurs enfants à Moloch, pour observer des rites révérés, le Peau-Rouge à scalper ses prisonniers, afin d'honorer les fétiches de sa tribu, était du même ordre que celle poussant les Musulmans à conquérir un vaste empire pour y propager la gloire d'Allah, ou, de nos jours, les Allemands à dévaster des cités florissantes en vue d'assurer la suprématie de leur race.

C'est une grande force pour les impulsions mystiques de ne contenir aucun fond rationnel. Si l'idéal qu'elles synthétisent devenait rationnel, les hommes ne se feraient plus tuer pour lui. La raison qui conduit le savant dans son laboratoire n'a pas encore acquis le pouvoir de soulever les masses.

Un idéal n'arrive que lentement à revêtir une forme mystique. Il ne se constitue qu'après une série d'étapes successives. Nous allons le voir en recherchant comment l'idéal mystique d'hégémonie mondiale s'est formé en Allemagne.

Nous observerons ainsi de quels éléments fut enveloppée sa genèse. Il n'y a guère de causes simples en histoire; chacune d'elles s'entoure d'un cortège d'influences secondaires qui d'effets deviennent causes à leur tour.

Le mysticisme, mobile déterminant du conflit déchaîné par l'Allemagne, n'exerça pendant longtemps son action que dans un cercle restreint. Ce fut la déclaration de guerre qui provoqua son développement dans toutes les couches sociales. Le rêve mystique du petit nombre devint alors un idéal universel.

§ 2. — Les origines ethniques de l'idéal d'hégémonie.

Il est peu de peuples, y compris les Chinois et les Turcs, qui ne se croient supérieurs aux autres. Cette vanité collective peut constituer un stimulant utile. Elle conduit malheureusement quelquefois les détenteurs d'une telle prédominance imaginaire à vouloir s'imposer par la violence aux nations voisines.

Une foule d'écrits, publiés principalement depuis une trentaine d'années, prouvent que les Allemands se font de leur supériorité une conception qu'aucun peuple n'avait encore possédée, sauf peut-être les Juifs, à l'âge biblique, et les Arabes à l'époque de Mahomet.

Cette idée de suprématie repose surtout sur l'illusion que la race allemande, composée en réalité des éléments les plus hétérogènes, serait une race d'élite spécialement désignée par Dieu pour exploiter le monde, après l'avoir conquis.

Les historiens qui ont le mieux contribué à inculquer cette théorie sont Treitschke et Lamprecht notamment. Ils ont été suivis par une foule innombrable de pamphlétaires de second ordre, tels que le bavard Chamberlain. Les divagations dont fourmillent leurs œuvres constituent pour l'aliéniste un excellent exemple des déséquilibres observés dans les grandes psychoses collectives. Ces manifestations maladives furent fréquentes au cours des siècles, mais jamais la mégalomanie n'atteignit un tel degré.

L'histoire ne forme, aux yeux de Treitschke, qu'un processus dirigé par Dieu pour assurer le triomphe de la doctrine protestante. La conquête du monde est réservée à la race allemande, qui doit sa grandeur à Luther. Les progrès de l'humanité commencent avec ce réformateur.

Toutes les assertions de Treitschke n'offrent pas ce caractère d'orgueil enfantin. La suivante, par exemple, est plus défendable :

> Ce n'est pas l'idée mais l'action qui détermine le sort des peuples. Sans doute un peuple n'est rien sans l'action, mais l'action non plus ne peut rien sans une idée pour la guider. Il a suffi d'introduire dans le monde certaines idées religieuses et politiques pour que le sort des peuples fut changé.

Le succès de cet historien a été très grand, parce qu'il traduisait les aspirations de l'âme allemande, orientée, non par le protestantisme, comme le croit Treitschke, mais par les rigides caporaux du régime militaire prussien.

Ses affirmations concernant la supériorité de l'Allemagne étaient basées sur une intervention divine; celles de Lamprecht se montrent plus réalistes. Son but principal consiste également à prouver que la race allemande est appelée à régénérer le monde, mais l'auteur n'invoque plus les mystérieux desseins d'une providence dont l'existence lui paraît contestable. L'humanité ne doit rien qu'à elle-même. Le catholicisme aussi bien que le protestantisme sont, suivant l'auteur, des croyances surannées qu'une foi nouvelle arrivera sans doute à remplacer.

Il considère l'évolution économique d'un peuple comme le grand facteur de son histoire, et après avoir vanté les progrès industriels de l'Allemagne, assure que la concurrence pacifique entraîne forcément la guerre dès qu'un des concurrents possède la puissance nécessaire pour s'imposer. C'est là, d'ailleurs, une des idées les plus généralement admises en Allemagne.

Inutile d'ajouter que Lamprecht se révèle comme tous ses compatriotes, étatiste. Non seulement il réclame l'intervention constante de l'Etat, mais il en attend tout, y compris naturellement la guerre.

Sa morale reste à peu près celle que devait si bruyamment exposer Nietzche. La vieille morale chrétienne est mise de côté, ainsi qu'un article de luxe ne rapportant rien.

Les projets de conquête émis par cet historien trahissent bien les ambitions développées, grâce à l'enseignement universitaire, dans l'âme germanique. L'Allemagne doit, suivant lui, être agrandie par l'annexion de la Suisse, de la Hollande et de la Belgique. Les pays difficiles à conquérir, comme le Chili, le Brésil, etc., se verront germanisés par la création d'écoles, de banques et d'usines. De la même façon seront plus tard germanisées les autres nations qu'on ne pourrait encore assujettir, Russie et Italie notamment. En résumé, l'Allemagne finirait par diriger l'Europe et le monde.

On pourrait multiplier à l'infini des citations analogues. Le même esprit se retrouve chez les écrivains les plus divers, et formulé parfois avec une naïveté cynique. Voici, par exemple, comment s'exprime Giesebrecht :

La domination appartient à l'Allemagne parce qu'elle est une nation d'élite, une race noble et qu'il lui appartient, par conséquent, d'agir sur ses voisins, comme il est du droit et du devoir de tout homme doué de plus d'esprit ou de plus de force d'agir sur les individus moins bien doués ou plus faibles qui l'entourent.

Le célèbre Bluntchli va encore plus loin. Il proclame :

Où l'Allemagne a une fois mis le pied, elle jouit d'un droit inaliénable, sans tenir compte d'aucun traité.

Les vulgarisateurs ne pouvaient que renchérir. Ce fut le fait d'un des plus connus, Houston Chamberlain, dans une lourde compilation intitulée *la Genèse du XXe siècle*. On assure que l'empereur reconnaissant lui paya une grosse somme sur sa cassette. L'ouvrage flattant outre mesure l'orgueil allemand, recueillit un très vif succès.

Les vues de l'auteur n'ont, d'ailleurs, rien d'original. Il répète servilement que l'Allemand est le premier des peuples et déplore amèrement que, dans ses invasions :

le Germain n'ait pas procédé, partout où atteignait son bras vainqueur, à une extermination plus radicale et que, dès lors, la latinisation — c'est-à-dire, en fait, la mixtion avec le chaos ethnique — ait peu à peu soustrait derechef de vastes domaines à la seule influence capable de les régénérer...

Raisonnant comme cet auteur, on pourrait juger fort regrettable que les Romains n'aient pas noyé dans leurs marécages ou brûlé dans leurs forêts la totalité des peuplades de la Germanie, au lieu de se borner à en exterminer de temps en temps quelques centaines de mille à la fois. Le monde serait bien autrement civilisé aujourd'hui. Il eût évité le Moyen Age.

Les citations qui précèdent montrent suffisamment quelle évolution mentale avait rendu la guerre de l'Allemagne contre l'Europe presque inévitable. Elles prouvent aussi combien vaines les discussions destinées à rechercher si le conflit fut provoqué par la volonté de tel ou tel empereur. Une guerre ayant les origines que nous venons d'exposer peut se reculer, mais on n'y échappe pas.

§ 3. — Les origines économiques et militaires de l'idéal d'hégémonie.

Une affirmation théorique de la supériorité de leur race n'aurait pas suffi à faire envisager aux Allemands la possibilité d'imposer pratiquement une domination universelle. Celle-ci resta donc d'abord un rêve d'idéalistes.

Deux causes essentielles, un énorme accroissement de la puissance militaire, et le développement de la puissance industrielle, semblèrent indiquer que ce rêve était devenu réalisable.

De 401.000 hommes sur le pied de paix, en 1871, l'armée s'était élevée graduellement à 815.000. La flotte, créée de toutes pièces, aspirait à rivaliser avec celle de l'Angleterre.

Un tel agrandissement du pouvoir militaire procurant des fondements à l'idée d'hégémonie, cette dernière se répandit très vite en Allemagne. Les déclarations des diplomates et des publicistes, depuis le commencement de la guerre, nous ont révélé l'étendue des ambitions qui arrivèrent à se développer dans les cervelles germaniques.

L'enquête organisée par le journal *Monistiche Jahrhundert*, auprès des savants les plus connus de l'Allemagne, sur ce sujet, est très typique. Dans le numéro du 16 novembre 1914, le célèbre Ernest Haeckel réclame : le partage de la Belgique, la mainmise sur les colonies britanniques ainsi que sur l'Etat du Congo, les départements frontières de la France, les provinces de la Baltique, etc. S'il ne parle pas d'annexer l'Italie et l'Espagne, c'est probablement par oubli.

Le pacifiste Ostwald a des ambitions moins étendues. Il se borne à vouloir la destruction de la flotte anglaise et la suppression de toutes les armées de l'Europe, à l'exception de l'armée allemande.

Les prétentions des correspondants du même journal furent variées, mais toutes s'accordèrent sur la nécessité pour l'Allemagne de s'emparer des petits Etats. Ces derniers n'ont pas, à leurs yeux, le droit de vivre.

Les méthodes classiques d'organisation des conquètes étant un peu lentes, un ingénieux professeur du nom de Vierordt démontra, dans un article de la *Badische Landeszeitung*, l'urgence de tuer les ennemis de l'Allemagne par millions, de façon à transformer les territoires conquis en déserts pour les peupler ensuite de vertueux Allemands.

Ces publications fournissent des indications fort intéressantes sur la mentalité de leurs auteurs. Ils rèvent une destruction de l'Europe beaucoup plus complète qu'à l'époque d'Attila. Quant à la partie non ravagée, les élèves d'Ostwald l'organiseraient sans doute en d'immenses usines où, sous le fouet vigilant de caporaux prussiens, travailleraient des millions de serfs, pour enrichir les Allemands en général et les professeurs en particulier.

§ 4. — Constitution définitive du mysticisme allemand.

Nous venons de montrer sous quelles influences s'était formée l'idée mystique d'hégémonie en Allemagne et les éléments matériels d'où elle dérive.

Ce fondement positif de rèves chimériques empêcha beaucoup d'observateurs de saisir le côté mystique des ambitions allemandes. Dans une grande revue, un professeur, M. Kostyleff, bien qu'appartenant à la plus mystique des races, déclare ne voir nulle influence de mysticisme dans la mentalité allemande moderne. Il se demande même si une croyance mystique peut être générale aujourd'hui.

Je crains bien que l'auteur et ceux, nombreux encore, pensant comme lui, ne se fassent pas une conception claire de ce qu'il faut entendre par mysticisme. J'en ai expliqué le sens au début du présent ouvrage. Les lecteurs de mes livres savent son rôle prépondérant dans les grands événements historiques, la Révolution française notamment.

Bien que l'importance du mysticisme soit encore assez méconnue, beaucoup d'écrivains ont très bien marqué son influence dans la guerre actuelle. Je citerai surtout parmi eux M. Chevrillon, dont je vais reproduire ici quelques fragments empruntés à son étude sur le mysticisme allemand.

Le peuple élu, qu'est-ce que cela veut dire ? C'est une orgueilleuse et mystique idée collective, menaçante pour les autres nations, comme le furent d'autres grandes poussées historiques d'orgueil et de mysticisme, d'autant plus dangereuse, celle-ci, qu'elle se développe en même temps que la force et que les appétits allemands, en même temps que la doctrine qui pose le droit éminent de ces appétits et de cette force.

Les Germains sont les instruments de Dieu, l'incarnation supérieure de son énergie vivante. Ils sont Dieu à l'œuvre dans le monde, l'esprit qui défait, pour en refaire de la vie, les formes mortes et vieillissantes.

Ce que l'Allemagne a retenu, ce dont son orgueil pouvait se nourrir, c'est ce qui divinise sa propre tendance et changeant en faiblesses, en tares, les vertus de la vieille morale chrétienne qui la gêne encore, lui présente ses appétits comme des impératifs et ses instincts comme des perfections.

Il n'est qu'une loi, celle de cette vie, qui est de vouloir, non le bien, non le vrai, mais la puissance de s'étendre, de croître, de se dépasser toujours soi-même, et, à cet effet, de haïr, de combattre, de détruire ou dévorer tout ce qui se présente comme étranger et comme moins fort.

On voit où une idée mystique peut conduire. Alors que tout le progrès de la civilisation paraissait être de refréner les instincts primitifs, la philosophie allemande les fait revivre et lui voue une adoration mystique. La force est reine. Plus de place pour la générosité et la pitié. Une race supérieure ne peut se laisser lier par les règles qui régissent les autres peuples. Lutter contre elle c'est lutter contre les volontés de la Providence, et il n'existe pas de châtiments capables d'expier un tel forfait.

Ces doctrines restèrent longtemps à l'état de théorie pure; mais lentement infiltrées dans l'âme germanique par des légions de professeurs, elles devinrent les véritables sources des meurtres et des ravages qui inspirent tant d'horreur aux peuples civilisés.

La foi des Allemands en leur *Kultur* et dans la « mission » qu'ils ont de dominer le monde, en leur qualité de peuple élu, supérieur à tous les peuples du passé, du présent et de l'avenir, est certainement, écrit un Italien, M. Pareti, une cause réelle de force dans la guerre. C'est aussi une cause de cruauté, cette foi, spécialement sous sa forme théologique ou métaphysique tendant à faire prendre au conflit les caractères des guerres de religion. L'adversaire n'est pas seulement l'ennemi; c'est l'hérétique excommunié, le mécréant, le blasphémateur de la sainte *Kultur*, coupable de lèse-majesté divine. Il ne suffit pas de le vaincre, il faut le détruire, l'anéantir. Les Belges eurent l'audace sacrilège de refuser le passage aux saintes cohortes de la divine *Kultur;* ils se rendirent ainsi coupables de lèse-majesté divine: ils en ont donc été « justement » punis aujourd'hui, comme ils le furent autrefois, par le duc d'Albe, pour un crime analogue.

§ 5. — Tableau résumé du rôle des facteurs psychologiques ayant déterminé la guerre.

Le lecteur parcourant les chapitres consacrés aux causes lointaines de la guerre aura remarqué, peut-être, que nous y avons mentionné seulement des mobiles d'ordre biologique, affectif ou mystique, sans qu'il ait été question de ceux d'origine rationnelle.

Le motif en est simple. Dans le conflit présent, comme d'ailleurs dans la plupart des luttes historiques, la raison joua toujours un rôle extrêmement faible. Elle apparaît sans doute dans la conduite des batailles, mais ne les détermine pas. Le rationnel se met simplement au service des besoins engendrés par les impulsions mystiques et affectives. Il est l'esclave et non le maître.

Au lecteur trop imprégné de rationalisme universitaire pour saisir immédiatement l'exactitude de ce qui précède, je conseille de se remémorer les motifs de la guerre actuelle. Il obtiendra alors, je crois, une récapitulation analogue à la suivante où, laissant de côté les facteurs économiques, j'ai énuméré les éléments psychologiques soulevant les armées des divers pays. On y trouvera des mobiles affectifs, collectifs ou mystiques, mais peu ou pas de mobiles rationnels.

1° *Autriche*. Les influences affectives qui poussèrent au conflit furent surtout des haines de race intenses contre les Serbes. Pendant la deuxième guerre balkanique, ces derniers profitèrent des efforts faits par l'Europe dans le but de maintenir la paix, pour irriter leur puissante voisine, et sur le territoire serbe avait été fomenté le complot qui amena l'assassinat de l'archiduc héritier. L'exécration contre ce petit peuple était donc au comble en Autriche. L'opinion réclamait la guerre et détermina une influence collective très forte;

2° *Russie*. Influences affectives : amour-propre froissé et rancunes consécutives à la mainmise de l'Autriche sur la Bosnie. Crainte de perdre tout prestige aux yeux des Slaves en laissant attaquer les Serbes;

3° *France*. L'influence affective prédominante fut le sentiment de l'honneur, nous obligeant à défendre nos alliés bien que la cause soutenue par eux ne nous intéressât nullement. Les influences collectives se concrétisèrent dans le désir général de ne plus supporter les allures arrogantes de l'Allemagne;

4° *Angleterre*. Au début, intervinrent des influences affectives représentées par l'obligation morale de protéger la Belgique dont l'Angleterre s'était engagée par traité à faire respecter la neutralité. A ce sentiment d'honnêteté s'ajouta bientôt la crainte de laisser une puissance rivale s'emparer d'Anvers et paralyser ainsi le commerce britannique;

5° *Allemagne*. Les influences affectives agirent d'abord seules. Elles se résumaient dans le désir de prouver à l'Europe la force de l'hégémonie allemande en humiliant une fois de plus la Russie et la forçant à céder sans combattre, comme à l'époque de l'annexion de la Bosnie, quelques années auparavant.

Aussitôt la guerre déclarée se déchaînèrent librement les influences mystiques qui la préparaient et que synthétisait un idéal de domination universelle.

Le tableau qui précède montre combien les éléments rationnels exercèrent peu d'action dans la genèse de la guerre. Cela est surtout frappant pour l'Allemagne. Si la logique rationnelle avait joué un rôle quelconque dans la volonté de ses dirigeants, elle leur eût fait éviter à tout prix, je l'ai déjà montré, le déclanchement du conflit. Il apparait très évident, en effet, on ne saurait trop le redire, que la progression de son industrie, de son commerce, et l'infiltration universelle de ses nationaux, lui auraient bientôt permis de réaliser sans lutte ce qu'elle n'obtiendra jamais par la force après cinquante ans de batailles, et alors même qu'elle parviendrait à conquérir l'Europe.

L'intérêt rationnel de l'Allemagne était donc d'éviter la guerre, mais les influences mystiques la dominèrent entièrement. Cet exemple peut s'ajouter à ceux que j'ai fournis dans un autre ouvrage, pour montrer à quel point le mystique surpasse le rationnel. Tout plie devant lui.

Notre étude des causes lointaines de la guerre est terminée. Les conclusions en sont si claires que le lecteur pourrait trouver inutiles de nouveaux chapitres sur ses causes immédiates.

Mais s'il est pratiquement un peu vain de rechercher pourquoi cette guerre, proclamée depuis longtemps inévitable par les Allemands, se déclancha à tel ou tel moment, il semble fort intéressant, au point de vue psychologique, d'étudier le fonctionnement du clavier de sentiments et de passions dont la combinaison devait, à un instant donné, déterminer la catastrophe. Existe-t-il spectacle plus émouvant que celui des luttes de diplomates, pleins d'intentions pacifiques, contre les forces impérieuses les poussant vers une terrible guerre? Jamais peut-être, au cours des âges, on n'aura mieux vu à quel point la conduite des hommes est parfois dominée par des influences inconscientes, dont aucune volonté ne peut surmonter le poids.

LIVRE IV

LES CAUSES IMMÉDIATES DE LA GUERRE

CHAPITRE PREMIER

L'ULTIMATUM DE L'AUTRICHE ET LA SEMAINE DES POURPARLERS DIPLOMATIQUES

§ 1. — Enseignements psychologiques fournis par les documents diplomatiques.

Les seuls documents officiels connus actuellement sur les origines de la guerre consistent dans les rapports des ambassadeurs des diverses puissances avec leurs gouvernements respectifs. Ils ont fait l'objet de plusieurs publications parues sous les noms de *Livre bleu*, *Livre jaune*, *Livre blanc* [1], etc.

1. Le *Livre bleu*, consacré presque exclusivement à la correspondance des ambassadeurs anglais à l'étranger avec le ministre des Affaires étrangères de la Grande-Bretagne, a été publié en anglais puis en français par les soins du gouvernement anglais. Une seconde traduction française parut ensuite à Paris. Elle ne diffère de la précédente que sur des points sans importance. Le *Livre jaune*, publié plus tard, contient des documents divers réunis par le gouvernement français. Il a eu deux éditions de formats différents dont la première seulement fut tirée à l'Imprimerie Nationale. Une traduction anglaise de ce volume a été donnée en supplément gratuit par le grand journal anglais *le Times*. Un *Livre gris* a été fourni par la Belgique. Le *Livre blanc* lancé par l'Allemagne contient peu de documents. Le *Livre orange*, publié par la Russie, ne révèle rien de nouveau. C'est surtout du *Livre bleu* et du *Livre jaune* que nous ferons usage. Ils sont trop connus pour que nous ayons cru nécessaire d'indiquer les numéros des pages citées. Elles varient du reste suivant les éditions.

L'importance psychologique de ces documents est considérable. Ils montrent notamment combien les impulsions d'ordre sentimental et mystique dépassent celles de la raison et avec quelle facilité les gouvernements peuvent être entraînés à ce qu'ils ne voulaient pas faire.

L'Allemagne et l'Autriche furent amenées à la guerre par une série d'erreurs psychologiques, entre autres cette conviction que la France, l'Angleterre et la Russie ne voudraient pas intervenir.

Quand l'Allemagne vit, contrairement à ses prévisions, la Russie, loin de céder aux menaces, mobiliser, elle craignit de se laisser dépasser en vitesse par les armements de ses adversaires et, obéissant aux suggestions du parti militaire, persuadée d'ailleurs de la neutralité de l'Angleterre, elle somma la Russie de démobiliser, puis devant son refus, lui déclara la guerre.

Ce que nous résumons en quelques lignes, ne se passa point avec une pareille simplicité. Les résolutions humaines ne naissent pas d'un seul jet et n'acquièrent pas immédiatement des contours aussi arrêtés. On le verra dans ce chapitre et ceux qui vont suivre en constatant après quelles hésitations, quelle perplexité l'Angleterre se résolut à entrer dans un conflit dont elle tenait d'abord à rester éloignée et comment l'empereur d'Allemagne fut progressivement entraîné à faire une guerre si contraire à ses intérêts.

Toutes ces choses se lisent aisément, avec un peu d'attention, dans les documents officiels. Cependant ces derniers sont tellement enchevêtrés, les points essentiels si souvent noyés parmi des choses accessoires, qu'il nous a paru nécessaire d'en extraire les parties fondamentales et de les classer au point de vue psychologique.

Pour y arriver nous avons rapproché les phénomènes du même ordre, par exemple les hésitations de l'Angleterre, l'intransigeance de l'Autriche, les illusions sur la neutralité de la Russie, etc.

Les documents diplomatiques de la semaine des pourparlers n'avaient pas à tenir compte des causes lointaines de la guerre étudiées dans d'autres chapitres. C'est pourquoi on serait fort mal renseigné sur les véritables origines du conflit en se bornant à leur étude. Ils représentent la simple relation des efforts accomplis pour éviter la chute de la goutte d'eau qui, tôt ou tard, devait faire déborder le vase.

La vraie question ne consiste pas à savoir qui versa cette goutte d'eau, mais bien ce qui avait empli peu à peu le vase.

La période des discussions fut très brève, puisqu'elle dura une semaine seulement. Il n'en fallut pas davantage pour que l'histoire du monde fut changée.

L'écrivain ne connaissant aucun document antérieur, n'ayant sous les yeux que la correspondance diplomatique et voulant s'en servir pour élucider cette question : Qui a voulu la guerre? serait tenté de répondre : Personne.

Personne en effet ne l'a voulue, tout le monde la craignait, et cependant elle éclata, donnant ainsi un mémorable exemple de l'impuissance des chefs d'Etats devant l'engrenage des fatalités que créent les passions et les sentiments des hommes.

Sur les quatre souverains ayant signé la déclaration de guerre, trois étaient des autocrates, maîtres absolus sur terre et sur mer. A quoi leur servit cette autocratie? A rien.

Le Destin qui, au dire des Anciens, dominait les dieux et les hommes, se joua encore de la volonté des rois.

Plus pénétrante que la sagesse antique, la science

moderne sait au moins dissocier les éléments du destin. De leur somme sont composées les forces qui, à un certain moment, deviennent supérieures à toutes les volontés.

Avant d'extraire de la correspondance diplomatique les renseignements qu'elle peut fournir, nous résumerons dans un bref tableau la succession des événements accumulés durant la semaine des pourparlers.

§ 2. — La semaine des pourparlers diplomatiques.

La semaine qui s'écoula du 23 juillet au 1er août 1914 figurera parmi les plus dramatiques de l'histoire. Elle devait aboutir, en effet, à une guerre qui changera la face de l'Europe.

Voici, jour par jour, le sommaire des faits surgis dans cette brève période.

Jeudi 23 juillet. — Les puissances sont informées qu'à la suite de l'assassinat de l'archiduc héritier à Sarajevo, l'Autriche a remis un ultimatum à la Serbie exigeant notamment qu'elle acceptât l'intervention des agents autrichiens, « dans la suppression du mouvement subversif dirigé contre l'intégrité territoriale de la monarchie ».

Vendredi 24 juillet. — La Russie demande à l'Autriche une prolongation du délai fixé dans son ultimatum. L'ambassadeur d'Allemagne déclare à Paris que le conflit doit rester localisé entre l'Autriche et la Serbie.

Samedi 25 juillet. — L'Autriche refuse de prolonger le délai imposé à la Serbie.

L'Angleterre propose d'interposer entre l'Autriche et la Russie l'action médiatrice de l'Angleterre, de l'Allemagne et de l'Italie.

L'Allemagne est convaincue par les déclarations de l'Angleterre de la neutralité de cette puissance.

Dimanche 26 juillet. — La Russie intervient à Vienne en faveur de la Serbie et demande à l'Allemagne son concours. L'Autriche commence une mobilisation partielle.

Lundi 27 juillet. — D'après le *Livre Bleu* (n° 46), l'Allemagne accepte en principe la médiation entre l'Autriche et la Russie par les quatre puissances. Mais, d'après le *Livre Orange* (n° 34), l'ambassadeur d'Allemagne à Paris aurait au contraire « insisté sur l'exclusion de toute possibilité d'une médiation ou d'une conférence ».

Mardi 28 juillet. — L'Allemagne soutient l'intransigeance de l'Autriche qui ordonne la mobilisation générale et déclare la guerre à la Serbie. La Russie demande alors à l'Angleterre son intervention médiatrice.

Mercredi 29 juillet. — L'Allemagne semble disposée pendant un moment à agir pacifiquement. Elle conseille la reprise des pourparlers entre Saint-Pétersbourg et Vienne.

L'Autriche ayant mobilisé, malgré les pourparlers, la Russie déclare une mobilisation partielle dans les régions voisines de l'Autriche.

L'Allemagne menace de mobiliser si la Russie ne cesse ses préparatifs militaires. La Russie déclare ne pouvoir les cesser parce que l'Autriche persiste dans son attitude.

Jeudi 30 juillet. — La Russie déclare qu'elle cessera ses préparatifs militaires si l'Autriche admet que son conflit avec la Serbie est d'intérêt européen.

L'ambassadeur d'Allemagne à Saint-Pétersbourg paraît éprouver une grande émotion en voyant la guerre inévitable et supplie le ministère des affaires étrangères de Russie de faire une proposition quelconque qu'il pût télégraphier au gouvernement allemand comme suprême espoir.

Vendredi 31 juillet. — Les pourparlers reprennent entre la Russie et l'Autriche qui accepte comme base de médiation une formule de l'Angleterre. Mais l'Allemagne déclare que les armements russes l'obligent à des préparatifs militaires.

Samedi 1er août. — L'Allemagne envoie un ultimatum à la Russie, l'invitant à démobiliser dans les douze heures. L'Autriche, revenant sur ses déclarations antérieures, annonce qu'elle est prête à reconnaître à l'Europe le soin d'intervenir dans son conflit.

Pour tâcher encore d'éviter la guerre, la Russie déclare qu'elle se contenterait de l'assurance de l'indépendance et de l'intégrité de la Serbie. Il est trop tard.

A 7 heures du soir, l'Allemagne déclare la guerre à la Russie.

3 août. L'Allemagne déclare la guerre à la France.

Nous allons étudier maintenant, dans une série de paragraphes, les événements brièvement résumés dans ce tableau. Nous nous attacherons surtout à leurs racines psychologiques.

§ 3. — Les griefs de l'Autriche contre la Serbie. Son idée arrêtée de lui faire la guerre. Son intransigeance dans les pourparlers.

A la suite de l'assassinat de l'archiduc héritier Ferdinand, l'Autriche qui attribuait le meurtre à un complot serbe et avait depuis longtemps à se plaindre de la Serbie, lui envoya un ultimatum conçu en termes visiblement inacceptables. La Serbie devait s'engager notamment :

A accepter la collaboration en Serbie des organes du gouvernement impérial et royal dans la suppression du mouvement subversif dirigé contre l'intégrité territoriale de la monarchie.

Dès que les puissances eurent connaissance de cet ultimatum, elles comprirent qu'il constituait simplement un prétexte, de la part de l'Autriche, pour pénétrer en Serbie.

D'après les renseignements fournis à notre ministère des Affaires étrangères, le 23 juillet 1914 :

Les premières intentions du gouvernement austro-hongrois avaient été, selon les informations recueillies par l'ambassadeur de France à Vienne, d'agir avec la plus grande rigueur contre la Serbie, en tenant huit corps d'armée prêts à entrer en campagne.

L'ambassadeur de France en Russie fit observer, le 24 juillet que :

La brièveté du délai assigné pour l'ultimatum rend plus difficile encore l'action modératrice que les puissances de la Triple Entente pourraient exercer à Vienne.

Les diplomates ne se faisaient d'ailleurs aucune illusion sur les intentions de l'Autriche. A la date du 24 juillet l'ambassadeur d'Angleterre à Vienne écrit :

Le chargé d'affaires russe a été reçu ce matin par le ministre des Affaires étrangères et lui dit, comme son opinion personnelle, que la note autrichienne était rédigée de manière à la rendre inacceptable dans sa forme actuelle et que les termes en étaient à la fois inusités et péremptoires. Le ministre des Affaires étrangères répondit que le ministre autrichien avait reçu des instructions de quitter Belgrade, à moins que les demandes autrichiennes ne fussent acceptées intégralement avant 4 heures de l'après-midi demain.

Très effrayé, le gouvernement serbe se montre disposé à accepter la presque totalité des exigences de l'Autriche.

Ces concessions furent inutiles. Le chargé d'affaires anglais à Berlin informait le 26 juillet son gouvernement des résultats d'une conversation avec le secrétaire d'Etat à Berlin.

Le secrétaire d'Etat ignorait quelle force l'Autriche-Hongrie avait préparée ; mais il avoua carrément que le gouvernement austro-hongrois voulait donner une leçon aux Serbes et avait l'intention de prendre des mesures militaires.

L'ambassadeur de France à Vienne avait informé son gouvernement, le 25 juillet, que :

... Le gouvernement autrichien est résolu à infliger à la Serbie une humiliation : il n'acceptera l'intervention d'aucune puissance jusqu'à ce que le coup ait été porté et reçu en pleine face par la Serbie.

L'impression de tous les ambassadeurs sur les projets de l'Autriche fut partout la même. A la date du 27 juillet l'ambassadeur d'Angleterre écrivait :

J'ai eu des entretiens avec tous mes collègues représentant les grandes puissances. L'impression qui m'en est restée est que la note austro-hongroise a été rédigée exprès de manière à rendre inévitable la guerre.

Pour justifier l'intransigeance de son attitude, l'Autriche publiait un mémoire où on lisait :

L'agitation serbe, qui s'est donné pour but d'arriver à la séparation de la monarchie autrichienne des partis slaves du Sud pour les rattacher à un grand Etat serbe, remonte très loin en arrière. Cette propagande sur le sol serbe, toujours la même quant à son but final quoique diverse dans ses moyens et intensités, avait atteint son plus haut point lors de la crise de l'annexion.

De plus en plus inquiète, la Serbie avait fini par accepter tout ce que l'Autriche exigeait. A la date du 28 juillet l'ambassadeur d'Angleterre à Rome écrivait :

Ce matin, au cours d'un long entretien, le chargé d'affaires serbe se dit d'avis que si quelques explications étaient données au sujet de la modalité selon laquelle les agents autrichiens demanderaient à intervenir, en vertu des articles 5 et 6, la Serbie pourrait encore accepter la totalité de la note de l'Autriche.

Mais le gouvernement autrichien restait intransigeant. L'ambassadeur d'Angleterre à Vienne télégraphiait le 28 juillet à son gouvernement :

L'ambassadeur de Russie m'informe que le gouvernement austro-hongrois a rejeté la proposition du gouvernement russe, à l'effet de régler le conflit austro-serbe au moyen d'une discussion directe entre le ministre russe des Affaires étrangères et l'ambassadeur d'Autriche à Saint-Pétersbourg.

Les intentions de l'Autriche demeuraient irréductibles. Le ministre des Affaires étrangères anglais était obligé de le reconnaître dans la note suivante du 29 juillet.

De tout ce que j'apprends de Berlin et de Vienne, je suis bien forcé de tirer la conclusion que l'Autriche n'acceptera aucune médiation des puissances entre elle et la Serbie.

Afin de bien marquer ses projets, l'Autriche, sans attendre le résultat des pourparlers, venait, le 28 juillet, de déclarer la guerre à la Serbie.

Ses volontés de conquête paraissaient étendues, à en juger par la dépêche suivante du chargé d'affaires anglais à Constantinople en date du 29 juillet :

J'ai lieu de croire que les projets autrichiens s'étendent bien au delà du sandjak et d'une occupation punitive do territoire serbe. Cette conclusion m'est suggérée par une observation émise par l'ambassadeur d'Autriche, à propos de la déplorable situation économique de Salonique sous l'administration grecque et du concours sur lequel l'armée autrichienne pouvait compter de la part de la population musulmane mécontente du régime serbe.

Etant donnée la force immense de l'Autriche comparée à celle de la Serbie, l'armée active devait suffire pour conquérir ce petit pays. Il semblerait cependant que l'Autriche eût prévu des complications, puisque, malgré les frais énormes d'une telle opération, elle mit sur pied tout ce qu'elle possédait d'hommes. On l'apprit par une dépêche de l'ambassadeur de France à Vienne en date du 31 juillet. Elle disait :

La mobilisation, atteignant tous les hommes de dix-neuf à quarante-deux ans, a été décrétée par le gouvernement austro-hongrois ce matin à la première heure.

§ 4. — Persuasion de l'Autriche et de l'Allemagne que la Russie et la France étaient militairement trop faibles pour intervenir dans le conflit.

Mais pourquoi l'Autriche soutenue par son alliée l'Allemagne se montrait-elle aussi intransigeante?

Pourquoi s'exposait-elle, dans un but si minime, à une conflagration générale où elle pouvait disparaître?

Une raison psychologique très simple dicta sa détermination.

L'Autriche et l'Allemagne demeuraient convaincues que la Russie, seule intéressée dans la question, n'interviendrait pas. Elles avaient de sérieuses raisons de le croire, puisque quelques années auparavant, l'Autriche s'était emparée de la Bosnie plus importante encore que la Serbie, sans que la Russie eût songé à s'y opposer sinon par ses protestations.

Nous touchons ici au point essentiel du problème des causes immédiates de la guerre. Si elle n'avait eu la persuasion que nulle puissance ne défendrait la Serbie, l'Autriche aurait vraisemblablement renoncé à son intransigeance.

Voici quelques-uns des documents officiels faisant

connaître les opinions alors en cours dans les chancelleries sur la neutralité probable des puissances.

L'ambassadeur de France à Vienne écrivait en date du 15 juillet 1914 :

> Certains organes de la presse viennoise, discutant l'organisation militaire de la France et de la Russie, présentent ces deux pays comme hors d'état de dire leur mot dans les affaires européennes, ce qui assurerait à la monarchie dualiste, soutenue par l'Allemagne, d'appréciables facilités pour soumettre la Serbie au régime qu'il plairait de lui imposer.

Réflexions analogues de l'ambassadeur de France à Berlin en date du 25 juillet :

> Le ministre de Belgique se montre très préoccupé des événements. Il considère que l'Autriche et l'Allemagne ont voulu profiter du concours de circonstances qui fait qu'en ce moment la Russie et l'Angleterre leur paraissent menacées de troubles intérieurs et qu'en France le régime militaire est discuté.

De son côté l'ambassadeur d'Angleterre à Vienne écrivait à son gouvernement le 26 juillet :

> A ma question si le gouvernement russe ne pouvait se trouver forcé par l'opinion publique d'intervenir en faveur d'une race de la même souche, l'ambassadeur d'Allemagne répondit que tout dépendait du caractère personnel du ministre russe des Affaires étrangères... Ce ministre, selon l'ambassadeur d'Allemagne, ne serait pas assez imprudent pour prendre une mesure qui aurait probablement pour résultat de soulever mainte question frontière intéressant la Russie et de mettre à la refonte les problèmes suédois, polonais, ruthène, roumain et persan. De plus, la France n'était nullement en état de faire face à une guerre.

Les mêmes observations étaient reçues par sir Edward Grey et voici ce qu'il télégraphiait le 27 juillet à l'ambassadeur de Grande-Bretagne à Saint-Pétersbourg :

> Il nous revient de sources allemandes et autrichiennes que l'on y croit que la Russie n'agira pas tant que l'Autriche consent à ne pas prendre de territoire serbe.

L'ambassadeur d'Angleterre écrivait à son gouvernement le 28 juillet :

Mon collègue autrichien me dit aujourd'hui qu'une guerre générale était tout à fait improbable, étant donné que la Russie n'était ni en humeur ni en état de faire la guerre.

Je pense que cette théorie est la conviction de bien des gens ici.

L'ambassadeur d'Angleterre à Rome écrit le 29 juillet :

Il semblait difficile de faire croire à l'Allemagne que la Russie prenait les choses au sérieux. Etant donné toutefois que l'Allemagne désirait rester en bonne relation avec nous, le ministre pense qu'elle modifierait son attitude si elle croyait que la Grande-Bretagne agirait avec la Russie et la France.

L'ambassadeur de France à Rome écrivait de son côté le 29 juillet :

Le marquis di San Giuliano m'a dit que malheureusement dans toute cette affaire la conviction de l'Autriche et celle de l'Allemagne avaient été et étaient encore que la Russie ne marcherait pas.

Même observation de la part de l'ambassadeur d'Angleterre à Vienne :

L'ambassadeur d'Allemagne m'a exprimé le 24 juillet la conviction que la Russie n'interviendrait pas.

§ 5. — Persuasion de l'Allemagne et de l'Autriche que l'Angleterre resterait neutre en cas de conflit.

Nous venons de voir l'Autriche et l'Allemagne convaincues que ni la Russie ni la France n'interviendraient dans le différend de l'Autriche avec la Serbie. Elles se croyaient également sûres de la neutralité de l'Angleterre.

La persuasion de l'Allemagne relative à la neutralité de l'Angleterre était absolue. L'ambassadeur d'Angleterre à Saint-Pétersbourg télégraphiait le 25 juillet :

...Son Excellence répondit que malheureusement l'Allemagne avait la conviction de pouvoir compter sur notre neutralité.

Le ministre des Affaires étrangères anglais constate une opinion identique dans une autre dépêche du 27 juillet :

L'ambassadeur de Russie m'a dit que dans les milieux allemands et autrichiens prévaut l'impression que quoi qu'il advienne nous resterons à l'écart.

Même note encore du chargé d'affaires de France à Londres, à la même date :

L'ambassadeur d'Allemagne et l'ambassadeur d'Autriche-Hongrie laissent entendre qu'ils sont sûrs que l'Angleterre garderait la neutralité si un conflit venait à éclater.

Il fallut la violation du territoire belge pour déterminer l'Angleterre à entrer dans le conflit. Mais jusqu'au moment de son intervention, l'Allemagne compta sur sa neutralité.

CHAPITRE II

ANTIPATHIE PRIMITIVE DE L'ANGLETERRE POUR LA GUERRE

---

§ 1. — Vives antipathies de l'Angleterre contre l'idée d'être mêlée à une guerre. Elle refuse d'abord à la France toute promesse d'assistance en cas de conflit avec l'Allemagne.

Il est rare que les déterminations des hommes réfléchis se forment brusquement, surtout quand ils doivent substituer à des opinions arrêtées un jugement absolument contraire. Les psychologues étudieront avec intérêt les états d'âme successifs qui, à travers une foule d'hésitations, conduisirent, en quelques jours, le ministre chargé des intérêts de l'Angleterre, d'une antipathie violente pour les hostilités, à une déclaration de guerre.

Les documents diplomatiques ne fournissent évidemment que des jalons de cette évolution, cependant il est facile d'en deviner les étapes intermédiaires.

Et ce ne fut pas seulement le ministre anglais dont l'opinion évolua mais aussi celle du roi, du Parlement et enfin du grand public. Il fallut vraiment que les Allemands fussent privés de tout sens politique c'est-à-dire psychologique, ainsi que le leur a reproché le prince de Bulow, pour avoir aussi maladroitement heurté les sentiments de l'Angleterre.

Laissons parler les documents officiels.

Les idées du ministre des Affaires étrangères anglais, sir Edward Grey, sur une guerre à propos de la Serbie, sont nettement indiquées dans sa dépêche du 20 juillet :

> L'idée d'une guerre entre n'importe lesquelles des grandes puissances me révolte et il serait abominable que n'importe laquelle d'entre elles fût entraînée dans une guerre par la Serbie.

Il ne faut pas oublier que l'Angleterre n'était liée à la France par aucun traité, ni même par une convention verbale, contrairement à ce que croyait le public. Malgré toutes ses démarches, en 1912, l'ambassadeur de France n'avait pu obtenir qu'une lettre où le ministre anglais marquait nettement le refus de l'Angleterre de prendre aucun engagement.

L'idée d'une guerre était donc absolument antipathique au ministre anglais. Il écrivait le 23 juillet :

> En supposant que quatre grandes puissances de l'Europe — mettons l'Autriche, la France, la Russie et l'Allemagne — fussent en guerre ; il me semblait que le coût en serait tellement énorme et serait un tel obstacle au commerce qu'une guerre serait accompagnée ou suivie d'un effondrement complet de l'industrie et du crédit européen. De nos jours, dans les grands Etats industriels, ceci entraînerait un état de choses pire que celui de 1848 et de quelque côté que s'inclinât la victoire bien des choses seraient complètement engouffrées.

Dès instructions sur la réserve qu'ils devaient observer avaient dû être transmises à tous les agents anglais, car l'ambassadeur d'Angleterre à Saint-Pétersbourg, relatant une conversation avec l'ambassadeur de France, écrit au ministre anglais le 24 juillet :

> ... Personnellement je ne voyais aucune raison de s'attendre à une déclaration de solidarité de la part du gouvernement de Sa Majesté qui entraînerait un engagement absolu de sa part de soutenir la Russie et la France par la force des armes. Les intérêts directs de la Grande-Bretagne en Serbie étaient nuls et une

guerre en faveur de ce pays ne serait jamais sanctionnée par l'opinion publique de la Grande-Bretagne.

A cette dépêche le ministre anglais répondit en date du 25 juillet :

Je n'estime pas que l'opinion publique approuverait ou devrait approuver que nous fissions la guerre à propos d'une querelle serbe.

Aux pressantes instances de l'ambassadeur de France en Angleterre pour obtenir une promesse d'appui, sir Edward Grey, fit la réponse suivante le 29 juillet :

... Dans le cas actuel nous ne nous croyons pas appelés à jouer un rôle actif dans le différend entre l'Autriche et la Serbie, même si la question se posait entre l'Autriche et la Russie. Ce serait alors une question de la suprématie du Teuton ou du Slave — une lutte pour la suprématie dans les Balkans —, et notre idée a toujours été d'éviter d'être entraînés dans une guerre pour une question balkanique.

Malgré l'intervention du président de la République, le gouvernement anglais continuait de refuser à s'engager. Voici ce qu'écrivait l'ambassadeur d'Angleterre à Paris le 30 juillet :

Le Président est d'avis que l'Autriche n'acceptera pas les conditions ; il est convaincu que le maintien de la paix entre les puissances est dans les mains de la Grande-Bretagne.

Il croit que si le gouvernement de Sa Majesté britannique faisait savoir que l'Angleterre viendrait à l'appui de la France dans le cas d'un conflit entre cette dernière et l'Allemagne résultant du différend austro-serbe actuel, il n'y aurait pas de guerre, car l'Allemagne modifierait aussitôt son attitude.

Je lui ai expliqué combien il serait difficile au gouvernement de Sa Majesté britannique de faire pareille déclaration ; il m'a déclaré maintenir qu'elle serait dans l'intérêt de la paix.

La correspondance entre le président de la République française et le roi d'Angleterre vient confirmer, si cela était nécessaire encore, quelle antipathie l'idée d'une guerre rencontrait en Angleterre. Les historiens de l'avenir auront peine à s'expliquer comment il a été possible de faire croire à l'Allemagne que l'Angleterre voulait la guerre. La réponse polie mais fuyante du roi est datée du 1er août, jour de la déclaration de guerre à la Russie, veille de l'ultimatum de l'Allemagne à la Belgique. En voici un extrait :

...Je fais personnellement tous mes efforts afin de trouver quelque solution qui permette en tous cas d'ajourner les opérations militaires actives et de laisser aux puissances le temps de discuter entre elles avec calme... Quant à l'attitude de mon pays, les événements changent si rapidement qu'il est difficile de prévoir ce qui se passera, mais vous pouvez être assuré que mon gouvernement continuera à discuter franchement et librement avec M. Cambon tous les points de nature à intéresser les deux nations.

§ 2. — Efforts de l'Angleterre en Europe pour éviter le conflit.

Désireux d'éviter à tout prix la guerre, le ministre des Affaires étrangères d'Angleterre, sir Edward Grey, fit les plus énergiques efforts, directement et par l'intermédiaire de ses ambassadeurs, pour enrayer le conflit entre les puissances. Le meilleur moyen lui sembla d'abord de conseiller à la Serbie l'acceptation de l'ultimatum autrichien et il écrit le 24 juillet :

Il est impossible de dire si à l'expiration du terme, une action militaire de la part de l'Autriche peut être évitée autrement que par l'acceptation intégrale de ses demandes. Mais la seule chance paraît être d'éviter un refus absolu et de répondre favorablement à autant de demandes que le permet la limite de temps.

J'ai insisté auprès de l'ambassadeur d'Allemagne pour que l'Autriche ne précipite pas une action militaire.

Tous les ambassadeurs intervinrent auprès des puissances, et notamment de l'Allemagne, dans le même sens. Voici ce qu'écrivait, le 29 juillet, l'ambassadeur d'Angleterre à Saint-Pétersbourg :

A l'ambassadeur d'Allemagne qui me pria de donner des conseils modérateurs au ministre des Affaires étrangères, je dis que, dès le début, je n'avais cessé de le faire et que l'ambassadeur d'Allemagne à Vienne devrait maintenant user à son tour d'influence calmante. J'exposai clairement à son Excellence que la Russie prenait la chose au sérieux et qu'une guerre générale serait inévitable si l'Autriche attaquait la Serbie.

Le projet de conférence du gouvernement anglais n'étant pas admis par les intéressés, le ministre se déclara, le 29 juillet, prêt à accepter toutes les propositions.

Je priai le gouvernement allemand de proposer n'importe quel moyen permettant aux quatre puissances de combiner leur influence pour empêcher la guerre entre l'Autriche et la Russie. La France s'y ralliait. L'Italie en faisait de même.

Alors même que l'Autriche eut déclaré la guerre à la Serbie, sir Edward Grey ne perdit pas tout espoir. Il écrit le 1er août :

Je crois encore à la possibilité de maintenir la paix, si l'on réussit seulement à gagner un peu de temps avant qu'une grande puissance commence effectivement la guerre.

Le gouvernement russe m'a fait part des bonnes dispositions de l'Autriche pour entrer en pourparlers avec la Russie et pour accepter une base de discussion qui ne présenterait pas les inconvénients de la formule suggérée tout d'abord par la Russie.

Il était trop tard !

§ 3. — Rôle attribué par l'Allemagne à l'Angleterre sur la genèse de la guerre.

Les documents qui précèdent montrent d'une façon vraiment indiscutable combien l'idée d'une guerre était antipathique à l'Angleterre. Ils n'ont cependant converti personne en Allemagne.

S'il était nécessaire de prouver à quel point l'affectif et le mystique paralysent la vision des réalités, il suffirait de citer les discours au Reichstag du chancelier de l'empire, ayant pour but de démontrer que c'est l'Angleterre qui a provoqué la guerre. Celui prononcé à la fin d'août 1915 est, à ce point de vue, extrêmement curieux. Que le peuple allemand professe de pareilles opinions, cela se conçoit facilement, puisqu'il croit tout ce que son gouvernement lui dit de croire. Un pareil aveuglement chez le chancelier de l'empire serait inexplicable isolé des raisons psychologiques que j'ai énoncées plus haut. Inutile de parler de mauvaise foi, car le chancelier, sachant que son discours sera enregistré par l'histoire, n'a sûrement pas songé à altérer trop complètement la vérité. Comme tous les croyants, il était certainement persuadé de l'éclatante justesse de ses assertions.

Il procède uniquement d'ailleurs par voie d'affirmation, assurant, par exemple, que « toutes les tentatives de l'ennemi pour nous attribuer des ambitions guerrières et pour s'attribuer à soi-même l'amour de la paix, ont échoué devant les témoignages publiés... « Il est clairement démontré, dit-il, qu'on aurait pu empêcher la catastrophe de cette conflagration qui ravage le monde, si on avait abouti à une entente sincère avec l'Angleterre, dirigée vers la paix. »

Pour justifier les prétendus projets belliqueux de l'Angleterre, le chancelier ajoute : « L'immixtion de l'Angleterre dans notre discussion avec la France sur la question du Maroc démontra au monde entier comment la politique anglaise, dans le but de s'imposer au monde entier, menaçait la paix du monde. »

Moins aveuglé, le chancelier aurait pu dire qu'à ce moment c'était « la politique allemande qui, dans le but de s'imposer au monde entier, menaçait la paix du monde ». C'est à ce moment précis, en effet, que la France comprit combien la guerre était inévitable.

CHAPITRE III

ÉVOLUTION DES SENTIMENTS DE L'ANGLETERRE

---

§ 1. — Transformation des sentiments du gouvernement anglais.

Nous venons de voir les énergiques protestations du gouvernement anglais contre l'idée d'être mêlé au conflit à propos de la Serbie. Nous avons vu aussi avec quelle ténacité il s'interposa pour tâcher de maintenir la paix en Europe. Nous allons chercher maintenant quelles causes conduisirent, en une semaine, la pacifique Angleterre à devenir belliqueuse.

Une erreur psychologique de l'Allemagne amena cette transformation. Persuadée par ses diplomates, que l'Angleterre, aux prises avec les plus graves difficultés en Irlande, ne saurait songer à une guerre peu utile pour elle, l'Allemagne crut pouvoir violer la neutralité de la Belgique, afin d'arriver plus vite à Paris. Cette absence de jugement lui créa un redoutable ennemi.

Prenons comme point de départ de l'évolution anglaise, la dépêche, en date du 31 juillet, du ministre des Affaires étrangères d'Angleterre. Elle est bien hésitante encore :

Nous ne saurions nous engager d'une manière définitive à prendre part à une guerre éventuelle. Je l'ai dit à l'ambassadeur de France, qui a prié le gouvernement de Sa Majesté britannique de réexaminer cette décision.

Je lui ai répondu que nous ne pouvions ni ne devions prendre d'engagement en ce moment, mais que nous examinerions certainement derechef la situation aussitôt qu'un développement nouveau se produirait.

L'ambassadeur de France ayant cherché à prouver l'influence que pourrait avoir sur la décision de l'Allemagne celle de l'Angleterre, le ministre devient un peu moins indécis, tout en refusant de prendre encore aucun engagement, et il écrit le 31 juillet :

Aujourd'hui, M. Cambon fit allusion à un télégramme provenant de l'ambassadeur de France à Berlin.

Ce télégramme affirmait que l'incertitude au sujet de notre intervention constituait un encouragement pour Berlin. Il suffirait que nous consentissions à déclarer d'une manière précise notre résolution de nous ranger aux côtés de la Russie et de la France pour déterminer en faveur de la paix l'attitude de l'Allemagne.

... J'expliquai à M. Cambon que, à la réunion du conseil des ministres tenue aujourd'hui, nous avions décidé de ne pouvoir, pour le moment, prendre un engagement définitif. Nous avions à soumettre notre politique au Parlement, mais nous ne pouvions engager le Parlement par avance. Jusqu'à présent, ni le gouvernement ni l'opinion publique n'étaient convaincus qu'une intervention de la part de ce pays s'imposait en vertu d'un traité ou d'une obligation quelconque. Des développements ultérieurs pourraient modifier la situation et amener le gouvernement et le Parlement à considérer qu'une intervention serait justifiée. La protection de la neutralité de la Belgique pourrait notamment avoir une influence, je ne dirai pas décisive, mais au moins importante sur l'orientation de notre politique.

... M. Cambon répéta sa question : si nous viendrions à l'appui de la France au cas où l'Allemagne l'attaquerait.

Je dis ne pouvoir faire autrement que de m'en tenir à la réponse déjà donnée et qu'au point où en étaient les choses, il m'était impossible de prendre aucun engagement.

L'ambassadeur d'Allemagne ayant refusé d'assurer le respect de la neutralité de la Belgique, sir Edward Grey écrit le 1er août :

J'ai dit aujourd'hui à l'ambassadeur d'Allemagne que la réponse du gouvernement allemand au sujet de la neutralité de la Belgique était très regrettable, car en Angleterre l'opinion publique s'intéressait à cette neutralité. Si l'Allemagne pouvait donner une assurance analogue à celle déjà donnée par la France à cet égard, cela contribuerait d'une manière appréciable à diminuer ici l'inquiétude et la tension. D'autre part, si l'un des belligérants venait à violer la neutralité belge tandis que l'autre la respecterait, il serait extrêmement difficile de retenir l'émotion publique en Angleterre.

On le voit, le ministre anglais commençait à être ébranlé. Ses sentiments de pacifisme à tout prix se transformaient. Par une dépêche du 2 août, l'ambassadeur de France à Londres put communiquer à son gouvernement :

A l'issue du Conseil des ministres tenu ce matin, sir Edward Grey m'a fait la déclaration suivante :

« Je suis autorisé à donner l'assurance que si la flotte allemande pénètre dans la Manche ou traverse la mer du Nord afin d'entreprendre des opérations de guerre contre la côte française ou la marine marchande française, la flotte britannique donnera toute la protection en son pouvoir.

« Cette assurance est naturellement donnée sous la réserve que la politique du gouvernement de Sa Majesté sera approuvée par le Parlement britannique et ne doit pas être considérée comme obligeant le gouvernement de Sa Majesté à agir jusqu'à ce que l'éventualité, ci-dessus mentionnée, d'une action de la flotte allemande se soit produite. »

Ce n'était là encore qu'un commencement. L'Angleterre ne déclarait pas la guerre à l'Allemagne, mais elle promettait à la marine marchande française la protection de sa flotte. Si l'Angleterre en fût restée là, l'Allemagne se serait simplement abstenue d'attaquer les côtes françaises ou nos navires marchands, pour ne pas s'attirer les représailles britanniques.

Mais les sentiments du ministre anglais continuaient à évoluer. Le 4 août, le ministre d'Angleterre à Bruxelles, ayant reçu des instructions, écrit au gouvernement belge :

Je suis chargé d'informer le gouvernement belge que si

l'Allemagne exerce une pression dans le but d'obliger la Belgique à abandonner son rôle de pays neutre, le gouvernement de Sa Majesté britannique s'attend à ce que la Belgique résiste par tous les moyens possibles.

Le gouvernement de Sa Majesté britannique, dans ce cas, est prêt à se joindre à la Russie et à la France, si la Belgique le désire pour offrir au gouvernement belge, sans délai, une action commune qui aurait comme but de résister aux mesures de force employées par l'Allemagne contre la Belgique et, en même temps, d'offrir une garantie pour maintenir l'indépendance et l'intégrité de la Belgique dans l'avenir.

Les dés étaient jetés. L'Angleterre ne pouvait plus reculer et, le 4 août, l'ambassadeur de France à Londres eut la satisfaction, si attendue, de pouvoir télégraphier à son gouvernement :

Sir E. Grey, m'a prié de venir le voir à l'instant pour me dire que le premier ministre déclarerait aujourd'hui à la Chambre des communes que l'Allemagne avait été invitée à retirer son ultimatum à la Belgique et à donner sa réponse à l'Angleterre ce soir avant minuit.

L'Allemagne, persuadée de la neutralité de l'Angleterre, fut consternée de cette décision. Ses troupes avaient déjà envahi la Belgique et elle pouvait difficilement revenir sur ses pas. Les lamentations du chancelier d'Allemagne et son désarroi sont fidèlement traduits dans un rapport rédigé par l'ambassadeur d'Angleterre à Berlin :

Je trouvai le chancelier très agité.

Son Excellence commença de suite une harangue qui dura environ vingt minutes. Il dit que la mesure prise par le gouvernement de Sa Majesté britannique était terrible au dernier point; rien que pour un mot — « neutralité », un mot dont en temps de guerre on n'avait si souvent tenu aucun compte — rien que pour un chiffon de papier, la Grande-Bretagne allait faire la guerre à une nation à elle apparentée qui ne désirait rien tant que d'être son amie. Tous ses efforts en ce sens ont, a-t-il continué, été rendus inutiles par cette dernière et terrible mesure. La politique à laquelle, comme je le savais, il s'était voué depuis son arrivée au pouvoir, était tombée comme un château de cartes. Il s'est écrié que ce que nous avons fait est inconcevable; c'est comme frapper par derrière un homme au moment où il défend sa vie contre deux assaillants. Il tient la Grande-Bretagne pour responsable de tous les terribles événements qui pourront se produire. J'ai protesté avec force contre cette déclaration et ai dit que, de même que lui-même et Herr von Jagow désiraient me faire comprendre que, pour des raisons stratégiques, c'était pour l'Allemagne une affaire de vie ou de mort d'avancer à travers la Belgique et de violer la neutralité de cette dernière, de même je désirais qu'il comprît que c'était pour ainsi dire une affaire de « vie ou de mort » pour l'honneur de la Grande-Bretagne que de tenir l'engagement solennel pris par elle de faire en cas d'attaque tout son possible pour défendre la neutralité de la Belgique.

Il est, ai-je insisté, tout simplement nécessaire de tenir ce pacte solennel, sans quoi quelle confiance n'importe qui pourrait-il avoir à l'avenir dans les engagements pris par la Grande-Bretagne? Comme je prenais congé de lui, il a dit que le coup que la Grande-Bretagne portait à l'Allemagne en s'unissant à ses ennemis était d'autant plus violent que, presque jusqu'au dernier moment, lui et son gouvernement avaient travaillé avec nous et appuyé nos efforts en vue du maintien de la paix entre l'Autriche et la Russie. Je répondis que c'était bien ce qu'il y avait de tragique que de voir deux nations tomber en garde précisément au moment où les rapports entre elles se trouvaient plus amicaux et plus cordiaux qu'ils ne l'avaient été depuis des années.

Dans cette dramatique dépêche, dont nous ne donnons qu'un fragment, éclatent les différences de conception du droit qui séparent si profondément l'Allemand de l'Anglais. L'incompréhension entre les deux interlocuteurs était totale. « Le chiffon de papier », d'une importance colossale pour l'un n'en possédait aucune pour l'autre.

§ 2. — Tranformation de l'opinion du public anglais au moment de la guerre.

Nous venons de voir comment se transforma en quelques jours la volonté pacifique du ministère anglais. Cette évolution fut naturellement acceptée par le roi et le Parlement, sans le consentement desquels il eût été impossible de déclarer la guerre.

Les événements rendirent le changement d'opinion du ministère fort rapide. Mais comment allait-il être accueilli par une population très pacifiste et peu au courant des pourparlers de chancellerie ?

Ce point apparaissait d'une extrême importance, car en Angleterre l'opinion est toute puissante.

Il fallait donc la conquérir. Les ministres, par leurs discours en public, et la presse s'y employèrent avec courage.

La tâche pouvait sembler difficile. Il s'agissait de persuader la nation de prendre part à une guerre européenne au sujet d'un insignifiant petit pays balkanique, dont elle connaissait à peine le nom. La lui imposer sans explication eût été impossible.

Une telle entreprise demandait une connaissance approfondie de l'âme anglaise pour réussir.

Les ministres y parvinrent en parlant au public non pas de ses intérêts matériels, mais de sa dignité nationale et de son honneur, c'est-à-dire du respect de ses engagements auquel doit se tenir un grand peuple.

Depuis le XIVe siècle, la politique anglaise à l'égard des Pays-Bas se bornait au maintien de petits Etats amis de l'Angleterre et interposés entre les Iles-Britanniques et les grandes puissances de l'Europe centrale. Comme suite à cette politique, l'Angleterre avait garanti par sa signature la neutralité de la Belgique. « Si nous l'avions laissé violer, a dit Lloyd George, l'écho de notre honte aurait à jamais retenti à travers les âges. »

Nous ne pouvons reproduire ici que de courts fragments des discours prononcés à ce sujet par les ministres anglais, dans plusieurs réunions publiques.

Voici d'abord comment s'est exprimé M. Asquith, le 4 septembre 1914 :

Je vous demande, et je demande au monde, qu'elle aurait été notre situation comme nation aujourd'hui si, par timidité, par je ne sais quel faux calcul d'intérêt, par une paralysie du sens de l'honneur et du devoir, nous avions été assez vils, pour trahir notre parole et tromper nos amis ?...

...Quels comptes aurions-nous pu rendre, nous le gouvernement et le peuple de ce pays, au tribunal de la conscience nationale et de notre honneur si, au défi de nos obligations solennellement acceptées, nous n'avions tout fait pour empêcher — oui, et pour venger — ces intolérables forfaits ?

Pour ma part, je dis que plutôt que de rester témoin silencieux, ce qui voudrait dire complice volontaire, de ce triomphe tragique de la force sur le droit, de la brutalité sur la liberté, j'aimerais mieux voir rayer de l'histoire ce pays que nous habitons.

Citons encore quelques extraits d'un discours prononcé par M. Lloyd George, le 19 septembre 1914 :

... Il n'est personne dans cette salle qui n'ait considéré la perspective d'une grande guerre avec plus d'éloignement, avec plus de répugnance que je ne l'ai fait dans tout le cours de ma vie politique. Il n'est personne, ni dans cette salle ni hors de cette salle qui, plus que moi, n'ait la conviction que nous ne pouvions l'éviter sans déshonneur national...

L'honneur national est une réalité et toute nation qui le méconnaît est condamnée. Et pourquoi notre honneur national est-il engagé dans cette guerre ? En premier lieu parce que nous sommes tenus par un engagement d'honneur à défendre l'indépendance, la liberté, l'intégrité d'un petit pays voisin qui vivait paisiblement et qui n'aurait pu nous y contraindre parce qu'il était faible.

Faisant allusion ensuite au traité signé par la Prusse et qu'elle venait de déchirer simplement par intérêt, le ministre montrait que l'existence des peuples repose sur le respect des bouts de papier.

Ceux tels que les lettres de change mettent en mouvement de grands vaisseaux chargés de milliers de tonnes de cargaisons précieuses, voguant d'un bout du monde à l'autre. Quelle est donc, derrière ces vaiseaux, la force motrice qui les pousse ?

L'honneur des négociants. Les traités sont la monnaie courante de la politique internationale.

La divergence entre le point de vue allemand et le point de vue anglais a porté justement sur la compréhension différente de l'honneur par les deux peuples :

Les Allemands, dit M. Lloyd George, peuvent comprendre la vengeance, ils peuvent comprendre qu'on se batte pour la recherche avide de territoires ; ils ne peuvent comprendre qu'un grand empire engage ses ressources, engage sa puissance, engage la vie de ses enfants, engage jusqu'à son existence pour protéger une petite nation qui ne cherche qu'à se défendre.

§ 3. — Rôle de la violation et de la dévastation de la Belgique sur l'opinion anglaise et l'enrôlement des volontaires.

Les arguments d'ordre rationnel touchent peu les foules, ceux d'ordre sentimental ou mystique les frappent toujours. Si l'opinion anglaise devint absolument unanime en faveur de la guerre, ce ne fut pas tout à fait à cause de la violation de la Belgique, mais par suite de la dévastation féroce de ses villes, des incendies de ses monuments et du massacre de ses habitants.

L'envahissement de la Belgique s'était accompli, d'ailleurs, avec des formes perfides qui choquèrent violemment le caractère anglais.

Le matin même du jour où l'Allemagne allait violer ses engagements, le ministre qui la représentait à Bruxelles protestait encore du respect de son gouvernement pour cette neutralité. Le ministre des Affaires étrangères de Bruxelles rencontra, le 2 août, le ministre d'Allemagne à Bruxelles, qui lui dit que « jusqu'à présent il n'avait pas été chargé de nous faire une communication officielle, mais que nous connaissions son opinion personnelle sur la sécurité avec laquelle nous avions le droit de considérer nos voisins de l'Est ».

J'ai immédiatement répondu que tout ce que nous connaissions des intentions de ceux-ci, intentions indiquées dans les multiples entretiens antérieurs, ne nous permettait pas de douter de leur parfaite correction vis-à-vis de la Belgique; je tenais cependant à ajouter que nous attacherions le plus grand prix à être en possession d'une déclaration formelle dont la nation prendrait connaissance avec joie et reconnaissance.

Le soir de ce même jour, à 7 heures, le même ministre d'Allemagne remettait à la Belgique l'ultimatum demandant le passage des forces allemandes sur le territoire belge.

On conçoit facilement, après des actes d'une aussi astucieuse perfidie, que les diplomates aient pour leurs paroles réciproques une méfiance complète. Il faut bien reconnaître que les simples particuliers apportent un peu plus de bonne foi dans leurs relations.

Nous verrons bientôt que cette méfiance extrême des gouvernements les uns pour les autres au sujet de leurs engagements figurèrent parmi les causes les plus actives de la guerre.

On sait avec quelle férocité l'Allemagne dévasta la Belgique, massacrant sans pitié les habitants[1]. Son but était, conformément aux principes de son état-

1. L'exode de ces malheureux Belges fuyant leur patrie ravagée a soulevé contre l'Allemagne tous les pays neutres y compris ceux, comme la Suisse, qui montraient primitivement des sympathies pour l'Allemagne. Partout, ils furent accueillis avec la plus profonde sympathie. Voici comment s'exprimait à ce sujet le *Journal de Genève* : « Un admirable et émouvant élan de charité s'est emparé de la population de Genève au récit des atrocités et des dévastations sans exemple dans l'histoire, accomplies par les Allemands en Belgique. Tous les jours depuis une semaine débarquent ici des malheureux Wallons et Flamands dont les foyers ont été brûlés, saccagés, pillés. Tous s'empressent à les recevoir à les héberger, à les adopter, qui un enfant, qui un vieillard, une pauvre femme, ignorant tout de ceux qu'ils ont dû abandonner ou qu'ils ont égarés dans la confusion désordonnée d'une fuite éperdue. Il y a des misères effroyables, des angoisses inconcevables à soulager ».

major, de terrifier la population et d'éviter toute résistance.

Ici encore les Allemands commirent une de ces erreurs psychologiques dont ils se montrèrent si prodigues. Leur calcul était mauvais, puisque loin de détruire la résistance le seul résultat de leurs violences fut de provoquer l'indignation de l'Angleterre.

Ce sentiment fit surgir du sol britannique 2 millions de volontaires que rien n'obligeait à prendre les armes.

On se souvient de quelle pauvre façon le chancelier de l'empire expliqua devant le Reichstag la violation de la Belgique. Ce fut par la théorie des historiens allemands, exposée dans un autre chapitre, qu'un Etat n'a pas à tenir compte des traités qui le gènent.

« La nécessité ne connaît pas de lois. »

CHAPITRE IV

ROLE DE L'ALLEMAGNE, DE L'AUTRICHE, DE LA RUSSIE ET DE LA FRANCE PENDANT LA PÉRIODE DES POURPARLERS

§ 1. — Tentatives de la Russie et de la France pour éviter la guerre.

La France n'était nullement préparée à la guerre et la Russie pas davantage. Cette dernière essayait d'étendre son pauvre réseau de chemins de fer, mais ces améliorations restaient encore à l'état de projet.

Aucun des deux pays ne pouvaient donc souhaiter la guerre. Ce fut même la conviction de leur abstention qui détermina, je le répète, l'Autriche à se montrer aussi intraitable.

Une telle intransigeance mit de suite la Russie dans un grand embarras. Déjà pour éviter la guerre elle avait, quelques années auparavant, laissé l'Autriche s'emparer de la Bosnie. Si elle lui permettait d'écraser les Slaves de la Serbie, tout son prestige ne serait-il pas perdu dans les Balkans? De concessions en concessions, elle s'y résignait cependant, quand l'Allemagne lui adressa une sommation inacceptable.

Dès le début des pourparlers, la Russie se montra donc fort conciliante. L'ambassadeur d'Angleterre à Saint-Pétersbourg écrit, le 25 juillet :

Si la Serbie faisait appel aux puissances, la Russie serait toute prête à se tenir à l'écart et à laisser la question entre les mains de l'Angleterre, la France, l'Allemagne et l'Italie.

Il était possible, à son avis, que la Serbie proposerait de soumettre la question à l'arbitrage.

Le même ambassadeur semble avoir eu de la question une vision très nette et en même temps assez prophétique, quand il écrit :

L'action de l'Autriche visait en réalité la Russie. L'Autriche voulait renverser le *statu quo* actuel dans les Balkans, et y établir sa propre hégémonie. M. Sazonof ne croyait pas que l'Allemagne désirât réellement la guerre; mais son attitude serait décidée par la nôtre si nous nous ralliions fermement à la France et à la Russie, il n'y aurait pas de guerre.

Si nous leur faisions défaut à cette heure, il y aurait une vaste effusion de sang et à la fin nous serions quand même entraînés dans la guerre.

On remarquera la justesse de ces dernières lignes. En refusant de s'engager nettement à promettre son appui matériel, l'Angleterre laissa croire à l'Allemagne qu'elle resterait neutre, et on peut se demander si cette certitude ne contribua pas à la guerre. Le même ambassadeur explique clairement, toujours à la même date du 25 juillet, les intentions de la Russie :

Son Excellence répondit que la Russie ne saurait permettre à l'Autriche d'écraser la Serbie et de devenir la puissance prépondérante dans les Balkans; et si la Russie se sent assurée de l'appui de la France, elle ne reculera pas devant les risques de la guerre. M. Sazonof m'assura encore une fois qu'il ne désirait pas précipiter un conflit; mais à moins que l'Allemagne ne retînt l'Autriche, je pouvais considérer la situation comme désespérée.

Ce langage affirmatif ne dura pas longtemps. La Russie rentra vite dans la voie des concessions les plus pacifiques. Le 25 juillet, l'ambassadeur de France à Saint-Pétersbourg télégraphie à son gouvernement :

Un Conseil des ministres sera tenu demain sous la présidence de l'Empereur. M. Sazonoff garde toute sa modération :

« Il faut éviter, m'a-t-il dit, tout ce qui pourrait précipiter la crise. J'estime que, même si le gouvernement austro-hongrois passait à l'action contre la Serbie, nous ne devrions pas rompre les négociations. »

Les intentions débonnaires de la Russie sont bien marquées encore dans une dépêche de l'ambassadeur de France à Rome, en date du 26 juillet :

M. Sazonoff a dit hier a l'ambassadeur d'Italie à Pétersbourg que la Russie se servirait de tous les moyens diplomatiques pour éviter le conflit et qu'elle ne renonçait pas à l'espoir qu'une médiation pourrait amener l'Autriche à une attitude moins intransigeante; mais qu'on ne pouvait cependant lui demander de laisser écraser la Serbie.

La même volonté conciliante est encore indiquée dans la dépêche suivante de l'ambassadeur de France à Saint-Pétersbourg, en date du 26 juillet :

Le ministre des Affaires étrangères continue avec une louable persévérance à rechercher les moyens de faire prévaloir une solution pacifique. « Jusqu'au dernier instant, m'a-t-il déclaré, je me montrerai prêt à négocier. »

Fort désireux d'éviter une guerre, le gouvernement russe se montre prêt à toutes les transactions. Le ministre des Affaires étrangères de Russie écrit, le 27 juillet :

Si des explications directes avec le Cabinet de Vienne se trouvaient irréalisables, je suis prêt à accepter la proposition anglaise ou toute autre de nature à résoudre favorablement le conflit.

Malheureusement l'Autriche, convaincue de la neutralité de la Russie par ses concessions mêmes, crut ne rien risquer en déclarant la guerre à la Serbie. Le gouvernement russe répondit à la décision de l'Autriche par une mobilisation partielle qu'il notifia, le 28 juillet, à son ambassadeur à Berlin, dans les termes suivants :

Par suite de la déclaration de guerre faite par l'Autriche à la Serbie, le gouvernement impérial annoncera demain (29 juillet) la mobilisation des arrondissements militaires d'Odessa, Kieff,

Moscou et Kazan. Veuillez en informer le gouvernement allemand en lui confirmant l'absence en Russie de toute intention agressive contre l'Allemagne.

La Russie n'abandonnait pas cependant toute perspective de paix. Le ministre des Affaires étrangères télégraphie à la même date :

Il est évident que la déclaration de guerre faite par l'Autriche met fin à l'idée de communications directes entre l'Autriche et la Russie. Il est maintenant de la dernière urgence que le Cabinet de Londres agisse pour mettre en marche la médiation afin de faire suspendre les opérations militaires de l'Autriche.

A moins d'arreter ces opérations, la médiation ne ferait que laisser trainer les choses et donner à l'Autriche le temps d'écraser la Serbie.

A la suite des instructions reçues, l'ambassadeur de Russie à Vienne tenta auprès du gouvernement autrichien une nouvelle démarche. Il marque son insuccès dans la dépêche suivante, datée du 28 juillet :

... Le gouvernement austro-hongrois qui ne s'était décidé que très mal volontiers aux mesures énergiques qu'il avait prises contre la Serbie, ne pouvait plus ni reculer, ni discuter aucun des termes de la note austro-hongroise.

Le comte Berchtold ajouta que la crise était devenue si aiguë et que l'excitation de l'opinion publique avait atteint un tel degré que le gouvernement, le voulût-il, ne pouvait plus y consentir, d'autant moins, me dit-il, que la réponse même de la Serbie donne la preuve du manque de sincérité de ses promesses pour l'avenir.

Le gouvernement russe se refusait cependant à perdre tout espoir. Le 29, notre ambassadeur à Saint-Pétersbourg télégraphie à Paris :

Dès maintenant, je suis en mesure d'assurer à votre Excellence que le gouvernement russe acquiesce à toutes les procédures que la France et l'Angleterre lui proposeront pour sauvegarder la paix. Mon collègue d'Angleterre télégraphie dans le même sens à Londres.

Malheureusement, le cabinet de Vienne se montrait de moins en moins conciliant. Voyant la situation s'aggraver à chaque instant, le ministre des Affaires étrangères russe place sa dernière chance dans l'intervention de l'Angleterre et télégraphie à son ambassadeur à Londres, le 29 :

Il ne nous reste plus qu'à nous en remettre entièrement au gouvernement britannique pour l'initiative des démarches qu'il jugera utile de provoquer.

L'Allemagne, qui avait été bien hésitante d'abord, paraît à cette date décidée à la guerre. L'ambassadeur de France télégraphie à son gouvernement, le 30 juillet :

Dans un entretien qu'il a eu cet après-midi avec le comte de Pourtalès, M. Sazonoff a dû se convaincre que l'Allemagne ne veut pas prononcer à Vienne la parole décisive qui sauvegarderait la paix. L'empereur Nicolas garde la même impression d'un échange de télégrammes qu'il vient d'avoir personnellement avec l'empereur Guillaume. D'autre part, l'état-major et l'amirauté russes ont reçu d'inquiétants renseignements sur les préparatifs de l'armée et de la marine allemandes.

En me donnant ces informations, M. Sazonoff a ajouté que le gouvernement russe ne continue pas moins ses efforts de conciliation. Il m'a répété : « Jusqu'au dernier instant je négocierai ».

Même effort de la part du tsar. L'ambassadeur de France télégraphie, le 30, une conversation avec le ministre des Affaires étrangères de Russie, où il est dit :

L'empereur Nicolas a un tel désir de conjurer la guerre que je vais vous faire en son nom une nouvelle proposition : « Si l'Autriche, reconnaissant que son conflit avec la Serbie a assumé le caractère d'une question d'intérêt européen, se déclare prête à éliminer de son ultimatum les causes qui portent atteinte à la souveraineté de la Serbie, la Russie s'engage à cesser toutes mesures militaires ».

Il était malheureusement trop tard. L'Autriche ne cédait pas et, le 31 juillet, l'ambassadeur d'Angleterre télégraphiait à son gouvernement :

Il a été décidé de donner des ordres pour la mobilisation générale. Cette décision a été prise en conséquence d'un rapport reçu de l'ambassadeur russe à Vienne, suivant lequel l'Autriche s'est décidée à ne pas s'en rapporter à l'intervention des puissances et met en mouvement ses troupes contre la Russie aussi bien que contre la Serbie. La Russie a aussi des raisons de croire que l'Allemagne fait d'actifs préparatifs militaires et elle ne peut pas se laisser devancer.

« Ne pas se laisser devancer ». Retenons le sentiment de défiance que traduit cette parole. Il allait rendre la guerre inévitable.

Le ministre des Affaires étrangères de Russie, M. Sazonoff, était enfin obligé de renoncer à tout espoir de paix. Il exprima son impuissance dans une conversation, que notre ambassadeur télégraphia à Paris, le 1er août :

M. Sazonoff se déclara épuisé de ses efforts incessants pour éviter la guerre. Jamais il n'avait opposé à une proposition quelconque une fin de non-recevoir. Il avait accepté la proposition d'une conférence à quatre; il avait accepté la proposition d'une médiation par l'Angleterre et l'Italie; il avait accepté la proposition d'une conversation directe entre l'Autriche et la Russie; mais toujours soit par des réponses évasives, soit par des refus formels, l'Allemagne et l'Autriche-Hongrie avaient rendu vaines toutes les tentatives faites en faveur de la paix.

On pourrait objecter assurément que la Russie aurait évité la guerre en n'essayant pas de s'interposer entre l'Autriche et la Serbie. Elle avait déjà supporté la conquête de la Bosnie par l'Autriche; pourquoi n'acceptait-elle pas celle de la Serbie? Il s'agit là, évidemment, de questions de sentiments et de prestige desquelles une personne étrangère à ces sentiments ne saurait parler avec compétence. On doit bien croire que la conquête de la Serbie par l'Autriche nuisait extrêmement aux intérêts de la Russie, puisque pour l'éviter elle laissa l'Europe s'engager dans une effroyable guerre.

Le point de vue russe se trouve d'ailleurs nettement marqué par cette réflexion de l'ambassadeur d'Angleterre en Russie, télégraphiée à son gouvernement le 1er août :

Une domination autrichienne en Serbie serait évidemment aussi intolérable pour la Russie, que pour l'Angleterre une domination allemande aux Pays-Bas.

§ 2. — Désir de l'Allemagne de localiser le conflit. Ses hésitations, jusqu'au dernier moment, à provoquer une guerre générale.

Il est parfois très difficile de diagnostiquer avec certitude les causes réelles des actions humaines. Leurs auteurs eux-mêmes ne les connaissent pas toujours. Force est donc de s'en tenir à des probabilités.

Des documents publiés jusqu'ici, il semble bien résulter que l'Allemagne ne voulait pas actuellement la guerre et s'y décida seulement au dernier moment, pour des raisons que nous chercherons à éclaircir dans un autre chapitre. Si elle se montra peu soucieuse de modérer l'intransigeance de l'Autriche, c'est sans doute à cause de sa certitude que les puissances de la Triple Entente n'interviendraient pas. Le gouvernement germanique trouvait donc, sans risque, une nouvelle occasion d'humilier la Russie comme il l'avait déjà fait en facilitant à l'Autriche la conquête de la Bosnie.

Cette intention une fois comprise, on s'explique aisément que l'Allemagne ait prescrit à ses ambassadeurs d'insister auprès des puissances pour que le conflit restât localisé entre l'Autriche et la Serbie.

Voici ce qu'écrivait, le 22 juillet, le chargé d'affaires anglais à Berlin :

Hier soir, je rencontrai le secrétaire d'État des Affaires étrangères. Il insista sur ce que le règlement de la question en jeu appartenait uniquement à la Serbie et à l'Autriche-Hongrie, et qu'il ne devait y avoir aucune intervention étrangère dans les discussions entre ces deux pays.

Même interprétation à Paris. Notre ministre des Affaires étrangères écrit le 24 juillet :

L'ambassadeur d'Allemagne a appelé particulièrement mon attention sur les deux derniers paragraphes de sa Note, indiquant avec insistance avant de les lire, que c'était là le point capital. J'en ai noté littéralement le texte que voici :

« Le gouvernement allemand estime que la question actuelle est une affaire à régler exclusivement entre l'Autriche-Hongrie et la Serbie et que les puissances ont le plus sérieux intérêt à la restreindre aux deux parties intéressées.

« Le gouvernement allemand désire ardemment que le conflit soit localisé, toute intervention d'une autre puissance devant par le jeu naturel des alliances provoquer des conséquences incalculables. »

A cette date le gouvernement allemand semblait réellement tenir à localiser le conflit. Le chargé d'affaires d'Angleterre à Berlin, relatant sa conversation avec le ministre d'Allemagne, écrit :

Il dit avoir donné à entendre au gouvernement russe que l'Allemagne ne voulait à aucun prix une guerre générale et qu'il ferait son possible pour empêcher une telle calamité. Si les relations entre l'Autriche et la Russie devenaient menaçantes, il était tout prêt à se rendre à votre proposition de faire travailler ensemble les quatre puissances en faveur de la modération à Vienne et à Saint-Pétersbourg.

L'Allemagne paraissait beaucoup tenir à ce que la Russie n'intervînt pas. Le ministre des Affaires étrangères français l'indique dans la dépêche ci-contre, envoyée le 26 juillet à ses ambassadeurs :

L'ambassadeur d'Allemagne est venu cet après-midi me faire une communication tendant à une intervention de la France auprès de la Russie dans un sens pacifique. L'Autriche m'a-t-il dit a fait déclarer à la Russie qu'elle ne poursuivait ni agrandissement territorial, ni atteinte à l'intégrité du royaume de Serbie; sa seule intention est d'assurer sa propre tranquillité et de faire la police.

C'est des décisions de la Russie qu'il dépend qu'une guerre soit évitée; l'Allemagne se sent solidaire de la France dans l'ardent désir que la paix puisse être maintenue et a le ferme espoir que la France usera de son influence dans un sens apaisant à Pétersbourg.

Même démarche à Londres. Sir Edward Grey écrit le 27 juillet :

L'ambassadeur d'Allemagne m'a informé que le gouvernement allemand accepte en principe la médiation entre l'Autriche et la Russie par les quatre puissances en se réservant, bien entendu, en sa qualité d'alliée, le droit d'aider l'Autriche si elle était attaquée. Il a aussi reçu des instructions pour me prier d'user de mon influence à Saint-Pétersbourg pour localiser la guerre et maintenir la paix de l'Europe.

Tout en réclamant une intervention auprès de la Russie, l'Allemagne considérait que les difficultés de l'Autriche avec la Serbie ne pouvaient être soumises à une sorte de tribunal étranger. L'ambassadeur d'Angleterre à Berlin télégraphiait le 27 juillet :

Le secrétaire d'Etat dit que la conférence proposée équivaudrait en somme à une cour arbitrale et à son avis ne saurait être convoquée qu'à la requête de l'Autriche et de la Russie. Il a donc déclaré ne pouvoir se rallier à votre proposition malgré son désir de coopérer au maintien de la paix.

L'Autriche se dérobait d'ailleurs à toute influence étrangère. L'ambassadeur d'Angleterre à Vienne télégraphiait le 28 juillet :

Le ministre des Affaires étrangères déclare avec calme mais avec fermeté, ne pouvoir accepter aucune discussion sur la base de la note serbe; la guerre serait déclarée aujourd'hui et la justice et la nécessité de cette guerre devraient être considérées comme prouvées par le caractère de l'empereur, notoirement pacifique, et il se permettait d'ajouter par le sien. C'était une question à vider entre les deux parties immédiatement intéressées.

Le gouvernement allemand semblait cependant toujours désireux de maintenir la paix. L'ambassadeur d'Angleterre à Berlin télégraphiait le 28 juillet :

Sur l'invitation du chancelier impérial, j'ai été voir son Excellence ce soir. Il me pria de vous faire part de son désir de travailler d'accord avec l'Angleterre au maintien de la paix générale comme nous avions pu le faire lors de la dernière crise européenne. Il n'avait pu accepter votre proposition d'une conférence des représentants des grandes puissances, parce que pareille conférence aurait eu, à son avis, l'air d'un « aréopage », composé de deux puissances de chaque groupe et siégeant pour juger les deux autres puissances; mais l'impossibilité où il s'était trouvé d'accepter la conférence proposée ne devait pas être considérée comme incompatible avec son grand désir de nous prêter une coopération effective.

Vous pouviez vous assurer qu'il était en train de faire de son mieux tant à Vienne qu'à Saint-Pétersbourg pour amener ces deux gouvernements à examiner ensemble la situation d'une manière directe et amicale.

Malheureusement ces bonnes intentions ne durèrent pas. Les redoutables déterminations de l'Allemagne étaient sur le point d'être prises, car l'ambassadeur de France à Saint-Pétersbourg télégraphie le 29 :

L'ambassadeur d'Allemagne est venu déclarer à M. Sazonoff que si la Russie n'arrête pas ses préparatifs militaires, l'armée allemande recevra l'ordre de mobiliser. M. Sazonoff a répondu que les préparatifs russes sont motivés : d'un côté par l'intransigeance obstinée de l'Autriche; d'autre part par le fait que huit corps austro-hongrois sont déjà mobilisés.

Le ton sur lequel le comte de Pourtalès s'est acquitté de la notification a décidé le gouvernement russe, cette nuit même, à ordonner la mobilisation des treize corps destinés à opérer contre l'Autriche.

L'Allemagne hésitait cependant encore. L'ambassadeur d'Angleterre à Vienne écrit le 30 juillet :

L'ambassadeur français apprend de Berlin que l'ambassadeur allemand à Vienne a reçu des instructions de parler sérieusement au gouvernement austro-hongrois pour qu'il n'agisse pas d'une manière susceptible à provoquer une guerre européenne.

Malheureusement, l'ambassadeur allemand est lui-même tellement identifié avec les sentiments extrêmes anti-serbe et anti-russe qui prévalent à Vienne, qu'il est peu probable qu'il plaide la cause de la paix avec entière sincérité.

Des efforts qu'aurait faits l'Allemagne à l'égard de l'Autriche on trouve bien peu de traces dans la correspondance diplomatique. C'est seulement après plus d'une année de guerre que, dans son discours au Reischstag, en août 1915, le chancelier a donné les indications suivantes :

Je télégraphiais à Vienne à M. Tachirachky : « Nous ne pouvons pas exiger de l'Autriche qu'elle négocie avec la Serbie avec lequelle elle se trouve en état de guerre, mais le refus de tout échange de vue avec Pétrograd serait une grave faute. Nous sommes, sans doute, prêts à remplir nos devoirs d'alliés, mais nous devons refuser de nous laisser entrainer dans une conflagration générale, par la non-observation de nos conseils par l'Autriche-Hongrie.

... C'est uniquement par la mobilisation russe que la guerre a été rendue inévitable.

Ces explications ont paru bien tardives. Elles ne contiennent sans doute que de faibles fragments de vérité. On l'a dit avec raison : « Si les gouvernements disaient la vérité, rien que la vérité, il n'y aurait plus de diplomatie et peut-être plus de guerres ».

Toutes les déclarations de l'Allemagne pendant les pourparlers diplomatiques avaient-elles pour but unique de gagner du temps? La dépêche suivante envoyée de Saint-Pétersbourg, le 30 juillet, par l'ambassadeur d'Angleterre, semble bien prouver que l'ambassadeur d'Allemagne ne le pensait pas.

A 2 heures du matin, l'ambassadeur d'Allemagne eut une nouvelle entrevue avec le ministre des Affaires étrangères et paraissait absolument terrassé par l'émotion en se rendant compte que la guerre était inévitable. Il supplia M. Sazonoff de faire une proposition quelconque qu'il pût télégraphier au gouvernement allemand comme suprême espoir.

M. Sazonoff a donc rédigé la formule suivante qu'il remit à l'ambassadeur d'Allemagne:

« Si l'Autriche, reconnaissant que son conflit avec la Serbie a pris le caractère d'une question d'intérêt européen, se déclare prête à éliminer de son ultimatum les points qui violent le principe de la souveraineté de la Serbie, la Russie s'engage à arrêter tous ses préparatifs militaires. »

Mais les événements marchaient plus vite que les vœux des diplomates. La mobilisation allemande allait être annoncée aux journaux. On doit croire cependant que l'Allemagne hésitait encore d'après la dépêche envoyée, le 30 juillet, par l'ambassadeur de France à Berlin :

Il paraît certain que le conseil extraordinaire tenu hier soir à Potsdam avec les autorités militaires et sous la présidence de l'empereur avait décidé la mobilisation, ce qui explique la préparation de l'édition spéciale du *Lokal Anzeiger*, mais que sous des influences diverses (déclaration de l'Angleterre qu'elle réserve son entière liberté d'action, échange de télégrammes entre le Tsar et Guillaume II), les graves mesures arrêtées ont été suspendues.

Elles ne le furent pas longtemps. L'heure fatale était venue. Le 2 août, l'ambassadeur de France à Saint-Pétersbourg télégraphiait au gouvernement français :

L'ambassadeur d'Allemagne a remis à M. Sazonoff hier, à 7 h. 10 du soir, la déclaration de guerre de son gouvernement ; il quittera Pétersbourg aujourd'hui.

Le 3 août, l'ambassadeur d'Allemagne portait au ministère des Affaires étrangères françaises la déclaration suivante :

Les autorités administratives et militaires allemandes ont constaté un certain nombre d'actes d'hostilité caractérisés commis sur le territoire allemand par des aviateurs militaires français. Je suis chargé et j'ai l'honneur de faire connaître à votre Excellence qu'en présence de ces agressions, l'empire allemand se considère en état de guerre avec la France, du fait de cette dernière puissance.

Il s'agissait, bien entendu, de prétextes entièrement inventés, mais pour vaincre la France avant que la Russie ne fût prête, il était nécessaire de lui déclarer la guerre sans retard.

CHAPITRE V

LE ROLE DES SENTIMENTS POPULAIRES SUR LA GENÈSE DE LA GUERRE.

---

§ 1. — Importance de l'opinion.

L'opinion populaire constitue, dans les temps modernes, une force à laquelle les souverains eux-mêmes ne résistent guère.

Elle se crée lentement et prépare les volontés inconscientes qui précèdent le plus souvent les volontés conscientes des gouvernants.

On ne peut dire que, dans la genèse de la guerre actuelle, l'opinion populaire ait joué un rôle apparent. Il fut cependant réel. Les diplomates de divers pays, d'Autriche notamment, en ont tenu un grand compte. En Angleterre, pays pacifique s'intéressant fort peu à la Serbie, le gouvernement dut créer l'opinion.

J'ai déjà rappelé que faire naître un sentiment, puis le propager de façon à le rendre collectif, était un des fondements essentiels de la politique. Si les Allemands manifestent actuellement contre leurs ennemis une haine aussi féroce, c'est que le gouvernement sut les persuader d'avoir été traîtreusement attaqués par l'Angleterre et la Russie à la suite d'un sourd complot. Sur 70 millions d'Allemands, peut-être n'en existe-t-il pas un seul qui ne partage cette conviction. Cinquante ans au moins, c'est-à-dire le temps nécessaire à la disparition de la génération actuelle, passeront sans doute avant que la vérité, sur ce point, puisse s'établir.

Pour arriver à créer en Allemagne une opinion collective contre l'Angleterre et la France, il fallut des volontés individuelles très fortes, possédant de grands moyens de propagande.

Le concours prolongé de la presse, des sociétés patriotiques, des journaux, des livres, des universités, fut en effet nécessaire pendant plusieurs années.

Les journaux sont partout de puissants meneurs, parce qu'ils manient à leur aise les véritables facteurs affectifs de l'opinion des foules : l'affirmation, la répétition, la suggestion et le prestige.

Tout en restant pacifique le gouvernement impérial favorisait ce mouvement qui lui fournissait des prétextes pour obtenir du Parlement les impôts nécessaires à l'accroissement de l'armée. En rendant cette dernière très redoutable, aucune puissance n'aurait, pensait-il, l'idée de lutter contre elle et l'hégémonie de l'Allemagne s'imposerait ainsi sans guerre.

L'expérience révéla le danger de cette façon de raisonner et montra combien vite l'opinion collective peut devenir une force dont ses créateurs ne sont plus maitres.

La presse germanique joua peut-être le rôle prépondérant dans la préparation de l'opinion. Le gouvernement allemand et les grandes fabriques d'armes avaient tous les journaux influents à leur solde. Chaque fois que le gouvernement désirait augmenter les impôts destinés à accroître ses armements ou sa flotte, il faisait paraître des articles assurant au public que les Français voulaient attaquer l'Allemagne pour prendre leur revanche.

Bien qu'on ne s'en rende pas toujours compte

l'opinion représente une volonté supérieure à celle des souverains et nul ne se trouve assez fort pour la combattre quand elle s'est prononcée nettement.

Au début de la guerre, les Allemands semblaient faire peu de cas du jugement des neutres, mais aussitôt après le ravage de la Belgique, l'opinion de l'univers s'étant dressée contre eux, ils redoutèrent sa puissance et tâchèrent de se la concilier en achetant ou fondant des journaux dans la plupart des pays : Espagne, Italie, Turquie, Amérique, etc. Cette opération fut conduite avec la persévérance et la méthode que les Germains apportent en chacune de leurs entreprises.

L'absence complète de psychologie, l'incapacité à comprendre les sentiments des autres, les firent d'ailleurs tomber dans des exagérations qui ôtèrent toute confiance à leurs lecteurs.

§ 2. — Les partis de la guerre en Allemagne.

Les Allemands n'ont jamais eu beaucoup de sympathie pour les Français qu'ils jalousèrent longtemps au cours de notre histoire. Dans les dernières années leur antipathie s'était accrue sous l'influence d'événements divers, notamment ceux du Maroc. Habilement exploités par la presse, ces conflits contribuèrent fortement à exciter l'opinion allemande contre nous.

Semblable état d'esprit est bien marqué dans un document publié par le *Livre jaune*. On y lit :

Nous découvrons tous les jours combien sont profonds et durables les sentiments d'orgueil froissé et de rancunes contre nous provoqués par les événements de l'an dernier. Le traité du 4 novembre 1911 est une profonde désillusion. Le ressentiment éprouvé dans toutes les parties du pays est le même. Tous les Allemands, jusqu'aux socialistes, nous en veulent de leur avoir pris leur part au Maroc. Il semblait, il y a un ou deux ans, que les Allemands fussent partis à la conquête du monde. Ils s'estimaient assez forts pour que personne n'osât entamer la lutte contre eux. Des possibilités indéfinies s'ouvraient à l'industrie allemande, au commerce allemand, à l'expansion allemande.

L'opinion publique allemande trouve que pour nos 40 millions d'habitants, nous tenons au soleil une place vraiment trop grande.

Bien que le parti de la guerre rencontrât beaucoup d'adeptes, celui de la paix en comptait également. Voici à ce sujet un des documents publiés par le *Livre jaune* :

L'opinion publique allemande est divisée, sur la question de l'éventualité d'une guerre possible et prochaine, en deux courants.

Il y a dans le pays des forces de paix, mais inorganiques et sans chefs populaires. Elles considèrent que la guerre serait un malheur social pour l'Allemagne, que la guerre profiterait surtout à l'Angleterre.

Les partisans de la guerre se divisent en plusieurs catégories : chacun tire de sa caste, de sa classe, de sa formation intellectuelle et morale, de ses intérêts, de ses rancunes, des raisons particulières qui créent un état d'esprit général et accroissent la force et la rapidité du courant belliqueux.

Les uns veulent la guerre parce qu'elle est inévitable, étant données les circonstances actuelles. Et pour l'Allemagne, il vaut mieux plus tôt que plus tard.

D'autres la considèrent comme nécessaire pour des raisons économiques tirées de la surpopulation, de la surproduction, du besoin de marchés et de débouchés; ou pour des raisons sociales : la diversion à l'extérieur peut seule empêcher ou retarder la montée vers le pouvoir des masses démocratiques et socialistes.

D'autres, insuffisamment rassurés sur l'avenir de l'empire et croyant que le temps travaille pour la France, pensent qu'il faut précipiter l'événement.

D'autres sont belliqueux par « bismarckisme », si l'on peut ainsi dire. Ils se sentent humiliés d'avoir à discuter avec des Français, à parler droit, raison, dans des négociations ou des conférences où ils n'ont pas facilement eu toujours raison, alors qu'ils ont la force plus décisive.

D'autres veulent la guerre par haine mystique de la France révolutionnaire.

Enfin, fabricants de canons et de plaques d'acier, grands marchands qui demandent de plus grands marchés, banquiers qui spéculent sur l'âge d'or et la prochaine indemnité de guerre, pensent que la guerre serait une bonne affaire.

L'Université, exception faite pour quelques esprits distingués, développe une idéologie guerrière. Les économistes démontrent à coups de statistiques, la nécessité pour l'Allemagne d'avoir un empire colonial et commercial qui réponde au rendement industriel de l'empire.

Historiens, philosophes, publicistes politiques et autres apologistes de la « deutsche kultur » veulent imposer au monde une manière de sentir et de penser qui soit spécifiquement allemande. Ils veulent conquérir la suprématie intellectuelle qui, de l'avis des esprits lucides, reste à la France.

Les esprits s'habituent à considérer la prochaine guerre comme un duel entre la France et l'Allemagne.

Tous les renseignements contenus dans ce rapport semblent fort exacts. Mais je ne puis admettre que « les esprits s'habituaient à considérer la prochaine guerre comme un duel entre la France et l'Allemagne ».

L'Allemagne rencontrait, en effet, dans l'Angleterre une ennemie bien autrement haïe et redoutée que la France. Son intérêt à lui faire un jour la guerre était visible, alors qu'elle n'en avait aucun à nous la déclarer. On détruit ses concurrents, on ménage ses clients. La France et la Russie, que l'Allemagne envahissait de plus en plus commercialement, étaient devenues ses meilleurs acheteurs, une source grandissante de richesse pour ses industriels et ses commerçants.

Si la guerre avec la France avait été vraiment conforme aux intérêts du gouvernement allemand, plusieurs occasions excellentes de la faire eussent pu être saisies, notamment à l'époque où une révolution laissait la Russie entièrement désarmée, après ses défaites au Japon.

Le seul concurrent redouté de l'Allemagne était l'Angleterre, dont la rivalité entravait ses efforts sur tous les points du globe.

Contre ce puissant adversaire, la haine des Allemands grandissait chaque jour. Se sentant les plus faibles ils restaient silencieux, mais construisaient fébrilement une flotte capable de lutter avec la formidable marine anglaise. Pour réaliser le rêve germanique de domination sur les principales routes commerciales du monde en s'emparant d'Anvers, il fallait d'abord vaincre la Grande-Bretagne.

La flotte allemande, destinée à triompher d'elle, n'était pas achevée encore. La guerre se déclara beaucoup trop tôt pour les intérêts de l'Allemagne. Il n'y a donc aucune raison de croire qu'elle la voulait au moment où diverses circonstances la firent éclater.

§ 3. — Sentiments des divers pays belligérants pendant les pourparlers diplomatiques et au moment de la déclaration de guerre.

La France et l'Angleterre accueillirent les menaces de guerre et sa déclaration comme un mal inévitable qu'on doit subir.

Si nous nous reportons aux dépêches diplomatiques il n'en fut pas de même dans les divers pays, surtout ceux qui avaient des motifs plus ou moins réels de s'y intéresser.

Il semble bien que la perspective de la guerre ait été favorablement accueillie en Allemagne, au moins par les journaux. Voici ce qu'écrivait le 10 juillet notre représentant en Bavière :

> Le gouvernement impérial se trouverait actuellement soutenu par l'opinion publique dans toute entreprise où il s'engagerait vigoureusement, même aux risques d'un conflit. L'état de guerre, auquel tous les événements d'Orient habituent les esprits depuis deux ans, apparaît non plus comme une catastrophe lointaine, mais comme une solution aux difficultés politiques et économiques qui n'iront qu'en s'aggravant.

D'après les renseignements qu'il avait reçus, notre ministre des Affaires étrangères télégraphiait à nos agents, le 26 juillet :

Il se produit une véritable explosion de chauvinisme à Berlin. L'empereur d'Allemagne revient directement à Kiel. M. Jules Cambon estime que, aux premières mesures militaires de la Russie, l'Allemagne répondrait immédiatement et n'attendrait vraisemblablement pas un prétexte pour nous attaquer.

Cela arriva ainsi en effet.

La déclaration de guerre paraît, cependant, avoir provoqué surtout une explosion de fureur et non de joie.

Je tiens de M. Cambon, notre ambassadeur à Berlin, que sur son trajet de retour le personnel de l'ambassade et lui furent grossièrement insultés dans les gares par des voyageurs allemands appartenant à toutes les classes de la société.

L'opinion en Autriche, pendant et après les pourparlers diplomatiques, semble avoir été également, du moins dans la partie allemande de la population, très favorable à la guerre. Entre Autrichiens et Serbes existait une de ces haines de race que des torrents de sang peuvent à peine effacer.

Voici d'ailleurs ce que disent les diplomates :

L'ambassadeur d'Angleterre à Vienne écrit :

Le peuple autrichien tenait sa cause pour si indiscutablement juste qu'il lui paraissait inconcevable qu'il se trouvât un autre peuple pour lui barrer le chemin, ou que des questions de pure politique ou de prestige fussent invoquées pour enrayer la nécessité survenue de tirer une vengeance éclatante du crime de Sarajevo.

Notre ministre des Affaires étrangères télégraphiait aux ambassadeurs :

La supposition la plus favorable qu'on puisse faire est que le cabinet de Vienne, se sentant débordé par sa presse et par le parti militaire, cherche à obtenir le maximum de la Serbie par une intimidation préalable directe et indirecte et s'appuie sur l'Allemagne à cet effet.

L'ambassadeur d'Angleterre à Vienne marque dans diverses dépêches, dont voici des extraits, l'enthousiasme du peuple à l'idée d'une guerre avec la Serbie :

Ce pays est devenu fou de joie à la perspective d'une guerre avec la Serbie, et il éprouverait une vive déception si par le fait de voir différer ou empêcher les hostilités, il était frustré dans son attente...

Aussitôt qu'on apprit le rejet de la réponse serbe et la rupture des rapports avec Belgrade, ce fut à Vienne un *délire de joie*. Jusqu'à une heure avancée de la nuit, des foules circulèrent dans les rues en clamant des chants patriotiques.

...Il est incontestable que l'opinion publique croyait n'avoir que deux alternatives : assujettir la Serbie ou se résigner à être tôt ou tard démembré par elle.

Ce mouvement d'opinion expliquerait assez bien l'intransigeance de l'Autriche à l'égard de la Serbie, intransigeance notée dans le passage suivant d'une dépêche du même ambassadeur :

Le gouvernement austro-hongrois veut à tout prix la guerre avec la Serbie. Il estime qu'il y va de sa situation de grande puissance et jusqu'à ce qu'un châtiment ait été infligé à la Serbie, il est improbable qu'il prête l'oreille à des propositions de médiation.

Quant à l'opinion de la Russie il est fort difficile d'être renseigné. Les journaux n'y publient guère, en effet, que ce que le gouvernement autorise.

Le peuple russe connaissait très peu les Autrichiens, dont il entendait rarement parler. L'opinion, dite publique, y fut probablement celle de quelques hauts fonctionnaires, des professeurs et des lettrés. Les dépêches en traduisent peu de chose. Voici tout ce que j'ai pu extraire des correspondances diplomatiques :

Une dépêche du 23 juillet, de sir Edward Grey, fait allusion à une fixation de délai qui « pourrait enflammer l'opinion publique en Russie ».

Dans une dépêche du 26 juillet notre ministre des Affaires étrangères écrit :

L'opinion russe manifeste l'impossibilité politique et morale pour la Russie de laisser écraser la Serbie.

Le 27 juillet, l'ambassadeur de France à Berlin dit :

Il importait de ne pas laisser se créer en Russie un de ces courants d'opinions qui emporte tout.

Mais il s'agit là de simples hypothèses. Des assertions aussi vagues, ne faisant guère allusion qu'à des probabilités émises de loin, ne permettent pas assurément de connaître l'opinion des Russes à propos de la guerre.

Nous sommes mieux renseignés sur ce qui se passa après l'ouverture des hostilités. Les peuples comprenant le moins pour quels motifs ils doivent périr sur les champs de bataille sont généralement ceux qui manifestent le plus d'enthousiasme au moment d'une déclaration de guerre.

Celui des paysans russes fut, paraît-il, très grand, d'après un observateur cité par M. de Wizewa :

Les paysans partent au « front » avec un enthousiasme incroyable; et les classes supérieures de la société, qu'elles aient été la veille radicales ou conservatrices, les acclament au passage en enviant leur sort...

... La guerre a dégagé tout d'un coup en Russie, du fond de l'âme nationale, toute sorte de précieuses puissances et vertus qui, sans cette occasion providentielle, eussent risqué peut-être d'y dormir à jamais.

D'habitude les paysans sentaient qu'ils n'avaient rien à faire que boire; mais maintenant il n'en est plus ainsi. C'est comme si la guerre leur avait procuré une véritable raison d'exister, et comme si, dans la mort, ils avaient trouvé l'objet réel de leur vie. Pour le Russe, aller à la guerre, c'est offrir son corps sur l'autel du sacrifice.

Et le fait est que, dans la splendide ardeur des soldats russes courant à l'ennemi, se perçoit le frémissement joyeux qui agitait le cœur des anciens martyrs s'élançant vers une mort toute saturée de gloire...

CHAPITRE VI

ROLE DE LA VOLONTÉ DES TROIS EMPEREURS

§ 1. — La volonté de l'empereur d'Autriche. Dominantes psychologiques de la politique autrichienne.

Les sèches dépêches reproduites au cours de cette étude nous ont conduits jusqu'à la déclaration de la guerre, sans nous avoir encore permis de pénétrer tout à fait ses causes immédiates. Il faut maintenant tâcher de lire un peu plus dans l'âme des auteurs de ce grand drame.

Au sujet des grands événements comme les guerres, on attribue le plus souvent aux chefs d'Etat une influence qu'ils ne possèdent pas ou ne possèdent qu'à un faible degré. Sans doute, leur volonté consciente prend les décisions. Mais ils obéissent aussi sans le savoir à une volonté inconsciente créée par de nombreuses influences collectives. Le poids de telles suggestions devient à un certain moment assez fort pour faire fléchir un des plateaux représentant ce que j'ai appelé ailleurs la balance des motifs.

Si des autocrates existent au ciel, il n'y en a sûrement pas sur la terre. Tous sont dominés par des facteurs supérieurs à leur volonté. Napoléon l'a proclamé plus d'une fois.

L'histoire montre combien souvent les souverains furent forcés d'agir contrairement à leur volonté personnelle, c'est-à-dire consciente. En 1870, par exemple, ni l'empereur des Français ni le roi de Prusse ne souhaitaient la guerre. Ils firent tout le possible pour l'empêcher et durent la subir pourtant.

Le premier de tous les chefs d'Etat actuellement aux prises, l'empereur d'Autriche, fut un souverain constamment vaincu durant son long règne, mais assez pacifique. Son grand âge ne lui permit pas de beaucoup se mêler aux pourparlers de la dernière guerre. Ce furent probablement ses médiocres ministres, son non moins médiocre héritier et aussi l'antipathie profonde du peuple pour la Serbie, qui l'amenèrent à accepter un conflit armé dont on lui avait affirmé la localisation entre la Serbie et l'Autriche.

Du reste, la crainte seule des complications et non une douceur naturelle le rendait pacifique. Au commencement de son règne, il avait donné diverses preuves d'une dureté excessive.

A la suite d'une émeute en Hongrie, dès le début de son avènement, il fit pendre et décapiter les plus illustres des citoyens de ce pays et s'empara de leurs biens. Parmi eux figurait le président de la Chambre des magnats et de la Cour suprême de justice, âgé de quatre-vingts ans. Les femmes des grands personnages qui échappèrent à la mort furent publiquement fouettées.

Quelles dominantes psychologiques inspirèrent aux hommes d'Etat autrichiens l'ultimatum à la Serbie d'où devait naître la guerre?

J'en vois deux très nettes : le besoin de prestige au début de l'affaire, la méfiance à l'égard de la Russie au dernier moment.

Le besoin de prestige fut l'origine de l'ultimatum à la Serbie; la méfiance vis-à-vis de la Russie détermina la mobilisation générale autrichienne et, par voie de conséquence, celle des autres puissances.

Les ambassadeurs eux-mêmes ont insisté dans

leurs dépêches sur la nécessité, pour l'Autriche, du prestige dont je viens de parler.

L'ambassadeur d'Angleterre à Rome s'exprimait ainsi, le 23 juillet :

La gravité de la situation réside dans la conviction du gouvernement austro-hongrois qu'il était pour son prestige d'une nécessité absolue, après les nombreuses désillusions occasionnées par la tournure des événements dans les Balkans, de remporter un succès définitif.

Même observation de l'ambassadeur d'Angleterre à Vienne. Il écrit le 28 juillet :

J'ai vu ce matin le ministre des Affaires étrangères. Son Excellence déclara que l'Autriche-Hongrie ne pouvait différer les mesures militaires contre la Serbie, et se verrait dans l'obligation de rejeter toute suggestion de négociation ayant pour base la réponse serbe. D'après lui, il y va du prestige de l'Autriche-Hongrie et rien ne saurait empêcher le conflit.

Les hommes d'Etat autrichiens, qui se méfiaient fort de la Russie, protectrice des Serbes, redoutaient également beaucoup les autres puissances et, soutenus par l'Allemagne, ils déclarèrent hâtivement la guerre à la Serbie. Ils espéraient ainsi empêcher l'action paralysante d'une sorte de tribunal européen devant lequel l'Autriche aurait eu à s'expliquer.

Mais si elle voulait châtier la Serbie, l'Autriche ne souhaitait nullement une guerre européenne.

Et c'est pourquoi, lorsque apparut l'imminence d'un conflit général, bien que ses troupes fussent entrées déjà en Serbie, elle devint subitement beaucoup plus conciliante. Voici ce que disent à ce sujet les dépêches des ambassadeurs.

Le ministre des Affaires étrangères en France écrit, le 1er août, à ses agents :

A Pétersbourg, l'ambassadeur d'Autriche est venu voir M. Sazonoff et lui a déclaré que son gouvernement consentait à entamer une discussion quant au fond de l'ultimatum adressé à la Serbie.

....

Le ministre russe s'est déclaré satisfait de cette déclaration et a proposé que les pourparlers aient lieu à Londres avec la participation des puissances.

De son côté, le ministre des Affaires étrangères d'Angleterre s'exprime ainsi, le 1er août :

J'apprends de source très sûre que bien que la situation ait été modifiée par la mobilisation russe, le gouvernement austro-hongrois a fait savoir au gouvernement allemand que pour témoigner combien il apprécie les efforts de l'Angleterre dans l'intérêt de la paix, il serait disposé à accueillir favorablement ma proposition d'une médiation entre l'Autriche et la Serbie. L'effet de cette acceptation serait naturellement que l'action militaire de l'Autriche contre la Serbie continuerait pour le moment et que le gouvernement de Sa Majesté britannique demanderait au gouvernement russe d'arrêter sa mobilisation contre l'Autriche.

Malheureusement, pour des raisons que nous essaierons plus loin de débrouiller, l'Allemagne intervint au dernier moment. L'ambassadeur d'Angleterre écrivait de Vienne à son gouvernement :

Le transfert du différend sur le terrain plus périlleux d'un conflit direct entre l'Allemagne et la Russie vint couper court à ces conversations, tant à Saint-Pétersbourg qu'à Vienne.

Le 31 juillet, l'Allemagne intervenait en lançant simultanément à Saint-Pétersbourg et à Paris ses ultimatums conçus dans une forme qui ne comportait qu'une seule réponse. Le 1er août, l'Allemagne déclarait la guerre à la Russie et, le 3, à la France. Selon toutes probabilités, un retard de quelques jours aurait épargné à l'Europe une des plus grandes catastrophes de l'histoire.

§ 2. — La volonté de l'empereur de Russie et les dominantes psychologiques de la politique russe.

Le plus puissant des autocrates actuels est certainement l'empereur de Russie. Il présente cependant un exemple frappant de ce fait observé à chaque instant dans l'histoire que les souverains se trouvent perpétuellement forcés d'agir contre leur propre volonté.

Durant son règne, cet autocrate fut presque toujours obligé de faire le contraire de ce qu'il souhaitait.

Idéaliste pacifiste, il rêvait, en montant sur le trône, d'instaurer une paix universelle et pourtant, à aucune époque, la Russie ne subit des guerres aussi rapprochées, aussi prolongées, aussi meurtrières que sous son règne : Guerre avec le Japon, guerre civile intérieure, guerre actuelle contre l'Autriche et l'Allemagne.

Un souverain représente aujourd'hui, comme je viens de le dire, une synthèse de volontés supérieures à la sienne. Son pouvoir se borne à les canaliser, afin que leur orientation n'ait pas lieu en dehors de lui, ni surtout contre lui. Là réside tout l'art de la politique moderne. Elle peut diriger les événements, mais ne les crée pas.

Les dépêches des diplomates montrent suffisamment combien le tsar était hostile à la guerre et les efforts tentés par lui pour l'empêcher. Pourquoi se vit-il donc obligé de l'accepter?

Il y fut conduit par des facteurs psychologiques tellement identiques à ceux dominant au même moment la politique autrichienne, qu'ils devaient fatalement entrer en conflit.

Ces facteurs furent : le besoin de prestige et la méfiance d'un puissant voisin.

La Russie étant un peu la créatrice des petits Etats slaves des Balkans, jadis dominés par la Turquie, se croyait obligée de les protéger contre les ambitions de l'Autriche.

Eût-elle beaucoup perdu à les laisser absorber par l'Autriche? Ce sont là, je l'ai déjà dit, questions d'amour-propre national auxquelles un étranger ne saurait répondre.

Il faut donc se borner à constater un tel sentiment et se rendre compte également que la mobilisation de l'Autriche, inutile contre un aussi petit Etat que la Serbie, ne pouvait évidemment être dirigée que contre la Russie, dont elle se méfiait, et par laquelle il ne fallait pas se laisser surprendre.

Cette mobilisation hâtive, provoquant celle de la Russie, déclancha la catastrophe. Pour savoir comment le gouvernement du tsar fut conduit aux mêmes mesures précipitées. consultons les rapports diplomatiques.

L'ambassadeur d'Angleterre à Saint-Pétersbourg écrit, le 29 juillet :

Si la Russie n'avait pas indiqué clairement, en mobilisant, son attitude résolue, l'Autriche aurait exploité les désirs pacifiques de la Russie, et se serait crue autorisée à pousser les choses aussi loin que bon lui semblait.

Et, de son côté, l'ambassadeur de France à Saint-Pétersbourg informait, en date du 29 juillet, que :

l'état-major russe a constaté que l'Autriche précipite ses préparatifs militaires contre la Russie et active sa mobilisation qui a commencé sur la frontière de Galicie. En conséquence, l'ordre de mobilisation sera expédié, cette nuit, aux treize corps d'armée destinés à opérer éventuellement contre l'Autriche.

Malgré cette mobilisation, accomplie surtout par défiance, la Russie ne se montra pas agressive et, pour assurer la paix, se contenta au dernier moment d'une promesse que l'indépendance de la Serbie serait respectée.

L'ambassadeur d'Angleterre à Vienne écrit le 1er août :

D'après l'ambassadeur de Russie, cette dernière se contenterait même, à l'heure qu'il est, d'une assurance relative à l'intégrité et à l'indépendance de la Serbie. Il m'assure que la Russie n'a aucune intention agressive contre l'Autriche.

Aujourd'hui il fera encore une fois ressortir au ministère des Affaires étrangères les terribles conséquences qui suivront fatalement le refus d'une concession pourtant bien légère. Cette fois la Russie irait jusqu'au bout.

§ 3. — La volonté de l'empereur d'Allemagne. Facteurs de sa détermination.

La psychologie de l'empereur d'Allemagne a été tentée plus d'une fois. Nous n'en étudierons ici que les éléments ayant pu le déterminer au dernier moment à déclarer la guerre.

Malgré ses armements, — destinés, dans son esprit, à empêcher l'attaque d'une puissance quelconque, — il était incontestablement pacifique. Ses vingt-cinq ans de règne, pendant lesquels il sut résoudre maintes difficultés menaçant d'entraîner la guerre, le prouvent nettement. Notre ambassadeur à Berlin ne le conteste pas et nota simplement dans un de ses rapports :

Que l'empereur se familiarise avec un ordre d'idées qui lui répugnait autrefois et que, pour lui emprunter une locution qu'il aime à employer, nous devons tenir notre poudre sèche.

Très impulsif, très personnel et très pieux, il se croyait réellement l'élu de Dieu, et le répétait fréquemment. Au moment de déclarer la guerre, il écrivait dans la proclamation adressée à ses troupes :

Rappelez-vous que le peuple allemand est le peuple élu de Dieu. C'est sur moi, comme empereur allemand, que l'esprit de Dieu est descendu. Je suis son instrument, son épée, son défenseur. Malheur à ceux qui désobéissent, malheur aux lâches, malheur aux incroyants !

Commentant cette proclamation, le ministre anglais Lloyd George disait :

On n'a jamais rien entendu de pareil depuis les jours de Mahomet. L'aliénation est toujours affligeante, mais quelquefois elle est dangereuse quand on en surprend des manifestations chez un chef d'Etat.

Aliénation, non ; paroxysme de l'esprit mystique, sûrement.

Notons avec soin, pour bien comprendre la genèse de l'idée de guerre chez l'empereur allemand, qu'à toutes les époques ce pacifiste eut la menace facile. Il ne cessait de parler d'épée aiguisée, de poudre sèche, etc., allait lui-même au Maroc, à Constantinople et en Terre-Sainte offrir sa protection, fertile partout en discours menaçants. Il tenait à se faire craindre, considérant que sa puissante armée lui permettrait de jouer le premier rôle en Europe, sans avoir besoin de tirer l'épée.

La méthode n'était pas mauvaise, puisque durant tant d'années elle lui fit obtenir tout ce qu'il exigeait. Tel, par exemple, notre recul au Maroc et surtout le silence de la Russie lorsque, malgré les traités, l'Autriche, soutenue par les menaces de l'Allemagne, s'empara de la Bosnie et de l'Herzégovine.

Ayant si bien réussi jusqu'ici par ses allures comminatoires, pouvait-il vraiment supposer qu'elles ne suffiraient pas dans l'affaire de la Serbie? Les rapports des diplomates, dont nous avons donné des extraits, dénonçaient la France et la Russie absolument incapables de faire la guerre. L'Angleterre, menacée d'une lutte civile avec l'Irlande, y semblait encore moins prête.

Dans ces conditions, pourquoi l'empereur d'Allemagne aurait-il consenti à favoriser la réunion d'un congrès qui, comme tous les congrès, fût arrivé à une de ces solutions bâtardes ne satisfaisant personne, et aurait certainement empêché l'Autriche de tirer de la Serbie la vengeance désirée à propos de l'assassinat de l'archiduc héritier d'Autriche?

L'empereur était pacifiste et aucun intérêt ne le poussait à la guerre. Quels motifs purent donc l'y conduire?

Il semble y avoir été amené en dernier lieu par des raisons militaires que je vais maintenant exposer.

Pour bien saisir leur valeur, montrons d'abord l'importance prépondérante qu'avait aux yeux de l'empereur d'Allemagne, aussi bien d'ailleurs qu'à ceux de l'empereur de Russie, la question des dates de mobilisation. Ce sont elles qui, finalement, déterminèrent la direction de la route funeste où de grands empires allaient s'engager.

La crainte de cette mobilisation est nettement marquée dans les dépêches suivantes émanant d'ambassadeurs; elles prouvent aussi qu'au dernier moment ce fut une véritable lutte de vitesse pour ne pas se laisser dépasser par des adversaires dont on se méfiait.

L'Autriche commença et la Russie l'imita aussitôt. Notre ambassadeur à Saint-Pétersbourg annonce, le 31 juillet :

> En raison de la mobilisation générale de l'Autriche et des mesures de mobilisation prises secrètement, mais d'une manière continue par l'Allemagne depuis six jours, l'ordre de mobilisation générale de l'armée russe a été donné, la Russie ne pouvant, sans le plus grave danger, se laisser davantage devancer.

L'ambassadeur d'Angleterre à Berlin écrit, le 31 juillet, à la suite de sa conversation avec le chancelier de l'Empire :

> Le chancelier m'informe que la mobilisation russe contre l'Autriche a fortement contrecarré ses efforts d'inculquer à Vienne la paix et la modération.
>
> Il ne pouvait pourtant laisser son pays sans défense alors que les autres puissances profitaient du délai ; et si des mesures militaires étaient en ce moment prises par la Russie contre l'Allemagne aussi — comme il avait lieu de le croire — il lui serait impossible de rester tranquille. Il tenait à me dire qu'à très brève échéance, peut-être aujourd'hui même, le gouvernement allemand prendrait peut-être des mesures sérieuses; il était, en effet, sur le point d'être reçu en audience par l'empereur.
>
> Son Excellence termina en me disant que la nouvelle de préparatifs actifs sur la frontière russo-allemande lui était parvenue précisément à l'instant où le tsar demandait à l'empereur, au nom de leur vieille amitié de s'entremettre à Vienne et au moment où l'empereur se rendait à cette instante prière.

La Russie se défend d'avoir hâté sa mobilisation. Le 1er août, l'ambassadeur d'Angleterre à Paris écrivait :

On fit remarquer à son Excellence que l'ordre de mobilisation générale russe n'avait été publié qu'après que l'Autriche eût publié elle-même son ordre de mobilisation générale et que le gouvernement russe était prêt à démobiliser si toutes les puissances en faisaient autant.

L'Allemagne redoutait tellement la mobilisation de la Russie qu'elle lui adressait, le 31 juillet, l'ultimatum, évidemment inacceptable : d'avoir à démobiliser dans un délai de douze heures et, le 1er août, lui déclarait la guerre.

Avant d'en arriver là, l'empereur avait fait directement de très pressantes démarches auprès du tsar pour qu'il arrêtât la mobilisation. Elles prouvent, à la fois, sa crainte de cette mobilisation et son réel désir d'essayer de maintenir la paix. Voici des extraits de cette correspondance.

La première dépêche de l'empereur d'Allemagne à son cousin est du 28 juillet. On y lit notamment :

C'est avec la plus vive inquiétude que j'ai appris l'impression qu'a produite dans ton empire, la marche en avant de l'Autriche-Hongrie contre la Serbie. L'agitation sans scrupule qui se poursuit depuis des années en Serbie, a conduit au monstrueux attentat dont l'archiduc François-Ferdinand a été la victime.

Je ne me dissimule aucunement combien il est difficile pour toi et ton gouvernement de résister aux manifestations de l'opinion publique. En souvenir de la cordiale amitié qui nous lie tous deux étroitement depuis longtemps, j'use de toute mon influence pour décider l'Autriche-Hongrie à en venir à une entente loyale et satisfaisante avec la Russie. Je compte bien que tu me secourras dans mes efforts tendant à écarter toutes les difficultés qui pourraient encore s'élever.

Le tsar répond pour remercier l'empereur de sa médiation. Ce dernier lui télégraphie de nouveau le 29 juillet :

Des mesures militaires de la Russie que l'Autriche pourrait considérer comme une menace hâteraient une calamité, que tous deux nous cherchons à éviter et rendraient également impossible ma mission de médiateur.

Nouvelle dépêche de l'empereur d'Allemagne, le 30 juillet, 1 heure du matin :

Mon ambassadeur a été chargé d'appeler l'attention de ton gouvernement sur les dangers et les graves conséquences d'une mobilisation : c'est ce que je t'avais dit dans mon dernier télégramme. L'Autriche-Hongrie n'a mobilisé que contre la Serbie et seulement une partie de son armée. Si la Russie, comme c'est le cas d'après ton télégramme et la communication de ton gouvernement, mobilise contre l'Autriche-Hongrie, la mission de médiateur que tu m'as amicalement confiée et que j'ai acceptée sur ton instante prière, sera compromise sinon rendue impossible. Tout le poids de la décision à prendre pèse actuellement sur tes épaules qui auront à supporter la responsabilité de la guerre ou de la paix.

Le tsar répond le 30 juillet, 1 h. 20 après-midi :

Les mesures militaires qui sont mises maintenant en vigueur ont déjà été prises il y a cinq jours à titre de défense contre les préparatifs de l'Autriche.

J'espère de tout mon cœur que ces mesures n'influeront en rien sur ton rôle de médiateur que j'apprécie grandement.

Le 31 juillet, 2 heures après-midi, dernière tentative de l'empereur d'Allemagne. Il écrit :

J'ai entrepris une action médiatrice entre ton gouvernement et le gouvernement austro-hongrois.

Pendant que cette action était encore en cours, tes troupes ont été mobilisées contre mon alliée l'Autriche-Hongrie ; à la suite de quoi, ainsi que je te l'ai déjà fait savoir, mon intervention est devenue presque illusoire. Malgré cela, je l'ai continuée.

Je reçois à l'instant des nouvelles dignes de foi touchant de sérieux préparatifs de guerre également sur ma frontière orientale. Ayant à répondre de la sécurité de mon empire, je me vois forcé de prendre les mêmes mesures défensives.

Je suis allé jusqu'à l'extrême limite du possible dans mes efforts pour maintenir la paix. Ce n'est pas moi qui supporterai la responsabilité de l'affreux désastre qui menace maintenant tout le monde civilisé.

En ce moment encore il ne tient qu'à toi de l'empêcher. Personne ne menace l'honneur et la puissance de la Russie qui eût bien pu attendre le résultat de mon intervention.

Cette dépêche resta sans réponse ; la Russie fut alors officiellement sommée, le 31 juillet, de démobiliser dans les douze heures. C'était la guerre.

Les allures de l'empereur d'Allemagne, après la déclaration de guerre, ne furent pas celles de l'homme satisfait du succès d'une intrigue habilement ourdie. Les violences qu'il fit, contrairement à tous les usages, exercer contre l'ambassadeur français suffiraient à le prouver. J'ai rappelé la façon brutale dont notre représentant fut reconduit à la frontière, obligé de rester durant vingt-six heures dans un wagon fermé, sans une goutte d'eau ni un morceau de pain, et forcé de verser 5.000 francs en or pour son voyage. Le procédé était tellement discourtois que son auteur finit par en rougir et remboursa l'argent.

L'exaspération de ce pacifiste empereur qui se voyait dans l'impossibilité d'éviter une guerre dont il ne voulait pas, fut extrême. Elle seule peut expliquer l'impérieux ultimatum adressé à la Russie et succédant à de très amicales dépêches.

Mais où trouver le motif d'une telle précipitation chez un souverain qui, certainement, souhaitait la paix ? Quelle urgente nécessité le détermina au dernier moment à déclarer la guerre ?

Ce fut évidemment la crainte de laisser à ses adversaires éventuels le temps de se préparer. Mais pareille formule n'est intelligible qu'en concevant l'avantage immense que représentait pour l'Allemagne, en cas de conflit, la rapidité de sa mobilisation.

L'état-major allemand sachant que la France avait besoin d'une vingtaine de jours pour accomplir la sienne et la Russie d'environ deux mois, considérait que, grâce à la promptitude de sa propre mobilisation, il pourrait d'abord diriger toutes ses forces sur la France pour l'écraser, puis se retourner contre la Russie. Ce plan échouait entièrement si la Russie profitait de pourparlers, dont la durée était ignorée, pour effectuer sa mobilisation. L'empereur aurait eu alors deux ennemis à combattre au lieu d'un. C'est ce qu'il voulut éviter par son ultimatum.

§ 4. — Facteurs divers ayant pu influencer la volonté inconsciente de l'empereur d'Allemagne.

A côté des motifs stratégiques rationnels que nous venons d'énoncer, d'autres facteurs ont pu agir sur la volonté inconsciente de l'empereur d'Allemagne et déterminer sa décision consciente. Il faut considérer, en effet, que la popularité du kaiser pacifique diminuait dans l'armée, alors que celle de son fils, partisan de la guerre, augmentait. A trois ou quatre reprises, au sujet du Maroc, notamment l'armée s'était cru sur le point de faire la guerre et l'Allemagne avait reculé. Les pangermanistes poussaient à la lutte. La réalisation du désir de domination universelle semblait maintenant facile. Le serait-elle lorsque, dans quelques années, la Russie aurait terminé son réseau de chemins de fer, si imparfait encore? L'ensemble de toutes ces raisons contribua sans doute à déterminer la décision de l'empereur d'Allemagne.

Répétons, en terminant ce chapitre, que les encouragements donnés par l'Allemagne à l'Autriche et l'intransigeance de cette dernière résultèrent surtout de cette conviction erronée des hommes d'Etat allemands planant sur toute la semaine des pourparlers, que ni la Russie, ni la France, ni l'Angleterre ne voudraient faire la guerre.

C'est surtout parce que des gouvernants peu perspicaces commirent cette faute de jugement que des millions d'hommes durent périr et de florissantes cités de l'Europe être dévastées.

CHAPITRE VII

CONCLUSIONS. QUI A VOULU LA GUERRE?

---

§ 1. — Résumé des événements qui amenèrent la guerre.

J'ai exposé assez clairement, je crois, les événements ayant précédé la guerre pour qu'un résumé n'en soit pas autrement nécessaire. Je le donne cependant, afin de condenser des faits dont l'étude à travers les documents officiels serait peut-être un peu longue.

Laissons de côté la série des causes lointaines de la gigantesque conflagration et arrivons de suite à son point de départ : l'assassinat de l'archiduc héritier d'Autriche à la suite d'une conspiration fomentée en Serbie.

L'Autriche résolut de venger cette mort et en même temps de relever un peu, dans les Balkans, son prestige diminué par ses reculs successifs durant la guerre balkanique. Elle envoya à la Serbie un ultimatum inacceptable dont le rejet prévu pourrait permettre de lui déclarer la guerre.

L'opération ne semblait comporter aucun risque. L'appui de l'Allemagne était acquis. Tous les rapports diplomatiques assuraient — point fondamental — que la Russie, et par conséquent la France, seraient obligées à la neutralité par leurs dissensions intérieures et leur faiblesse. La Russie ayant déjà cédé pour la Bosnie, se soumettrait sûrement encore. Quant à l'Angleterre, menacée d'une guerre civile avec l'Irlande, comment songerait-elle à intervenir dans une question qui ne l'intéressait nullement?

A l'opération rêvée l'Autriche gagnerait une province et restaurerait vis-à-vis des Slaves un prestige qu'elle sentait s'effacer.

L'Allemagne n'en retirerait évidemment aucun gain matériel, mais un important bénéfice moral puisque, une fois de plus encore, elle aurait imposé sa volonté à l'Europe et marqué sa croissante hégémonie. Un tel résultat ne devait lui coûter que la résolution d'interdire aux puissances étrangères toute intervention entre l'Autriche et la Serbie. C'est en effet ce qu'elle tenta.

Malheureusement, les diplomates oublièrent, dans ce plan rationnel, de faire intervenir certains éléments affectifs, mystiques et collectifs auxquels aucun événement historique n'est soustrait et qui obéissent à des enchaînements logiques nullement analogues à ceux de la raison.

Leurs prévisions et leurs raisonnements paraissaient infaillibles et cependant les faits prouvèrent qu'ils s'étaient entièrement trompés. La Russie se sentait un grand besoin de prestige et elle avait accepté antérieurement une humiliation trop forte, dans des circonstances analogues, pour pouvoir en subir une nouvelle.

L'erreur de psychologie relative à une non-intervention de la Russie fut la véritable origine de la guerre.

De ces faux points de départ : que la Russie céderait et qu'aucune puissance n'interviendrait, devait découler toute la suite de la tragique aventure. Pour effrayer la Russie, l'Autriche et l'Allemagne se montrèrent arrogantes. La Russie, voulant éviter la guerre, proposa des transactions. Elles ne firent que confirmer ses adversaires dans la persuasion qu'un conflit général n'était pas à craindre. Leur intransigeance s'accrut et finalement l'Autriche pensa pouvoir impunément déclarer la guerre à la Serbie.

Cette détermination, considérée comme très habile par les diplomates autrichiens, était au contraire fort maladroite, car elle empêchait tout recul dans le cas où les puissances se décideraient à intervenir, ainsi qu'il arriva au dernier moment.

Quand l'Allemagne, et surtout l'Autriche, comprirent que leur intransigeance allait causer une guerre européenne, elles devinrent conciliantes et firent leur possible pour arrêter la catastrophe, mais il était trop tard. En vain l'empereur d'Allemagne envoya-t-il de pressants télégrammes au tsar de Russie. Les hommes qui avaient jusque-là conduit les événements allaient maintenant être dirigés par eux.

A l'heure suprême qui précéda la déclaration de guerre, on ne vit plus intervenir l'amour-propre et le besoin de prestige qui avaient été des mobiles jusque-là exclusifs de conduite, mais un nouveau sentiment : la méfiance. Elle devait suffire à rendre inévitable le conflit.

Ce fut elle en effet qui conduisit à précipiter les armements pour ne pas être surpris par l'adversaire. Une telle hâte paraissait constituer, en cas de lutte, une condition nécessaire au succès.

L'Autriche avait mobilisé contre la Serbie afin de montrer ses intentions irréductibles et intimider la Russie, car elle savait bien que son armée habituelle serait fort suffisante contre un tout petit Etat, épuisé déjà par deux guerres récentes.

La Russie dut naturellement penser que cette mobilisation était dirigée contre elle et, pour ne pas se trouver surprise, mobilisa à son tour.

Dans cette course de vitesse, l'Allemagne ne voulant pas se laisser dépasser et croyant amener la Russie à dévoiler ses véritables intentions, la somma en termes impératifs de démobiliser immédiatement. La mobilisation russe, évidemment, avait été un peu rapide, mais le tsar devait-il se soumettre à une injonction aussi brutale que celle du kaiser? Assurément non. Les sentiments en jeu, de part et d'autre, étaient trop forts pour pouvoir abdiquer. Ils ne cédèrent pas et la guerre fut déchaînée.

Malgré son ardent désir de paix, la France se vit obligée de suivre son alliée.

L'Angleterre, qui tenait beaucoup à rester étrangère au conflit, s'y trouva fatalement mêlée aussi par suite d'une nouvelle erreur psychologique. L'état-major allemand, considérant les traités sans importance en temps de guerre et persuadé que l'Angleterre verrait avec indifférence la violation de la neutralité belge, n'hésita pas à pénétrer en Belgique. Cette maladroite opération, jadis condamnée par de Moltke au point de vue stratégique, valut à l'Allemagne un ennemi de plus, et cela sans aucun avantage, car en traversant simplement le Luxembourg elle n'aurait pas perdu quinze jours devant Liége et serait arrivée plus vite sous Paris.

On a dit, avec raison, qu'un peu de patience dans les négociations eût évité la guerre. Le fait parait certain, mais d'après ce que nous avons vu des causes lointaines de cette conflagration, elle aurait été simplement retardée. Trop de sources de conflits existaient entre l'Allemagne et les autres puissances pour que la coûteuse paix armée dont l'Europe était obligée de se contenter, pût durer longtemps.

§ 2. — Comment répondre à cette question : Qui a voulu la guerre ?

Dans un précédent chapitre, je faisais remarquer qu'à cette question : qui a voulu la guerre? il ne serait pas exagéré de répondre : personne.

Nul ne l'a souhaitée, en effet, cependant elle fut déclarée par l'empereur d'Allemagne. Il en porte donc la responsabilité, et c'est seulement au point de vue psychologique qu'il est intéressant de montrer qu'il ne la voulait pas.

Avant l'étude attentive des documents, je partageais cette croyance, générale en France, que l'Allemagne avait cherché un prétexte pour nous faire la guerre et profité de la première occasion venue. C'était l'avis formulé par un académicien distingué dans un travail sur *Les leçons du Livre jaune* et par deux savants professeurs de la Sorbonne dans le mémoire : *Qui a voulu la guerre?* laborieusement construit suivant toutes les règles des méthodes historiques.

Tout en acceptant d'abord l'opinion commune, quelques objections flottaient cependant dans mon esprit. Sans doute, dans un avenir plus ou moins éloigné, une guerre semblait inévitable entre l'Angleterre et l'Allemagne, mais quel intérêt pouvait bien avoir cette dernière à chercher actuellement un conflit avec la France et la Russie, ses meilleures clientes commerciales, qu'elle envahissait chaque jour par ses représentants et ses produits? De bien meilleures occasions de les attaquer ne s'étaient-elles pas présentées, notamment lorsque la Russie vaincue par le Japon et en pleine révolution n'avait, je l'ai déjà rappelé, aucune possibilité de se défendre?

En poussant plus attentivement l'étude des documents, la lumière se fit dans mon esprit et j'arrivai à cette conclusion que si l'Allemagne avait rendu une guerre inévitable par l'accroissement continuel de ses armements et les allures de plus en plus arrogantes de sa diplomatie, elle ne désirait aucunement le conflit à l'époque où il éclata[1].

1. J'ai cru longtemps que je serais seul en France à soutenir cette opinion. L'évidence des textes a fini cependant par s'imposer à quelques observateurs. Dans son ouvrage *la Guerre de 1914*, publiée pendant que je corrigeais les

A défaut même des pièces que nous avons publiées, plusieurs faits d'ordre psychologique suffisent complètement, suivant nous, à justifier cette thèse :

En premier lieu, les pressantes dépêches de l'empereur d'Allemagne au tsar, le conjurant au dernier moment d'arrêter des armements qui l'obligeraient à mobiliser pour n'être pas pris au dépourvu. Il allait jusqu'à lui rappeler la promesse d'amitié faite à son grand-père sur son lit de mort. Si la décision de l'empereur d'Allemagne de déclarer la guerre eût été déjà prise, cette hypocrisie devenait inutile. Le contenu de ses dépêches est donc bien sincère. Or, comme la première fut écrite trois jours avant le début des hostilités, il semble indubitable qu'à cette époque tardive l'empereur d'Allemagne n'était nullement résolu à la guerre et faisait tous ses efforts pour l'empêcher.

Je crois cet argument démonstratif. On peut considérer comme aussi probant l'accès de désespoir de l'ambassadeur d'Allemagne à Saint-Pétersbourg, relaté par l'ambassadeur d'Angleterre dans les textes que j'ai déjà reproduits :

Il paraissait absolument terrassé par l'émotion en se rendant compte que la guerre était inévitable. Il supplia M. Sazonoff de faire une proposition quelconque qu'il pût télégraphier au gouvernement allemand comme suprême espoir.

Ce n'est pas là, assurément, l'attitude d'un ambassadeur ayant reçu de son gouvernement l'ordre de pousser à la guerre.

Rapprochons enfin de cette émotion le même sentiment manifesté par le ministre des Affaires étrangères à Berlin, dans une conversation, dont j'ai rapporté

épreuves de ce livre, M. Victor Basch, professeur à la Sorbonne, écrit : « Oui, l'Allemagne a voulu la paix, la paix imposée par elle, la paix germanique, la paix acceptée par les puissances comme une capitulation. Non, l'Allemagne n'a pas voulu la guerre à tout prix, et surtout elle n'a pas voulu la guerre telle qu'elle s'est engagée. » (Page 77.)

ailleurs les termes, avec l'ambassadeur d'Angleterre.

Peut-on vraiment croire que des personnages séparés par de grandes distances se sont entendus pour simuler des sentiments identiques de désespoir? Ici encore l'hypocrisie paraît trop inutile pour être vraisemblable.

A ces trois ordres de preuves, ajoutons encore l'indication fournie par un amiral français dans la *Revue de Paris*, que le 26 juillet toute la flotte allemande se trouvait en manœuvres très loin de ses bases d'opérations, et n'aurait pu renouveler ses provisions de charbon et compléter ses équipages si la flotte anglaise était intervenue.

Les désirs belliqueux de l'empereur d'Allemagne devant être éliminés, reste le fait lui-même : Il a déclaré la guerre. Pourquoi?

Je l'ai montré nettement dans mon dernier chapitre en indiquant quel engrenage de méfiances l'y poussa. Son sentiment dominant fut la crainte, dans le cas où ses négociations traîneraient en longueur et ne réussiraient pas, de laisser à la Russie le temps nécessaire pour terminer sa mobilisation, ce qui aurait anéanti le plan d'offensive rapide de son état-major. Moins de suspicion l'eût fait patienter un peu, car l'Autriche commençait à céder. Son entourage dut l'influencer au dernier moment. Bien que le kaiser et le tsar fussent d'accord pour vouloir éviter une guerre générale que ne souhaitait pas davantage le souverain de l'Autriche, leur méfiance réciproque devait fatalement engendrer le conflit.

A cette interrogation : Qui a voulu la guerre? on pourrait donc répondre : Personne. Mais à cette autre question : Quelles furent les causes immédiates de la guerre? il faut répondre : La méfiance réciproque des trois empereurs. Le plus soupçonneux fut l'empereur d'Allemagne et c'est pourquoi, ayant pris le parti de déclarer la guerre, il en demeurera responsable.

Il demeurera, en outre, responsable d'avoir provoqué des massacres et des destructions comme celles de Louvain, Reims, Ypres, etc., que jamais général n'eût osé ordonner sans sa permission. Ce sera sa honte éternelle.

* * *

La question à laquelle je viens de consacrer plusieurs chapitres comporte un grand intérêt psychologique, parce qu'elle met en lumière le conflit de quelques-uns des sentiments qui font agir les hommes et la façon dont ils peuvent naître et grandir.

Mais au point de vue pratique, le problème des origines de la guerre, qui passionna tellement professeurs et académiciens, est dépourvu d'intérêt. Des circonstances lointaines et variées rendaient le conflit inévitable et il importe assez peu de savoir qui l'a déclanché au dernier moment.

L'âme populaire, envisageant précisément l'événement de cette manière, l'a mieux jugé que les savants. Est-ce l'Allemagne, la Russie ou l'Autriche qui voulut la guerre? Elle ne l'a pas cherché. Sans se perdre dans l'analyse subtile de documents diplomatiques d'interprétation contestable, elle sentit très justement qu'une fois encore, après Tanger, Algésiras, Casablanca, Agadir, l'Allemagne répétait des gestes de menaces. Le même cri s'est fait entendre partout : « On ne peut plus vivre ainsi. » Chacun s'est résigné à une lutte visiblement fatale. Qu'importait, dans les circonstances actuelles, que l'Allemagne décidât ou non de la guerre au dernier moment. Par les menaces qu'elle croyait pouvoir impunément répéter à mesure que grandissait sa puissance, elle l'eût infailliblement provoquée, tôt ou tard. Mieux valait ne pas accepter de nouvelles humiliations pour reculer seulement un peu l'inévitable échéance.

CHAPITRE VIII

OPINIONS FORMULÉES SUR LES CAUSES DE LA GUERRE EN ALLEMAGNE ET DANS DIVERS PAYS

§ 1. — Fondements psychologiques des opinions formulées sur la guerre.

On fut généralement un peu surpris, dans les pays neutres, des singulières opinions de certains écrivains allemands sur les causes de la guerre et de la violence avec laquelle ils les ont émises.

J'exposerai dans ce chapitre les plus importantes, c'est-à-dire celles formulées par des savants réputés. Pour comprendre leur genèse, je prierai le lecteur de se reporter aux principes posés dans mon livre : *les Opinions et les Croyances*. Il y verra que les croyances ayant des sources collectives, affectives et mystiques, ne peuvent être influencées par des raisonnements; comment l'âme individuelle arrive à se fondre dans l'âme collective; quels sont les grands facteurs de la persuasion; par quel mécanisme enfin se forment les courants d'opinion qui, à un moment donné, entraînent tout un peuple.

Chacun de ces phénomènes possède des lois. J'ai tâché d'en déterminer quelques-unes; mais quand j'écrivais l'ouvrage consacré à leur étude, je ne pouvais supposer qu'une guerre européenne fournirait si vite des preuves éclatantes aux principes que j'avais formulés.

Les opinions sur les causes de la guerre répandues en Allemagne, et reproduites dans ce chapitre, montrent à quel point une croyance établie par suggestion et propagée par contagion mentale, échappe à l'influence du raisonnement.

Elles prouvent aussi que l'intelligence la plus haute n'empêche pas l'aveuglement complet de l'homme asservi par la domination d'une croyance.

Les opinions que je rapporterai, d'après les écrits mêmes de leurs auteurs, furent généralement émises avec la fureur et la violence qui caractérisent la naissance d'une nouvelle foi. Elles constituent des documents psychologiques fort précieux. N'est-il pas frappant, en effet, de voir un des plus illustres savants de l'Allemagne, le vénérable Wundt, se laisser entraîner à des torrents d'injures contre de puissants peuples, qu'il traite d'infâmes brigands et d'assassins.

Nous n'avons pas été seul frappé par ces explosions de sauvage fureur. Au cours d'une conférence traduite dans la *Revue du Mois*, un écrivain appartenant à un pays neutre, M. G. Grau, professeur à l'Université de Christiania, constate avec étonnement à quel point le jugement de penseurs éminents s'est trouvé altéré par la guerre actuelle.

Utilisant les principes de psychologie collective que j'ai exposés il y a de longues années, M. Grau montre qu'enveloppé par l'âme collective, l'homme le plus intelligent perd toutes ses facultés critiques.

L'auteur en donne comme exemple l'aveuglement d'éminents penseurs, tels le professeur Euken. Ce célèbre philosophe nous apprend que la guerre des Allemands est une mission de l'Allemagne pour régénérer l'humanité. « Nous ne luttons pas seulement pour nous-mêmes, nous luttons pour le bien de l'humanité. »

L'illustre psychologue Wundt, déjà cité, se révèle plus catégorique encore :

La guerre vraie, dit-il, c'est-à-dire la guerre véritable, la guerre proprement dite, la guerre juste et sainte, c'est celle que l'Allemagne fait à ses ennemis. Quant à celle que font Français, Russes et Anglais, c'est quelque chose d'autre.

Non, cette guerre n'est pas de la part de nos ennemis une guerre vraie, ce n'est même pas une guerre, car la guerre aussi a ses droits et ses lois. C'est l'attaque infâme de brigands, dont les moyens sont l'assassinat, la piraterie et la flibusterie, non pas la lutte ouverte, honorable, avec les armes.

Bien peu de savants allemands, d'après M. Grau, surent se soustraire à cet accès de fureur collective.

§ 2. — L'opinion des diplomates allemands.

Les diplomates germaniques ont, depuis le début de la guerre, fait tous leurs efforts pour démontrer que le gouvernement allemand, quoique ayant déclaré la guerre, n'en fut pas cause.

J'ai déjà reproduit un extrait des discours du chancelier de l'Empire allemand. Voici un fragment de celui qu'il prononça au Reichstag, le 2 décembre 1914 :

Le cabinet de Londres a laissé se produire cette monstrueuse guerre universelle, car il croyait y trouver une occasion d'atteindre dans ses organes vitaux, grâce à l'appui des autres puissances de l'Entente, son plus grand concurrent sur le marché mondial.

Ce sont donc l'Angleterre et la Russie qui portent devant Dieu et devant l'humanité la responsabilité de la catastrophe qui s'est abattue sur l'Europe et sur le monde.

Le chancelier prend évidemment sa croyance pour une réalité quand il assure que l'Angleterre voulait frapper un concurrent mondial. On peut affirmer, au contraire, d'après les documents publiés dans d'autres chapitres, qu'elle rejetait avec une horreur intense l'idée de la guerre et fit l'impossible pour l'empêcher.

A quel point la politique anglaise était peu agressive, le prédécesseur même du chancelier actuel, le prince de Bulow, l'a bien marqué dans son livre sur la politique allemande. Il y écrit, en effet :

« Pendant les dix années qui suivirent le projet de loi sur la marine et le début de nos constructions de vaisseaux, une politique anglaise résolue à tout eût sans doute été en mesure d'arrêter net le développement maritime de l'Allemagne et de nous rendre inoffensifs. *Cette répugnance de l'Angleterre à faire la guerre nous a permis de pousser nos serres sur la mer.* »

Le chancelier de l'Empire est plusieurs fois revenu sur cette question de l'origine de la guerre et des motifs de violation de la Belgique et il n'a pas hésité, pour justifier sa cause, à altérer les textes. C'est ainsi que ses agents ayant découvert, pendant le pillage de la Belgique, certains papiers relatant des conversations échangées en 1906 et 1912, entre les attachés militaires anglais et belge, sur la façon de protéger la Belgique en cas d'attaque, le chancelier supprima du compte rendu des conversations le passage où il était dit que l'échange d'idées visait uniquement l'hypothèse d'une violation de la neutralité belge.

La *Gazette de l'Allemagne du Nord* traduisit ensuite le mot conversation par convention. Naturellement, la légation de Belgique n'a pas manqué de relever des falsifications aussi flagrantes de ces documents.

Pareils procédés sont toujours dangereux. Altérer une fois la vérité oblige à l'altérer souvent ensuite pour étayer la première affirmation. On ébranle ainsi fortement son crédit.

§ 3. — Opinions des grands journaux et des professeurs allemands.

Les diplomates allemands ont pu être inexacts dans leurs assertions, ils avancèrent au moins des choses vraisemblables.

Les professeurs d'outre-Rhin sont loin d'avoir témoigné ce souci de la vraisemblance. Leur mentalité s'est montrée bien au-dessous de celle des diplomates. Ces spécialistes, quelques-uns fort célèbres, sortis brusquement de leurs laboratoires et lancés dans des problèmes nouveaux pour eux, firent preuve d'une singulière faiblesse de raisonnement et d'une méconnaissance complète de la mentalité des autres peuples.

M. Kostyleff a relevé, dans la *Scientia*, quelques-unes de leurs étranges assertions :

Ils s'en sont pris d'abord, dit-il, à l'ambassadeur de Russie à Paris, disant que c'est lui qui a préparé et déchaîné la guerre, puis au roi Édouard VII, à sir Edward Grey, à M. Winston Churchill, au grand-duc Nicolas et même... à M. Poincaré. Je renvoie les personnes désireuses de se documenter là-dessus, directement à la *Neue Freie Presse* du 2 octobre, et à la *Frankfurter Zeitung* du 3. Le dernier de ces articles est particulièrement instructif. Il a pour titre : « La Conjuration de la Triple Entente » et se trouve amorcé par un article analogue du journal bulgare *Kambana* qui, allant encore plus loin, affirmait que tout cela était déjà combiné lors de la guerre balkanique par les gouvernements anglais, français et russe.

Les affirmations de M. L. Brentano, professeur à l'Université de Munich, ne sont pas moins bizarres. Les Français, suivant lui, ont fait la guerre pour prendre leur revanche de 1870 et rétablir la monarchie. Voici quelques extraits de son article :

L'affaiblissement de l'idée de revanche ne faisait pas précisément l'affaire des réactionnaires français... On commença, à Paris, à caresser l'idée du rétablissement de la monarchie. Beaucoup pensèrent qu'une guerre pourrait amener le monarque désiré. Il suffit de se rappeler les articles de tête du *Gaulois* et du *Figaro* des dernières années, ainsi que les articles de Maurice Barrès et les couplets qu'on pouvait entendre dans les cabarets parisiens, pour constater que la France, ou tout au moins Paris, était mûre pour la monarchie et désirait la guerre.

M. Edward Meyer, professeur à l'Université de Berlin, a des conceptions moins originales. Il s'en prend simplement, comme la plupart de ses compatriotes, aux Anglais. Voici dans quels termes ce brave professeur révèle au monde leurs noirs desseins :

Depuis les cercles les plus élevés jusqu'au dernier manœuvre ou paysan, il n'est personne en Allemagne qui ne se rende compte que l'Angleterre est notre ennemi mortel, que c'est l'Angleterre qui nous a imposé cette lutte pour l'existence et qui, au nom de ses propres intérêts et dans le seul but de ruiner notre Etat et de supprimer notre existence nationale et indépendante, a entraîné sur les champs de bataille les autres nations qui envoient contre nous leurs armées.

...Il est, en effet, incontestable que c'est le gouvernement anglais qui, de propos délibéré, a provoqué cette guerre.

...On aurait encore bien volontiers retardé l'explosion de la guerre. A cela devait servir la conférence que sir Grey s'appliquait de tous ses efforts à réunir.

Les Alliés auraient ainsi gagné du temps pour achever leurs préparatifs et c'eût été, en même temps, une grande humiliation pour l'Autriche et pour l'Allemagne... Ce projet a été ruiné par l'ultimatum de l'Allemagne, après que la Russie eut commencé sa mobilisation. Il était temps que l'Allemagne sortît son épée, si elle ne voulait pas être prise à l'improviste et affronter la guerre, devenue inévitable, dans des conditions qui n'auraient pas manqué de lui devenir plus défavorables.

L'auteur, qui ne paraît pas très bien connaître l'histoire de son pays, termine en assurant à ses contemporains que :

l'Allemagne (et cela, nous pouvons le dire avec une conscience tranquille) n'a jamais songé à poursuivre une politique de conquête ou à attaquer, au mépris du droit des gens, les peuples étrangers.

Pas même la Belgique!

Cette opinion sur les intentions belliqueuses de l'Angleterre est également professée par de grands industriels. Voici comment s'exprime, dans un discours devant une Société d'ingénieurs allemands, le 31 janvier 1915, M. Schrodter, directeur d'une importante entreprise industrielle :

Les preuves se multiplient pour nous convaincre que la guerre a été un complot diabolique du gouvernement de l'Angleterre.

Cette obstination des Allemands à s'en prendre, contre toute évidence, à l'Angleterre, a beaucoup frappé les neutres. On peut le constater par ce passage du *Journal de Genève*, du 26 mars 1915 :

Quand la presse allemande représente l'Angleterre comme l'instigatrice de la guerre, elle suppose chez ses lecteurs une totale incapacité de raisonner et de se souvenir. Il n'y avait pas dans ce monde de gouvernement plus invariablement pacifique, nous dirions volontiers pacifiste, que celui qui gouvernait la Grande-Bretagne en août 1914. Il n'avait cessé de poursuivre une réduction simultanée des armements navals.

§ 4. — Les opinions des militaires allemands.

La plupart des militaires allemands ayant fait connaître leur pensée partagent aussi l'idée, si générale en Allemagne, que la guerre fut provoquée par l'Angleterre. Mais certains l'attribuent simplement à la hâte de la mobilisation russe.

Voici un fragment d'une interview du général de Falkenhayn, chef de l'état-major général allemand, qui a paru dans le *Journal de Genève* du 25 janvier 1915 :

Cette guerre, n'est pas de notre part une guerre agressive, elle n'a pas été provoquée par une caste ou par un parti militaire, mais c'est une guerre défensive qui nous a été imposée par la mobilisation russe. En présence de cette mobilisation, nous ne pouvions faire autrement que de nous préparer. La Russie avait été conseillée et avertie par l'empereur et notre ambassadeur à Pétersbourg; elle savait que si elle mobilisait, nous ordonnerions, pour notre défense, la mobilisation générale, et nous prendrions toutes les mesures propres à protéger notre existence nationale. La Russie n'en continua pas moins à mobiliser pendant qu'elle négociait.

Le général de Moltke, récemment chef de l'état-major, s'en prend, comme la plupart de ses compatriotes, à l'Angleterre. Voici, d'après le *Times* du 23 janvier 1915, une interview donnée par ce général à un journal allemand. Ayant déclaré que personne ne souhaitait la guerre en Allemagne, il ajoute :

Pourquoi, si nous étions si empressés de faire la guerre, ne l'avons-nous pas faite pendant la guerre russo-japonaise, alors que la Russie était sans défense, ou quand la Grande-Bretagne était si absorbée avec la guerre des Boers ?...

Je n'ai jamais douté un seul instant que l'Angleterre participerait à une guerre contre nous, parce que c'était l'intérêt de sa politique de la déchaîner. Elle s'y préparait depuis longtemps, la question belge a été un simple prétexte...

Vous pouvez être certain que cette guerre a été un terrible coup pour l'empereur.

§ 5. — L'opinion populaire allemande.

La très grande masse du peuple allemand, y compris la bourgeoisie, n'a guère que des opinions imposées. L'Allemand est trop discipliné, trop respectueux de l'autorité pour professer des pensées personnelles différentes de celles de son gouvernement.

On chercherait donc en vain des divergences dans l'opinion populaire.

Sur 70 millions d'Allemands il en est bien peu qui ne soient convaincus que la guerre résulte d'un méchant complot ourdi par l'Angleterre dans l'espérance de détruire la puissance germanique.

Une telle croyance fit accepter avec enthousiasme l'annonce des hostilités. Cet enthousiasme fut entretenu soigneusement par les dépêches de victoires publiées dans les journaux. Jamais de défaites, aucun télégramme ne mentionna la bataille de la Marne.

Si les Allemands n'entrèrent pas à Paris, ce fut uniquement pour des raisons stratégiques. Voici comment un Suisse qui a visité l'Allemagne durant les premiers jours de décembre, décrit dans le *Temps* la mentalité du peuple allemand au cours de la guerre :

Le peuple allemand tout entier est certain de la victoire, de l'invincibilité de l'armée, de la pureté, de la sainteté même de la cause qu'elle défend. Si l'exercice de la liberté a développé chez les nations républicaines le sens de l'individualité qui favorise l'éclosion des initiatives et développe les énergies particulières, le caporalisme allemand a donné au peuple une âme collective qui ne s'émeut qu'au souffle venu d'en haut. Le chimiste Ostwald y voit l'affirmation d'une supériorité que notre culture latine ne peut ni comprendre ni tolérer.

Il est concevable qu'avec sa mentalité, le peuple allemand participe dans une confiance aveugle au concept de ses dirigeants et qu'il admette pour vérité évangélique tout ce qui lui vient des sphères ultra-terrestres, où règnent son empereur et ses ministres. C'est pourquoi l'Allemand est sincère lorsqu'il affirme que seul le grand état-major proclame la vérité alors que les alliés ne publient que mensonges: lorsqu'il prétend que seule l'agence Wolff annonce des faits précis et véridiques et que les journaux « ennemis » sont des fabriques de mensonges; lorsqu'il soutient que l'Allemagne avait le droit de violer la Belgique, puisque celle-ci avait un traité secret avec l'Angleterre. Aucun argument n'est capable de le convaincre; lui seul a raison et tous les autres peuples mentent.

On reconnaît là toutes les caractéristiques psychologiques de la foi chez les vrais croyants.

Plusieurs agences, notamment l'agence Wolff dont il fut si souvent question, étaient chargées d'agir sans trêve sur l'opinion allemande. Ses plus invraisemblables inventions furent religieusement acceptées. Aussi révéla-t-elle à l'Allemagne indignée que les jeunes filles belges crevaient les yeux aux soldats et que les prêtres achevaient les blessés !

La même agence ne cessa d'inonder le monde de stupéfiantes nouvelles. *La France*, du 18 octobre 1914, a reproduit une de ses dépêches envoyée aux journaux des petites républiques Sud-Américaines. En voici un extrait :

Une très nombreuse escadre de Zeppelins a pu atterrir la nuit dernière à Londres. Les soldats allemands ont pénétré dans le palais royal et réussi à capturer la personne du roi George lui-même. Le roi, prisonnier, a immédiatement racheté sa liberté en payant en or une somme de 100 millions de marks.

Les assertions de cette nature étaient d'ailleurs réservées pour des contrées que leur état primitif faisait supposer douées d'une crédulité un peu naïve. Les rédacteurs des dépêches donnaient alors libre cours à leur imagination. C'est ainsi que le bureau de la presse établi par les Allemands à Constantinople faisait paraître dans les journaux turcs des nouvelles du genre de celles-ci :

Conformément à un radiogramme d'Amsterdam, le gouvernement britannique a offert à Sa Majesté islamique 2000 ânes chargés d'or, au cas où elle renoncerait à envoyer sa flotte puissante contre Londres.

§ 6. — L'opinion des neutres.

Les opinions sur les causes de la guerre varièrent suivant les pays des auteurs qui les formulaient.

Des facteurs divers furent invoqués comme causes de la guerre : influence du parti militaire en Allemagne, conspiration de la triple entente, mégalomanie du kronprinz, désir des Français de prendre leur revanche, panslavisme des Russes, ambition de l'Autriche, etc.

Plusieurs écrivains indépendants hésitèrent à formuler une opinion et arrivèrent à des conclusions voisines de celles du célèbre historien Ferrero : « Le problème des responsabilités qui pèse aujourd'hui si lourdement sur la conscience du monde civilisé, écrit-il, est insoluble pour le moment ». Cet auteur considère simplement comme probable que « la propagande germanique et le parti de la guerre avaient créé une situation intérieure à laquelle le gouvernement n'a pas pu résister indéfiniment ».

D'une façon générale, l'opinion sur les causes de la guerre ne résulta pas de l'observation des faits, c'est-à-dire de constatations rationnelles, mais de penchants affectifs ou mystiques. Les catholiques, au moins en Espagne et en Italie, donnèrent d'abord raison à l'Allemagne.

Cette sympathie primitive des catholiques pour l'Allemagne a été assez générale au début. Voici comment s'exprime M. Dudon dans la revue religieuse les *Etudes*, de janvier 1915 :

> Le premier jour que le canon a tonné, ils ont fait des vœux pour l'Allemagne. La Providence lui devait le succès éclatant de ses armes. Il n'en fallait pas moins pour récompenser la religion du Kaiser, la probité de ses sujets, les œuvres des catholiques allemands, l'orthodoxie et la fidélité de l'Autriche. Si cette cause était vaincue, qu'adviendrait-il de l'Europe? Quel sort lui préparait l'influence de l'Angleterre protestante, de la Russie schismatique et de la France révolutionnaire?
>
> Si Dieu n'avait pas décidé d'abîmer l'Occident et le monde par contre-coup, dans un déluge d'impiété laïque il était indispensable que l'Allemagne triomphât : avec elle triompherait l'ordre social, politique et religieux.

Mais la guerre, qui a transformé bien des choses, finit même par modifier les mentalités capables de considérer les luttes actuelles comme une punition du ciel. En France, les quelques catholiques qui se sentaient tentés de formuler des explications de cette sorte, y ont vite renoncé et sur les champs de bataille se sont montrés parmi les plus vaillants.

LIVRE V

LES FORCES PSYCHOLOGIQUES EN JEU DANS LES BATAILLES

CHAPITRE PREMIER

LES TRANSFORMATIONS DES MÉTHODES DE GUERRE

§ 1. — Les eléments nouveaux des guerres modernes et ses côtés imprévus.

Nous n'avons pas l'intention d'étudier ici dans leurs détails les formes nouvelles et souvent très imprévues de la guerre moderne, mais pour marquer l'importance du rôle qu'y jouent les facteurs psychologiques je suis obligé d'indiquer sommairement les conditions actuelles de la lutte européenne.

Elle aura été un puissant élément d'évolution individuelle, politique et sociale. Armements, stratégie, conceptions humanitaires, notions du droit, mœurs, coutumes, tout aura été changé. La Révolution française n'exerça certainement pas sur la vie des hommes une action plus profonde.

Avant d'examiner successivement quelques-unes des transformations de la guerre nous allons en résumer l'ensemble.

Les changements concernent à la fois les batailles sur terre et sous terre, sur mer et sous la mer et enfin dans les airs.

Pour les combats sur terre, leurs caractères modernes sont d'abord la substitution d'armées comprenant plusieurs millions de combattants aux anciennes troupes ne comptant guère qu'une centaine de milliers d'hommes. Puis l'énorme extension des champs de bataille qui s'étendent sur plusieurs centaines de kilomètres au lieu d'être restreints comme autrefois à un endroit déterminé.

Tout le long de cet immense front les hommes combattent à l'abri de tranchées creusées dans le sol. Le rôle du général en chef se borne à peu près à l'envoi téléphonique des ordres, soit pour renforcer les lignes sur certains points menacés par l'ennemi, soit pour attaquer.

A l'ancienne artillerie, dont les canons sans précision portaient seulement à quelques centaines de mètres et n'exerçaient que de médiocres ravages, s'est substituée une artillerie portant, suivant les pièces, de 10 à 20 kilomètres et tellement puissante que des forteresses jugées jadis imprenables sont anéanties en quelques jours. Les troupes exposées à ses coups se trouvent presque instantanément détruites.

Sur mer les changements n'ont pas été moins profonds. L'emploi de sous-marins capables de faire couler en quelques minutes de gigantesques cuirassés coûtant 80 millions obligea ceux-ci, dès le début de la guerre, à se réfugier dans des ports pour n'en plus sortir.

La lutte poursuivie sous la terre et sous la mer se continue jusque dans les airs, grâce aux dirigeables et aux aéroplanes. Cette arme nouvelle n'a pas encore produit d'effets bien destructifs, mais il est probable qu'elle exercera un rôle fort important quand les flottes d'avions pourront par milliers survoler un pays.

Le type des anciennes batailles a complètement disparu. Qu'il s'agisse de celles d'Annibal, de César ou de Napoléon, elles étaient l'œuvre personnelle d'un général. Le succès dépendait de ses manœuvres. Il voyait tout, organisait tout, commandait tout. Un peintre du temps de Louis XIV ou de Napoléon pouvait représenter un champ de bataille dans un seul tableau. On apercevait des régiments se canonnant à de faibles distances et le général dirigeant d'une colline leurs mouvements.

Aujourd'hui l'observateur qui parcourt le théâtre d'opérations où se meuvent cent mille soldats ne voit aucun combattant, aucun canon. Hommes, chevaux, artillerie, tranchées, tout est dissimulé. Sans les obus sillonnant l'atmosphère il pourrait se croire dans une plaine déserte.

S'il possède cependant un œil perçant et observe longtemps, il finira par voir quelquefois sortir de terre et ramper lentement à travers champs des hommes se distinguant à peine du sol et ne se soulevant un peu que durant un court instant pour bondir dans une tranchée.

Si le même observateur tient à rencontrer le général dirigeant cette armée invisible il le trouvera au fond d'un petit réduit caché, envoyant, selon les dépêches reçues par télégraphe ou téléphone, ses ordres aux diverses unités groupées sous son commandement. Toute sa manœuvre consiste à faire venir par chemin de fer des troupes sur le point qu'il veut attaquer ou défendre.

Pour trouver enfin le chef de tous les soldats, l'observateur que je suppose pourrait avoir bien du chemin à parcourir. L'*Illustration* du 18 septembre 1915 nous a révélé que du 5 au 25 septembre 1914, c'est-à-dire avant, pendant et après la bataille de la Marne, le général en chef et son état-major résidaient à Châtillon-sur-Seine, à 50 lieues du champ de bataille.

Les décisives batailles de jadis sont remplacées par des centaines de petits combats se succédant durant des mois. On tue énormément d'hommes pour avancer très peu. Les mouvements à grande envergure n'ont été constatés que dans la Pologne et la Russie.

En dehors même des transformations qui viennent d'être indiquées, cette guerre fut pleine d'imprévu. On enseignait, par exemple, dans les écoles d'officiers que l'infanterie devait, pour éviter des pertes formidables, avancer en ordre dispersé. Il se trouva au contraire que, dès le début, les Allemands attaquèrent par masses profondes en rangs serrés. L'effet moral produit à Charleroi par cette arrivée imprévue de masses torrentielles fut formidable. Mais la méthode qui réussit à Charleroi, parce qu'elle était imprévue, échoua sur l'Yser. Français et Anglais considéraient simplement ces masses profondes comme une cible où tous les coups portaient. 150.000 Allemands furent ainsi tués en quelques jours.

On peut dire d'une façon générale des méthodes allemandes, que tous nos attachés militaires auraient pu les observer pendant les grandes manœuvres, mais qu'elles restèrent cependant totalement ignorées de nos généraux.

Au point de vue de la valeur de notre préparation, voici ce qu'écrivait dans *le Temps* du 9 août 1915, un des combattants de la guerre actuelle, le général Malleterre :

Même en ces dernières années où la France, réveillée de l'engourdissement dans lequel la plongeaient lentement les morphinomanes du pacifisme[1], apercevait enfin clairement le

1. Situation bien résumée dans ces vers du poète L. de La Soudière :

Nous vivions confiants comme des pacifiques,
Et le peuple écoutait les rhéteurs maléfiques.

péril allemand, les chefs militaires restaient hypnotisés devant la frontière de l'est et les hypothèses d'attaque brusquée partant de la place d'armes d'Alsace-Lorraine.

L'Allemagne a révélé en août 1914, comme en août 1870, la même force de conception, d'organisation et d'exécution.

Et on s'explique ainsi la surprise terrible qu'éprouvèrent nos troupes quand elles se virent accablées au premier contact par des avalanches de projectiles parties de positions invisibles, que notre artillerie ne pouvait atteindre. Car il y eut ceci d'inattendu encore dans l'attaque allemande, c'est qu'avant l'abordage de l'infanterie, les déploiements des unités étaient précédés de véritables avant-gardes d'obus de tous calibres, ouragans de fer et de feu, arrêtant et renversant nos lignes énervées. Je ne sais que ce qui s'est passé devant moi et ce que j'ai entendu raconter par d'autres témoins. Je garde le souvenir de certaines journées stoïquement passées sous les obus, soit en position, soit en retraite, et de la rage qui nous étreignait de ne pouvoir franchir la distance qui nous séparait de l'infanterie allemande.

Supériorité stratégique, supériorité numérique, supériorité matérielle, tels sont bien les caractères identiques des deux offensives allemandes de 1870 et de 1914.

Les Allemands avaient tout prévu, sauf l'influence de certains facteurs psychologiques encore ignorés dans leurs écoles.

Précisons un peu maintenant les points techniques les plus importants des transformations de la guerre actuelle.

§ 2. — La tactique moderne. — L'extension du front. L'offensive et la défensive.

La guerre moderne, énormément compliquée par suite des difficultés de ravitaillement s'est, au point de vue tactique, singulièrement simplifiée. Les grandes combinaisons de jadis se ramènent à l'attaque linéaire et à de vastes mouvements d'enveloppement. La difficulté ne consiste pas uniquement à faire manœuvrer les hommes, mais à les transporter et les entretenir en munitions et en vivres. C'est pourquoi les chemins de fer jouèrent un rôle prépondérant. Une armée disposant d'un réseau de chemins de fer surpassant celui de son adversaire, possède par ce seul fait une écrasante supériorité sur lui et pourra le battre avec des effectifs inférieurs. Cette observation est justifiée par les échecs de la Russie. Grâce à leur réseau de chemins de fer, les Allemands ont pu transporter leurs troupes sur des points préalablement choisis et battre l'ennemi. Cette tactique très simple réussissait toujours. Des corps d'armée nombreux transportés rapidement sur une des ailes de l'adversaire, la tournaient, l'enveloppaient et lui prenaient beaucoup de canons et de prisonniers. « Une armée de 100.000 hommes prise en flanc peut être battue par une armée de 30.000 hommes, a dit depuis longtemps le grand Frédéric. »

Malgré ces évidences, notre état-major était persuadé au début de la campagne que les Allemands, au lieu de pénétrer en Russie, seraient envahis. Ce fut juste le contraire. Les Russes, même victorieux, n'eussent d'ailleurs jamais pu, faute de moyens de transport, s'éloigner beaucoup de leur base d'opérations. Les Allemands en reculant auraient naturellement détruit les lignes donnant accès sur leur territoire. Si les Russes étaient devenus envahisseurs, ils ne se seraient probablement pas aventurés bien loin.

L'énorme extension des fronts actuels, tout à fait contraire à l'ancien principe de concentrer les troupes en un seul point, rend les batailles indécises. Elles se composent de petits combats échelonnés sur un grand espace et conduisent rarement à des opérations définitives.

L'emploi des tranchées a beaucoup modifié les idées d'autrefois sur l'offensive et la défensive.

Au point de vue psychologique l'offensive est évidemment fort supérieure à la défensive. Un adversaire qui attend une attaque sans savoir où elle se produira se trouve dans un état d'infériorité certain.

La supériorité de l'offensive sur la défensive fut d'ailleurs enseignée dans tous les ouvrages militaires depuis Napoléon. C'était un des dogmes fondamentaux de l'état-major allemand.

Il vaut toujours mieux procéder par l'offensive même lorsqu'on est numériquement le plus faible, affirme Bernhardi. Souvent l'ennemi se laisse déconcerter par un coup de hardiesse et on lui arrache des avantages, écrivait le grand Frédéric à Louis XV.

Frédéric le Grand vainquit dans d'audacieux combats offensifs, parce que ses ennemis se présentaient à lui la plupart du temps sur une défensive inerte, et que, embarrassés par les formes et les principes rigides de l'art militaire de cette époque, ils ne pouvaient paralyser ses audacieuses manœuvres par des contre-attaques appropriées; c'est sur la stratégie et la tactique insuffisante de ses adversaires que Napoléon remporta ses éclatantes victoires, et le principe de l'enveloppement pendant la période de Moltke mena aux succès parce que les adversaires ne trouvèrent aucune manœuvre à lui opposer.

La guerre de tranchées n'a pas supprimé les avantages de l'offensive mais elle la rend tellement meurtrière qu'on hésite à y avoir recours sur une vaste échelle, en dehors d'opérations considérées comme fondamentales. J'ai déjà rappelé que dans l'espérance de prendre Calais et de tourner l'armée française les Allemands sacrifièrent inutilement 150.000 hommes en l'espace de quelques jours, pour tâcher de forcer nos tranchées.

Il ne faudrait pas donner comme une règle absolue cette supériorité circonstantielle de la défensive sur l'offensive. Si le chiffre des munitions est suffisant, l'offensive peut reprendre son ancien avantage. Un des communiqués de l'état-major russe, du mois de juin 1915, disait :

Généralement, dans nos offensives, nos pertes sont moins fortes que dans la défense d'un retranchement sous le feu concentré d'une grosse artillerie. Ainsi dans l'offensive sur le village de Demenkalisma, à l'ouest de Jidatchew, où nous fîmes prisonniers 629 autrichiens, dont 19 officiers, et où nous enlevâmes une mitrailleuse, nous n'eûmes que 30 tués ou blessés.

Il est également curieux de constater que les chefs de l'armée allemande ayant remporté les plus grands succès sont, contrairement à ce qui se passait sous Napoléon, des vieillards. Léopold de Bavière, Hindenburg (mis autrefois en disponibilité pour incapacité alors qu'il commandait le 4e corps), Mackensen, Below sont septuagénaires, le maréchal de Haesler est octogénaire. Tous ces généraux avaient été mis à la retraite pour rajeunir les cadres, mais il fallut les rappeler. Sous Napoléon, de très jeunes chefs battaient les vieux généraux de l'Europe. C'est le contraire aujourd'hui. On doit sans doute en conclure que les qualités assurant le succès il y a un siècle, ne sont plus du tout celles qui le déterminent maintenant. Il faut actuellement sans doute autant d'audace qu'autrefois mais plus de réflexion.

§ 3. — Le rôle des forteresses et des tranchées.

Les idées sur le rôle des forteresses ont été transformées complètement par la guerre présente. Ici on ne saurait parler d'imprévision car l'expérience seule pouvait révéler que des villes ouvertes comme Nancy, défendues par des tranchées improvisées, résisteraient victorieusement à toutes les attaques d'une nombreuse armée assiégeante, alors que des forteresses jugées imprenables, celles d'Anvers, Liége et Namur notamment, seraient réduites en quelques jours.

Cette guerre marquera sans doute la fin des forteresses fixes car aucune d'elles n'offrit de résistance un peu prolongée. Celle de Charlemont près de

Givet, attaquée le 29 août a été détruite en trois jours à 12 kilomètres de distance, sans qu'un seul des coups tirés par ses défenseurs eût atteint l'ennemi. La citadelle de Longwy fut de la même façon renversée en six jours. Anvers ne résista pas quinze jours.

Les Allemands, naturellement, n'avaient pas révélé qu'ils possédaient des canons portant à une distance fort supérieure à celle des canons des forts belges ou français, et capables de détruire en trois ou quatre coups des coupoles métalliques supposées indestructibles.

Le résultat de la guerre actuelle montra que les forteresses servent seulement à immobiliser dans des abris fictifs des soldats qui pourraient combattre. Varsovie et Kovno semblaient imprenables. Plus de trente forts entouraient la première de ces villes. Kovno, qui couvrait la dernière ligne de retraite des Russes, avait été pourvu des moyens de défense les plus récents. Son artillerie devait être formidable, car les Allemands s'y emparèrent de plus de 400 canons.

Si le conflit présent mit fin à l'ère des forteresses, il inaugura l'avènement des tranchées. La tranchée constitue simplement une forteresse en rase campagne, pouvant se déplacer à volonté quand une de ses parties se trouve prise ou détruite. Bien que fort peu d'hommes soient nécessaires pour la défendre, elle est beaucoup plus redoutable et invulnérable que les forteresses les mieux construites. Grâce à elle, la défensive a pu devenir très souvent supérieure à l'offensive. Pour percer une ligne de tranchées, il faut dix fois plus d'hommes et dix fois plus de canons que pour livrer bataille en rase campagne.

Une des raisons rendant les tranchées si redoutables, c'est que pendant la prise de l'une d'elles au prix de gigantesques efforts, l'ennemi en construit plusieurs par derrière. Après l'assaut de la première tranchée, tout doit recommencer.

La tranchée ne fit pas disparaître seulement les anciennes manœuvres stratégiques, elle a rendu impossibles ces grandes batailles de jadis : Actium, Bouvines, Austerlitz, Waterloo, etc., qui fixaient le sort d'un peuple ou au moins d'une campagne.

La guerre, telle qu'elle se pratique actuellement. est nouvelle par l'étendue, l'importance et l'armement des tranchées, mais non par leur emploi. Elles furent en effet utilisées de tout temps. On n'attaquait jadis les places fortes qu'au moyen de tranchées parallèles aux fortifications et appelées pour cette raison, parallèles. Lors du siège d'Arras, en 1640, le maréchal de Chaulnes en fit usage : elles servirent également pendant le siège de Dunkerque, en 1658.

Depuis longtemps adoptées comme moyen d'attaque, les tranchées le furent aussi comme moyen de défense. On sait que Wellington obligea Masséna à battre en retraite en protégeant les abords de Lisbonne par une double ceinture de tranchées établies à Torrès-Vedras. La première avait quarante-huit kilomètres de développement, la seconde était placée à douze kilomètres en arrière. Les fossés mesuraient cinq mètres de largeur. Vingt-cinq mille ouvriers furent occupés à ce travail pendant un mois. Koutousoff, à Borodino, se protégea également au moyen de tranchées qu'on vit employer encore dans plusieurs guerres modernes, celles du Transvaal et du Japon notamment.

Bien que nous n'ayons pas su les utiliser au début de la campagne pour protéger la France contre l'invasion, leur rôle était enseigné dans nos livres militaires, entre autres par une instruction du 24 octobre 1906, modifiée le 28 octobre 1911, sur les travaux de campagne à l'usage des troupes d'infanterie. On y trouve même, dessinés, divers types de tranchées, à ciel ouvert ou recouvertes.

Ce qu'il faut considérer comme nouveau dans l'emploi des tranchées, c'est d'abord l'addition d'une artillerie puissante les transformant en vraies forteresses, et ensuite leur extension sur des longueurs de cinq à six cents kilomètres. Cette extension dériva d'une improvisation engendrée par les nécessités du moment, lorsque après la bataille de la Marne, Français et Allemands cherchèrent à se déborder, tout en se protégeant contre l'artillerie. Les tranchées seules procurant un abri suffisant, il en fut creusé sur tout le front jusqu'au moment où les armées en présence arrivèrent à la mer. Cinq cents kilomètres d'abris souterrains s'établirent ainsi en quelques semaines.

La vie des tranchées, supportée pendant de longs mois, exige une patience et un courage inlassables chez leurs défenseurs exposés aux obus et à l'explosion des mines creusées par l'ennemi au-dessous d'eux.

Voici la description qu'en donne un écrivain militaire les ayant visitées :

Imaginez un fossé assez profond pour qu'un homme grand puisse s'y cacher tout entier en se tenant debout, assez large pour que deux hommes puissent s'y tenir l'un devant l'autre. Au fond du fossé se trouve un seuil sur lequel monte le soldat pour tirer et, dans les parois, sont creusées des niches pour disposer le paquetage et les cartouches. Des marches taillées à même la terre, à une des extrémités, permettent aux hommes de sortir de leur trou et d'y rentrer facilement. La longueur d'une tranchée varie à l'infini, suivant le terrain.

Mais il suffit d'un obus tombant dans une tranchée pour tuer tous les hommes qui s'y trouvent. C'est pourquoi on a inventé les pare-éclats, murs de terre assez larges pour résister aux éclats d'obus et qui divisent la tranchée en un certain nombre de compartiments communiquant entre eux, le mur pare-éclats ne fermant qu'une partie du fossé et laissant passage à un homme. Vue d'en haut, la tranchée présente ainsi l'aspect d'un râteau dont les murs pare-éclats forment les dents, l'espace compris entre une dent et l'autre pouvant contenir trois à quatre tireurs. Quand le terrain le permet, on creuse à l'extrémité de la tranchée, ou derrière, une chambre beaucoup plus spacieuse, où les hommes qui ne sont pas en faction viennent se reposer et se nourrir. On la recouvre d'un toit formé par des madriers supportant des branchages et de la terre. Et l'on recouvre le sol de paille. Les tranchées sont reliées souvent les unes aux autres par des couloirs. Des centaines, des milliers d'hommes évoluent dans ces terriers, et les armées cherchent à s'atteindre l'une l'autre sous terre.

Prendre une tranchée est fort périlleux; la défendre après l'avoir prise l'est parfois davantage. Elle se trouve généralement, en effet, plus ou moins démolie par les obus et il faut la réparer sous le feu de l'ennemi.

Je sais, écrit un artilleur, une attaque où le travail de l'artillerie avait été si « soigné » que deux bataillons de chasseurs lancés à l'assaut ne perdirent que quatre-vingts hommes pour enlever en treize minutes la ligne de tranchée qui leur avait été assignée comme objectif; mais pour garder cette ligne, ils durent ensuite repousser *onze contre-attaques* et se battre pendant six jours et six nuits. Ils l'ont finalement conservée, mais ils y ont laissé quinze cents des leurs.

Il faut reconnaître que les tranchées ne sont réellement inviolables que lorsqu'elles sont bien construites et bien défendues. Elles ont été d'une très faible utilité aux Russes[1], qui, ne pouvant arrêter la marche des Allemands, ont eu recours au procédé quelque peu barbare d'incendier leurs propres villes.

Le Temps du 3 septembre 1915 donne le récit sui-

1. L'expérience enseigna assez vite à nos généraux que les forteresses ne se défendent qu'en portant leurs canons dans des tranchées situées très en avant de ces forteresses. Lorsque ce principe fut bien compris, nos forts les plus importants, tels que celui de Verdun et même des villes non fortifiées comme Nancy, purent résister aux Allemands.

Le même principe ne fut pas compris par les Russes. C'est à l'insuffisance de leurs tranchées que le critique militaire du journal russe *Rietch*, attribue la chute successive de toutes les forteresses importantes : Brest-Litovsk, Novo-Georgievsk, Kovno, Grodno, etc. Ce même journal assure que c'est faute de techniciens militaires capables que les Russes n'ont pu construire les tranchées convenables qui les auraient sauvés de l'invasion. L'incapacité est toujours une bien médiocre excuse.

vant de leur système de dévastation systématique pour arrêter un peu la marche de l'ennemi :

Une immense mer de flammes marque la ligne de recul. Les chemins sont bordés, pendant des milles et des milles, de maisons qui brûlent.

Quand les honveds de Hongrie entrèrent à Krylof, toutes les rues brûlaient : ils ne purent traverser la ville à cause de la chaleur du gigantesque brasier. Il fallut contourner la ville. Quand on arriva à Vladimir-Volinski, cette ville-là aussi brûlait, et de là on voyait déjà la ville de Verba tout en flammes également. Et au delà brûlaient des villages. Cette mer de flammes roulait ses vagues dans toute la plaine de Kovel et tous les villages qui l'entourent brûlaient.

Les habitants que n'a pas balayés la retraite russe restent muets d'épouvante et d'horreur.

L'incendie n'a pas porté uniquement sur les villages mais aussi sur de très grandes villes, comme Brest-Litovsk, notamment, qui possédait 40.000 habitants. Il n'en reste plus que des murs calcinés. Les Russes, en se retirant, ont tout brûlé. C'était peut-être payer bien cher l'arrêt des Allemands pendant quelques heures.

§ 4. — Rôle de l'artillerie et des munitions.

Après avoir été persuadé au début de la campagne que le chiffre des soldats jouait un rôle prépondérant, il a fallu reconnaître combien plus importante était la quantité disponible des munitions. Leur insuffisance constitue une des raisons pour lesquelles les Russes, supérieurs en nombre cependant à leurs adversaires, se trouvèrent si souvent battus. Une tranchée défendue par des canons et des mitrailleuses tirant six cents coups à la minute, se prend seulement après avoir été inondée d'obus. Un général anglais a justement écrit que deux hommes dans une tranchée, avec des mitrailleuses, pouvaient tenir tête à une brigade.

Cette énorme importance du chiffre des munitions, très évidente aujourd'hui, mit longtemps à être comprise. Il fallut plus de six mois de guerre pour la reconnaître, aussi bien en France qu'en Angleterre et en Russie. Nous avons perdu un nombre immense d'hommes pour ne l'avoir pas aperçue à temps.

Aucun général, au début de la guerre, n'envisagea cette nécessité d'une production intense d'obus. Dans le plan de la mobilisation, on croyait exagérer en prévoyant une fabrication de treize mille obus par jour. Au mois de septembre 1914, on n'atteignait encore que sept mille. En mai 1915, il s'en fabriquait plus de quatre-vingt mille par jour pour les pièces de 75, et ce chiffre est maintenant reconnu fort insuffisant.

Notre état-major soupçonnait si peu l'importance de munitions abondantes au commencement des hostilités, que le ministre de la guerre de cette époque avait envoyé au front la plupart des ouvriers des arsenaux. Il fallut aller les rechercher péniblement ensuite un à un dans chaque régiment, opération qui demanda un mois. L'expérience a montré aujourd'hui que peu d'hommes et beaucoup de munitions valent infiniment mieux que beaucoup d'hommes et peu de munitions.

§ 5. — Le rôle du nombre.

Malgré le rôle capital pris par l'abondance des munitions, celui du nombre est resté important.

Les Allemands ont toujours insisté sur son influence, mais en ayant soin de marquer ses limites. Voici l'opinion de Bernhardi :

On ne doit jamais oublier que les facteurs moraux et intellectuels sont toujours dominants, et, dans certaines limites, très variables d'ailleurs, se révèlent plus puissants que les facteurs numériques. Cela est si vrai que, dans certains cas, les forces morales sont presque capables de compenser toutes les autres insuffisances, et que l'influence d'une seule grande personnalité peut élever considérablement la capacité générale d'armées entières et même de nations entières... Lorsque les adversaires sont en balance dans une lutte indécise, le niveau du rendement baissera peu à peu des deux côtés, et finalement le succès appartiendra à celui qui aura manifesté la plus haute valeur morale et le plus grand esprit de sacrifice, ou si les ressources morales sont égales à celui qui sera capable de soutenir financièrement la lutte le plus longtemps.

Le facteur solidité des troupes passe donc avant le facteur nombre. Le même auteur écrit que :

Les masses levées par la République Française se brisèrent en 1870-71, malgré leur grande supériorité numérique, contre les solides bataillons prussiens, et les Japonais, malgré une infériorité notoire de leurs forces, ont triomphé sans cesse de la supériorité numérique des Russes. Sur ce point, la guerre de Sécession est extraordinairement instructive. L'armée de l'Union, supérieure en nombre, succomba toujours devant la solidité des troupes confédérées.

Il ne faut pas cependant une disproportion trop grande entre les forces en présence, le nombre alors l'emporte fatalement.

L'expérience et les considérations théoriques montrent qu'en présence d'une supériorité numérique qui dépasse un certain point, le génie même doit être impuissant et que la masse, si elle peut agir en tant que telle et si elle est assez grande, peut annihiler toute supériorité intellectuelle et morale. Le génie ne peut donc compenser l'avantage du nombre que dans certaines limites. La supériorité numérique, parvenue à un certain degré, exerce une sorte d'influence écrasante.

Le chiffre des armées en présence dans la guerre européenne est immense puisqu'il représente toute la partie valide de la population. Divers écrivains militaires ont évalué à 9 millions le nombre des soldats mis sur pied par l'Allemagne.

Inutile d'ajouter qu'à aucune époque de l'histoire on ne vit une aussi formidable quantité de combattants. Cette guerre est donc sans précédents dans les fastes de l'humanité. Des peuples entiers et non plus des armées sont en lutte.

Au début de la campagne, les Allemands procédaient par des attaques à fond et en masses qui leur coûtèrent des pertes énormes. Repoussés sur la Marne, ils pratiquèrent ensuite la tactique appelée défensive-offensive. L'attaque est reçue sur une position défensive bien choisie et on riposte au moyen d'une contre-attaque dès que l'adversaire semble affaibli par son effort.

Soutenue depuis la bataille de la Marne, cette méthode n'a produit aucun résultat utile parce que les adversaires aux prises sont de force à peu près égale. Il en sera ainsi jusqu'au jour où l'un d'eux, devenu supérieur par ses effectifs, son artillerie et son commandement, pourra ouvrir une brèche de plusieurs kilomètres dans le front ennemi. La ligne étant percée sur un point, tout le reste tombera probablement du même coup.

§ 6. — La guerre maritime et aérienne.

Les guerres maritimes semblent en voie de subir une évolution encore plus profonde que la guerre terrestre.

Les luttes navales tendent, en effet, à se passer non sur la mer, mais sous la mer, et l'on se demande si ces immenses cuirassés, coûtant une centaine de millions, que peuvent couler en quelques minutes une mine ou une torpille lancée par un sous-marin, persisteront dans l'avenir.

Le rôle des sous-marins a été double : rôle matériel au point de vue des destructions produites, rôle psychologique par la crainte qu'ils inspirent. Cette crainte força les plus grands cuirassés à s'abriter dans des ports sans en sortir.

Avec un nombre suffisant de sous-marins, l'Allemagne aurait pu effectuer le blocus réel de l'Angleterre. Mais la confiance allait autrefois aux grands cuirassés, alors que les sous-marins semblaient un élément accessoire.

Rien ne justifiait cependant cette préférence car le rôle futur des sous-marins avait été prévu. Le chef de l'Amirauté britannique en 1905, lord Fisher, disait que le sous-marin entraînerait une révolution dans les guerres navales, et l'amiral sir Percy Scott écrivait, quelques semaines avant la guerre, que l'introduction des sous-marins rendrait inutiles les bâtiments naviguant à la surface. « Le sous-marin, disait-il, expulsera le cuirassé de la mer comme l'automobile a chassé le cheval de la route. »

Un ingénieur italien, ancien directeur des constructions navales, proposait de transformer les sous-marins en cuirassés-torpilleurs naviguant sous l'eau et ne laissant émerger que deux réduits cuirassés renfermant les cheminées, les moteurs et les canons. La coque du navire serait cuirassée seulement à la partie supérieure, l'épaisseur d'eau dans laquelle le navire demeure immergé étant suffisante à le protéger contre les obus.

Dans l'état d'équilibre instable où la civilisation moderne est entrée avec les rapides progrès des sciences, il faut nous attendre à bien d'autres transformations encore.

CHAPITRE II

SENTIMENTS QUE LA GUERRE FAIT SURGIR. NAISSANCE DE PERSONNALITÉS NOUVELLES

§ 1. — La naissance de personnalités nouvelles.

Une guerre prolongée comme celle qui bouleverse l'Europe constitue un de ces événements fondamentaux capables de modifier l'équilibre des éléments formant notre vie mentale. Il en résulte ces variations de personnalité dont j'ai parlé dans un autre chapitre. L'individu se transforme au point que sa conduite surprend ceux qui l'ont connu. Lui-même s'en étonne plus tard quand, placé de nouveau dans son ancien milieu, il reprend sa primitive personnalité.

De telles transformations s'opèrent d'une façon aussi instantanée que les événements les ayant produites. A une époque où le luxe, le goût du bien-être semblaient avoir rendu impossible une vie de privations et de dangers, on a vu des centaines de milliers d'hommes, que rien n'avait préparés à affronter quotidiennement une mort terrible, atteindre la bravoure des guerriers les plus célèbres. L'héroïsme devint chez eux une qualité banale. La lecture des citations à l'ordre du jour de l'armée montre que des individus, exerçant dans la vie civile de très pacifiques professions, firent preuve sur le champ de bataille d'une intrépidité sans limite.

La guerre actuelle justifie donc une fois de plus encore cette théorie, exposée dans mes livres, que la constance apparente de la personnalité résulte simplement de la constance du milieu. L'homme de la vie journalière peut se modifier au point d'être méconnaissable. Chacun de nous renferme des possibilités de caractère variées que les circonstances feront diversement surgir. Nul ne saurait, par conséquent, prétendre se connaître.

Les transformations de mentalité constatées chez les combattants des couches sociales variées dont se composent les armées sont si profondes, qu'elles frappèrent tous les observateurs.

Voici ce qu'écrivait l'un d'eux :

> Une mentalité particulière s'est développée chez nos soldats, transportés souvent par les événements sur un plan héroïque. Ils ont le goût du sacrifice, le désintéressement, l'enthousiasme et l'horreur des discours inutiles. Les « palabreurs » ne sont point tolérés sur la ligne de feu. On ne prend plus les Gaulois à la glu des belles paroles. En revanche, une telle solidarité existe entre les hommes qu'il n'est plus besoin de demander des volontaires, quand il s'agit d'un coup de main hasardeux : tous sont prêts. Vraiment, le devoir, la lutte ont ennobli chaque soldat. Je connais un officier, ancien trappiste, qui a sous ses ordres des hommes dont la conduite n'était pas exemplaire à Paris. Ce sont maintenant des soldats admirables, et le rachat de leurs erreurs passées est un fait accompli aux yeux de leurs camarades. (*Le Temps*, 27 juillet 1915.)

Cette mentalité nouvelle implique le développement de certains sentiments, dont nous allons indiquer les principaux.

§ 2. — L'exaltation du patriotisme. — Influence de l'âme de la race.

L'amour de la patrie, qualifié de patriotisme, nécessite le sacrifice complet de ses intérêts personnels aux intérêts généraux.

Le patriotisme est d'autant plus fort que l'âme de la race se trouve plus stabilisée par des siècles de vie commune et d'intérêts communs. L'instinct de la conservation collective se substitue alors facilement à celui de la conservation individuelle.

C'est en réalité l'âme de la race qui lutte dans une guerre, et elle se défend d'autant plus vigoureusement que son existence est plus menacée.

Le patriotisme représente une qualité héréditaire d'ordre mystique et non rationnel. Qui serait patriote par simple raison, le serait médiocrement et pour peu de temps.

Le patriotisme, comme la religion, comme la morale, n'est pas de l'ordre de la raison, mais de la vie, écrit M. Chevrillon. C'est un instinct, un de ces systèmes héréditaires d'illusions et de sentiments que la vie, au cours de ses développements, a construits en s'efforçant vers ses fins, qui sont toujours de perpétuer ou perfectionner ses formes. De ces systèmes, les uns servent à la conservation de l'individu, d'autres à celle du groupe, d'autres à celle de l'espèce, — tous, plus ou moins directement, au seul objet essentiel : le maintien du type. Voilà pourquoi la dialectique ne porte pas, qui démontre à l'individu l'absurdité de son sacrifice à la chose dont, mort, il ne saura plus rien. Qui raisonne ainsi part d'un axiome faux, supposant que l'individu seul existe, qu'il se limite à lui-même, qu'il n'a de valeur et de fin qu'en lui-même, tandis qu'il vit de son groupe et pour son groupe, comme la feuille de l'arbre et pour l'arbre, — tandis que la portion, et sans doute la principale de son être, n'est pas individuelle, mais sociale. Considéré de ce point de vue, le patriotisme est logique, il n'est pas une erreur de l'individu qui calcule mal en se sacrifiant à ce qui n'est pas lui; il est, dans l'individu, une fonction de la vie collective pour la vie collective : ainsi l'amour et la vie de l'espèce. Fonction latente en temps ordinaire, mais capable, comme l'amour encore, de brusques éveils.

Le patriotisme, héritage des morts, constitue une de ces puissances supérieures créées par de longues accumulations ancestrales dont la force se révèle à certains moments. C'est lui qui, le jour même où la guerre fut déclarée, détermina les hommes appartenant aux partis en apparence les plus rebelles à son influence : pacifistes, syndicalistes, socialistes, etc., à se ranger immédiatement sous les drapeaux.

Cette unanimité eût été impossible si le patriotisme n'avait pas constitué une force inconsciente dont les impulsions balaient tous les raisonnements.

Une foule de petits faits montre bien son étonnante action. Un des plus typiques est celui de ce soldat qui, après avoir déserté en 1899, s'établit cultivateur à Carlsruhe et épousa une Allemande, dont il eut six enfants. Son antipathie pour le service militaire était très forte, puisqu'il n'avait pas craint de déserter afin de l'éviter. Mais au moment du conflit, la voix de la race parla si haut et si victorieusement, qu'il abandonna sa nouvelle famille pour revenir se battre en France.

Bien d'autres cas du même ordre pourraient être cités. Le plus touchant peut-être, est celui de ce conseiller d'Etat, ancien préfet qui, à soixante ans, contracta un engagement de simple soldat et finit par être tué d'un éclat d'obus.

§ 3. — Le goût du risque et la témérité.

L'amour du risque est un élément de notre nature. Il se traduit de diverses façons : jeu, chasses dangereuses, combats, explorations, etc.

Aucun conquérant, aucun fondateur d'empire, n'atteignit le succès sans aventurer plusieurs fois sa fortune sur la table de jeu du destin.

Risquer afin de réussir est nécessaire, surtout dans les batailles, mais il ne faut pas que les chances de succès soient trop inférieures aux chances d'insuccès. La claire vision des possibilités est donc indispensable.

Pour fonder l'unité de l'Allemagne, Bismarck sut affronter bien des risques. D'autres eussent hésité à attaquer successivement l'Autriche, qui passait pour très forte et la France, assez puissante pour avoir battu l'Autriche en Italie.

Le risque reposant sur de faibles chances de succès constitue la témérité. C'est une forme de courage à la fois inutile et dangereuse qui, dans la dernière campagne, nous a coûté des milliers d'hommes. Voici ce que m'écrivait sur ce sujet un officier d'artillerie, M. de B..., dont j'aurai à citer encore les très intéressantes observations faites sur le front.

Il y a un monde entre témérité et bravoure. La première devrait être absolument proscrite et punie. C'est à elle que nous devons d'avoir eu des régiments entiers privés d'officiers. Les Allemands, avec leur implacable méthode, l'ont sans doute compris. C'est pourquoi on ne voit presque jamais chez eux de ces actes d'apparence héroïque dont nous sommes si fiers et qui nous sont funestes souvent, car ils écrèment les meilleurs pour laisser une troupe de valeur considérablement diminuée.

§ 4. — Réveil des sentiments religieux en France pendant la guerre.

La guerre a développé en France des manifestations mystiques fort différentes de celles résultant du mysticisme politique de l'Allemagne.

Dans l'idéal mystique de domination des Allemands, le Dieu incarné en la personne de l'Empereur ne joue qu'un rôle un peu lointain. Ayant choisi la race allemande pour régénérer le monde et lui ayant donné toutes les qualités nécessaires, il n'a plus à s'occuper d'elle.

Sûr de la protection de son Dieu, le mystique allemand n'éprouve pas le besoin de la lui demander. Moins certain de cette protection, le mystique français tâche de l'obtenir par des suppliques répétées. Elles sont nécessaires, puisqu'il est persuadé, suivant l'explication publiée dans un grand journal par un académicien éminent, que :

> Le malheur national est une expiation de nos péchés. Il y a un sens à ce cataclysme et toutes les religions sont unanimes à reconnaître dans le malheur national une expiation.

Le meilleur moyen d'apaiser la fureur de ce Dieu vindicatif était, selon le même auteur, de lui adresser des prières publiques. Une pétition fut, en conséquence, envoyée dans ce sens au gouvernement pour obtenir son adhésion. Elle ne fut pas naturellement accueillie. Un Dieu capable d'être seulement fléchi par de basses supplications, possède une mentalité un peu trop barbare pour nos âmes modernes.

Son intervention dans les récentes batailles parut cependant évidente à des guerriers distingués. Dans le *Gaulois* du 26 décembre 1914, le général Cherfils écrit :

> On comprend très bien pourquoi, dans le plan de la souveraine Providence, la guerre n'a pas eu la brièveté foudroyante que nous avions escomptée. Cette guerre doit être pour la fille aînée de l'Église une délivrance, une résurrection. La résurrection implique d'abord le tombeau. A défaut du tombeau de Lazare, Dieu nous donne la litière de Job, la longue épreuve douloureuse et sanglante où se renouvelle l'âme de la France chrétienne. Et telle est l'explication la plus vraie de la durée de la guerre. Elle est la plus vraie parce qu'elle est surnaturelle. Jamais, depuis les temps de Jeanne d'Arc, il n'a été plus visible que le surnaturel gouverne les mondes.

L'esprit mystique donne assurément une grande force aux croyants, mais il leur suggère parfois de bien singulières explications !

La renaissance des sentiments religieux certaine sur le front l'a été beaucoup moins dans l'intérieur du pays. L'hostilité du pape et celle des partis catholiques chez les neutres, les maladresses du clergé qui assurait que nos revers étaient un châtiment du ciel, ont profondément heurté le patriotisme national et créé un refroidissement général à l'égard du catholicisme.

§ 5. — Évolution des sentiments populaires pendant la guerre.

Il est difficile de parler de l'évolution des sentiments populaires durant la guerre. Les transformations de sentiments et d'idées dans toutes les couches sociales sont évidentes, mais leurs formes finales demeurent encore inconnues.

L'évolution de l'opinion générale dans les divers pays déterminera en grande partie la continuation ou l'arrêt de la lutte. La réalité des choses est beaucoup moins importante que l'idée qu'on s'en fait. Qui se croit vaincu l'est bientôt. Le monde est gouverné aujourd'hui par des concepts collectifs. Lents à se former, ils deviennent irrésistibles après avoir grandi.

Et c'est pourquoi l'Allemagne fit tant d'efforts pour conquérir l'opinion, mais elle altéra trop souvent la vérité pour que la foi en ses assertions ait pu subsister.

La conviction mystique de leur triomphe n'est pas encore ébranlée chez les Allemands. Elle le sera seulement quand ils sentiront le Dieu des combats les abandonner.

Quant à connaître les véritables sentiments des divers pays, on doit y renoncer. Leurs journaux disent seulement — sauf en Angleterre, peut-être — ce que le gouvernement permet.

Voici, cependant, à titre de document et sans qu'on puisse y attacher d'importance, un extrait du journal hongrois le *Magyar Orzag* du 4 avril 1915 :

Depuis huit mois que dure cette horrible guerre, on a pu constater trois phases différentes dans le sentiment public.

La première fut celle de l'enthousiasme débordant qui enflammait les âmes.

Puis les dispositions publiques changèrent; l'opinion devint pour ainsi dire apathique aux choses de la guerre. Les victoires ne réjouissaient plus personne, mais les défaites n'émouvaient pas non plus.

Nous voici arrivés à la troisième phase du sentiment public. A l'indifférence a succédé une excessive nervosité. C'est une grosse réaction. Les cordes sentimentales résonnent. Le moindre événement impressionne. Jamais l'affliction publique ne fut plus profonde, jamais les deuils ne furent plus déchirants, jamais les événements ne touchèrent davantage la foule. C'est plus que de la nervosité : c'est presque un phénomène morbide.

Depuis cette époque, les Russes ayant été expulsés de la Galicie, l'opinion hongroise a dû encore changer.

Ce chapitre contribuera, comme le suivant, à montrer combien doivent être modifiées nos anciennes idées sur la fixité de la personnalité. L'agrégat des équilibres dont elle est formée ne doit, je le répète, sa stabilité qu'au milieu social et aux nécessités de l'existence journalière. Les influences ancestrales accumulées par l'hérédité constituent un noyau psychologique assez fixe, mais des circonstances imprévues pourront revêtir ce noyau d'équilibres nouveaux qui transformeront la personnalité. Alors se produit l'apparition d'hommes inconnus, étonnant leurs contemporains et que la postérité ne comprend pas.

CHAPITRE III

LE COURAGE MILITAIRE. SA GENÈSE ET SES FORMES

---

§ 1. — Les formes diverses du courage.

Bien que la vie soit pour l'homme un bien précieux, il la sacrifie facilement dans certaines circonstances, notamment quand il obéit à des impulsions ancestrales supérieures à l'instinct de la conservation individuelle.

La résistance à la crainte naturelle produite par le danger constitue le courage. Dans cette qualité entrent des éléments divers qui en font un tout complexe, se présentant sous des aspects variés.

Le courage peut être accidentel, et devient alors relativement aisé. Sous la forme continue, il apparaît plus difficile, sauf quand l'habitude rend sa pratique presque inconsciente.

La guerre européenne a permis de faire sur le courage des observations très intéressantes au point de vue psychologique. Les remarques enregistrées sur les champs de bataille mêmes sont pleines d'enseignement.

Parmi les lettres reçues du front, je choisirai celle d'un officier d'artillerie, M. de B...., déjà cité plus haut. Voici ce qu'il m'écrivait :

Au point de vue de la bravoure, la guerre m'a fait discerner toute une gamme étendue de qualités, jusqu'alors classées dans mon esprit en un bloc un peu confus.

Tout d'abord, combien juste est l'expression espagnole qui dit d'un homme : « Il a été brave tel jour. »

La plus belle qualité de la bravoure est celle qui permet à un homme partant de la sécurité et n'ayant point l'excitation de la lutte, de se lancer avec une volonté froidement calculée dans un danger connu et évalué.

Le vrai courage est prudent et ne s'exerce que dans la limite du besoin sans fanfaronnade inutile, en dehors des questions d'exemple à donner pour entraîner des hommes hésitants.

Le courage d'un même groupe d'hommes varie du tout au tout, suivant les circonstances, surtout avec un tempérament aussi influençable que le nôtre. La valeur d'un groupe d'Allemands subit certainement moins d'oscillations.

La confiance des hommes dans leurs chefs est un facteur des plus importants. La même troupe, dans les mêmes circonstances, peut obtenir un succès ou un échec, suivant la façon dont elle est commandée.

Depuis le commencement de la guerre, notre courage militaire a subi une transformation importante. Devant les nécessités, son côté brusque et impulsif, qui nous coûta tant d'hommes, a fini par disparaître.

Imbus des méthodes surannées que notre état-major n'avait pas su modifier, nos soldats, au début, se lançaient follement à découvert contre des batteries qui les laissaient approcher et les anéantissaient sans subir aucune perte. Semblables procédés conduisirent vite à la déroute. Ils furent, tout autant que l'insuffisance du commandement, un des motifs de succès des Allemands.

Cette cause est bien marquée dans l'interview suivante d'un général allemand, publiée par le *Figaro* du 5 octobre 1914 :

Votre infanterie mérite de grands éloges, mais elle a de graves et de terribles défauts. Le plus dangereux de tous, c'est son courage. Vos fantassins se battent à poitrine découverte. Ils semblent se plaire à faire cible. Ils sont faciles à viser et à atteindre. C'est héroïque certainement mais c'est absurde.

Vous croyez que le courage est toujours un élément utile, très certainement il l'est dans certaines circonstances, dans les assauts, dans les charges à la baïonnette. Mais le trop grand courage des hommes est plus souvent un inconvénient qu'un avantage. Cela vous ne le savez pas. C'est pourtant une vérité Vous semblez ignorer que pour vaincre il faut se cacher, se dissimuler, offrir à l'adversaire le moins de prise possible, remuer la terre, s'y tapir, se servir de tous les rochers, de tous les replis de terrain, voir et ne pas être vu.

Voilà ce que vous apprendrez peut-être un jour à force de nous voir faire. Il faut tout risquer dans la bataille, mais il ne faut rien risquer en dehors d'elle.

L'expérience finit par enseigner aux soldats ce que leurs chefs avaient oublié de leur apprendre en temps de paix.

Cette évolution est résumée dans les lignes suivantes d'un officier français, publiées par l'*Eclair* du 29 novembre 1914 :

Notre notion du courage changea. Elle se fit, non pas moins grande, mais plus humble, plus intérieure, plus obscure, plus morale enfin. L'autre, celle d'autrefois, avait quelque chose d'éclatant, d'aristocratique; les courageux sortaient du rang, se distinguaient aux yeux de tous, ils avaient des attitudes et des spectateurs, ils paraissaient d'abord une élite, et l'on reconnaissait à des signes visibles qu'ils formaient une exception. Il n'y a pas d'exception quand il n'y a pas de foule, et l'on n'a de courage dans une tranchée que pour ses deux voisins, autant dire pour personne. La renommée ne l'accompagne pas; lui-même, souvent, s'ignore. Il n'a plus rien de gesticulatoire. Il consiste presque uniquement à conserver son sang-froid, le jeu libre du cerveau et de la volonté. La gloire de ceux qui auront vécu les batailles d'Ypres sera de n'en être pas revenus fous, ni candidats à la folie.

Cette gloire, jusqu'à présent, nous nous la sommes conquise et elle nous vient non pas de quelques individus privilégiés du caractère ou des circonstances, mais bien des qualités communes de notre race.

Ces lignes montrent bien que le courage intermittent, irréfléchi, a été remplacé par le courage continu, réfléchi et par conséquent prudent. Cette seconde forme de bravoure se révèle actuellement beaucoup plus utile que la première.

Les observations faites sous le feu sont toujours particulièrement intéressantes. En voici encore quelques-unes que me transmet le Dr Jolivot. Elles montrent bien l'action des chefs.

Sous l'influence de l'émotion engendrée par un feu violent, le soldat devient assez semblable à un cheval emballé, avec cette différence qu'il suivra aveuglément son chef. Mais que ce chef vienne à disparaître, la désagrégation de la troupe est rapide. J'ai vu une compagnie se débander à une première attaque, en Argonne, alors que le reste du régiment, à ce moment bien encadré, était résolument engagé. Les hommes peuvent être ramenés, mais si le geste et la voix du chef ne sont pas assurés, le résultat est nul. L'homme jette alors son fusil et son sac, c'est-à-dire ce qu'il a de plus précieux, et une troupe devient ainsi une foule.

§ 2. — L'héroïsme.

Les conditions très dures et très meurtrières de la guerre moderne devaient forcément engendrer la déroute ou l'héroïsme. Elles ont heureusement créé l'héroïsme. Il est même si répandu, qu'on peut le considérer comme une qualité élémentaire. Nul doute sur ce point ne demeure possible, après avoir parcouru la très longue liste des citations à l'ordre du jour. Des traits comme les suivants, pris au hasard, ne sont que les types de milliers d'autres semblables :

Courtin, réserviste du 126e d'infanterie, après avoir tué les défenseurs d'une mitrailleuse, saute seul dans une tranchée défendue par vingt Allemands et les tue à coups de fusil et de baïonnette.

Cheylard, sous-officier du 3e zouaves, est envoyé, la nuit du 8 octobre 1914, avec trois hommes pour reconnaître les positions des ennemis. Il en rencontre quarante cachés derrière une haie, en tue dix-huit et met les autres en fuite.

Le caporal Leboucq, du 4e cuirassiers, fait prisonnier à lui seul par sa hardiesse et son sang-froid, un capitaine et vingt-trois soldats wurtembergeois.

Le marin Mathieu Jouy, protégé par quelques sacs de sable, défend à lui seul une tranchée pour couvrir la retraite de ses camarades, contre une centaine d'assaillants, et, ayant un bras paralysé par un coup de baïonnette, tient les assaillants en respect et peut rejoindre les siens.

Arthur Fleury, du 319e d'infanterie territoriale, tue à lui seul quatre Allemands, en arrête huit et en met trois autres en fuite. Blessé et évacué deux fois, il revient de lui-même à sa compagnie dès qu'il se sent à peu près guéri.

Innombrables sont de tels actes de bravoure chez des soldats provenant de toutes les couches de la société. L'héroïsme n'a pas de caste.

Il s'agit, dans les exemples qui précèdent, d'héroïsmes intermittents, mais les conditions d'existence de la guerre actuelle au fond des tranchées rendirent l'héroïsme continu indispensable. On jugera de la vaillance qu'exige cette vie par les extraits suivants de diverses publications.

Voici d'abord un passage, emprunté à l'*Eclair* du 29 novembre 1914, émanant d'un officier qui vécut dans les tranchées à la bataille d'Ypres :

Le 24 au soir, non loin d'Ypres, on nous jeta brusquement au feu, dans des tranchées. Pendant treize nuits et douze jours — je fus blessé le treizième — nous restâmes enfouis dans des fosses, parmi la boue, mouillés de brouillard nocturne et transis d'immobilité, sous une tombée furieuse de balles, de shrapnells, de bombes et d'obus qui n'arrêta pas, ni jour ni nuit, un quart d'heure.

...Adieu nos rêves d'héroïsme théâtral, nos charges entraînantes et nos baïonnettes, rougies du sang exécré. Il fallait, en leur place, râler dans la fumée des éclatements, devenir sourd de leur tintamarre, être enfoui sous leurs débris, écouter sans bouger les cris des blessés, recevoir la cervelle d'un camarade dans la figure, voir passer devant soi le bras d'un autre, ramasser celui-ci aux pieds écrasés, emporter celui-là la poitrine ouverte. Il fallait voir, entendre, frémir et ne pas broncher. Nous étions dans nos tombes, en avance sur le sort qui nous y coucherait, en proie au cauchemar des supplices infernaux.

M. Léon Bourgeois a résumé, dans les termes suivants, la vie des tranchées :

Ils souffrent sans mot dire, dans l'obscurité absolue, les pieds dans l'eau glacée, écoutant les moindres bruits de la nuit, sans sommeil, la main sur l'arme, prêts à combattre, prêts à mourir. Et les nuits se succèdent, et sur des centaines de kilomètres de long ils sont ainsi, attentifs, impassibles, inébranlables. Et leurs chefs sont près d'eux, silencieux aussi. Et quand les combats se livrent, ils ne voient même pas leurs chefs ; ils reçoivent de loin des ordres transmis par le téléphone. Les balles sifflent, les obus éclatent brusquement, les formidables engins s'abattent sur la tranchée et la bouleversent. Et, quand la rafale est passée, ils se serrent, ils se comptent. Sans une hésitation, sans un instant de trouble, ils recommencent, inlassables, la silencieuse faction. Et les chefs font de même.

Et quand, le lendemain, le *Bulletin des Armées* racontera le combat où l'on a gagné quelques centaines de mètres de terrain, résumera d'un mot net et simple l'héroïque combat, personne ne dira le nom du bataillon ou du régiment, personne ne dira le nom des chefs qui ont commandé et qui ont vaincu. Nul d'entre eux, du plus élevé au plus humble, n'a songé à la chose merveilleuse qui semblait nécessaire autrefois pour enfanter les prodiges : la gloire !

§ 3. — Rôle de l'habitude sur le courage.

L'habitude joue un rôle prépondérant dans la genèse du courage continu imposé par la guerre actuelle. Il suffit, pour la créer, que les mêmes dangers se répètent et que l'homme ait su résister aux premiers. Du courage discontinu, celui-ci passe alors au courage continu.

On ne doit donc pas s'exagérer la rigueur de cette vie des tranchées, dont nous avons reproduit plus haut un tableau. Elle n'apparaît dure que contemplée brusquement, sans tenir compte de l'habitude. La vie dans les mines, avec le perpétuel danger d'explosion, semble également infernale à l'homme vivant toujours à la lumière. Abandonner les champs ensoleillés pour un souterrain obscur où l'on ne progresse qu'en rampant, serait quitter le paradis pour l'enfer. Et cependant les vieux mineurs retraités regrettent leur ancienne vie. Pour eux, l'existence sous terre représente le paradis et la vie au soleil, l'enfer.

C'est en raison des effets de l'habitude que les soldats des tranchées sont gais et ne donnent aucun signe de lassitude. L'accoutumance a mis sur eux sa puissante empreinte. Lorsqu'ils retourneront à l'usine, aux champs, au bureau, plus d'un regrettera peut-être les meurtrières tranchées.

La gaieté dans la tranchée a été parfaitement notée par M. E. Herriot :

Ici, dans l'un de ces fossés de boue et de paille détrempée, où nos soldats vivent, on touche vraiment au plus haut point de la souffrance humaine : une souffrance faite de privations, de froid glacial, d'efforts quotidiens, une souffrance qui continue. Mais il faut croire que l'idée qu'on se fait des choses est peut-être parfois pire que la chose elle-même; et puis, on s'habitue à tout. Je n'ai pas entendu une seule plainte — et ce n'était point de la pudeur, les soldats n'ont point de pudeur. Et non seulement je n'ai pas entendu de plaintes, mais, au milieu des conditions de la vie la plus dure, je n'ai vu que des hommes gais, d'une gaieté puisée aux sources les plus profondes du tempérament national, faite de confiance, d'optimisme et de volonté.

Retenons les dernières de ces lignes concernant la gaieté. Elle est un des principaux soutiens de l'homme vivant dans les tranchées. Les chefs qui en comprennent la valeur savent l'entretenir par divers moyens.

L'habitude de cette vie terrible s'acquiert d'ailleurs assez vite. Voici ce qu'en écrit un militaire ayant vécu longtemps dans les tranchées :

Ce n'est pas si difficile de faire un poilu. Ça demande huit jours au maximum. Au bout d'une semaine, le soldat est si bien habitué au tumulte infernal du bombardement que si, par hasard, la canonnade s'interrompt, il demeure littéralement abasourdi par le silence. On dort au bruit des marmites. Mais l'absence du bruit réveille les dormeurs : le fait est constaté chaque jour. Et cela signifie que l'accoutumance est réalisée. Elle s'est produite dès le début avec une rapidité inespérée.

Toutes les lettres des soldats dénotent la rapidité de leur accoutumance. En voici une qui montre à la fois le rôle de l'habitude et la facilité avec laquelle le soldat français s'adapte à des conditions de combat très contraires à sa mentalité atavique :

Rien ne m'effraye plus maintenant ; les obus peuvent siffler ainsi que les balles ; je ne perds plus mon sang-froid comme au début, et nous sommes tous de même. Dans les premiers combats, nous nous emballions trop vite ; on ne voyait que le moment de charger à la baïonnette, et, en voulant aller trop vite, on se faisait fusiller. Maintenant, lorsque nous attaquons, nous rampons sur le ventre en nous servant de la moindre motte de terre pour nous y abriter. Il nous est permis ainsi de tirer sur les Allemands tout à notre aise et quelquefois même sans qu'ils sachent d'où les coups leur arrivent. Dans le dernier combat que nous leur avons livré, nous occupions un endroit presque intenable ; nous avions à repousser des attaques dans toutes les directions, sur le flanc et en face de nous... Pas un de nous ne recula.

Nous n'avons pas à examiner ici les causes psychologiques de l'habitude. Elle est une conséquence de l'aptitude à l'adaptation. Chez un être incapable de s'adapter il n'y a pas d'habitude possible.

Suivant sa durée, l'habitude crée des réflexes provisoires ou durables, dont le déclanchement s'effectue spontanément. Cette action est bien montrée dans le récit suivant d'un officier exposé la nuit à une attaque imprévue :

O vieil automatisme professionnel, comme tu m'es précieux ! Il y a quelques secondes je n'étais qu'un halluciné dont la nuit se jouait ; me voici devant mes soldats : sous le regard de mes subordonnés, je sens une force étrange me pénétrer, je deviens le chef calme, maître de lui, sûr de ce qu'il ordonne, confiant en sa science, et dont la volonté ranime les faibles.

Le courage créé par l'habitude n'intervient que

pour des dangers de même espèce, se répétant de la même façon. Le phénomène a été fréquemment observé. Les soldats habitués à recevoir, par exemple, certaines catégories d'obus et n'y prenant plus garde, se troublent dès que la nature des projectiles change. Il faut une nouvelle accoutumance pour le surmonter.

Les faits précédents suffisent à prouver la part de l'habitude dans la genèse du courage continu. A la guerre tout autant que pendant la paix, les trois quarts de nos actes sont dirigés par l'habitude.

L'habitude qui crée le courage continu ne pouvant rien sur les dangers imprévus, la bravoure dans ce dernier cas procède évidemment d'une autre source. Il implique une forte volonté et, par conséquent, une sorte de tension nerveuse qui ne saurait être facilement prolongée. Le rôle des chefs devient alors prépondérant.

§ 4. — Rôle de la contagion mentale.

La contagion mentale, fort puissante dans la vie sociale, l'est plus encore dans la vie du soldat. Elle seule suscite cette cohésion des groupes sans laquelle aucune action militaire ne serait possible.

La contagion mentale est, on le sait, un phénomène psychologique en vertu duquel les individus soumis à son influence agissent, non d'après leur volonté, mais selon celle des êtres qui les entourent.

La contagion mentale s'exerce peu sur l'intelligence, mais beaucoup sur les sentiments. Sous l'empire de ses suggestions les hommes en foule sentent et réagissent tous de la même façon.

Beaucoup d'états mentaux, dérivés d'associations diverses de sentiments : optimisme, pessimisme, peur, courage, etc., sont susceptibles de devenir contagieux. Les idées peuvent l'être aussi quelquefois, mais seulement en proportion de leur contenu affectif ou mystique. Une idée purement rationnelle n'est pas contagieuse.

La contagion mentale s'exerce dès que l'individu entre dans une agglomération aux contours professionnels bien nets, un groupement militaire, par exemple. A sa personnalité se superpose alors l'âme de sa collectivité. Il sentira, pensera, jugera avec les idées de son groupe et non d'après ses sentiments, ses pensées, ses jugements habituels.

Miracle étonnant, écrit le capitaine Tabureau, dès que cet homme, ce réserviste, a revêtu l'uniforme, son état d'esprit change brusquement; le sentiment de son individualité s'atténue, il acquiert un sens nouveau, celui de la vie collective; ce n'est plus l'épicier, le forgeron, le cultivateur un tel, c'est un rouage dans une machine, ses idées personnelles s'évanouissent, une force mystérieuse le pousse à penser et à agir comme les autres. Qu'il entende dire autour de lui : « L'ennemi est fichu, nous n'en ferons qu'une bouchée... » : le voilà persuadé que l'ennemi est sans force, ridicule, méprisable. Au contraire, qu'il reçoive de son voisin la terrible confidence « nous sommes trahis » et le voilà convaincu que tous ses chefs l'ont vendu à l'ennemi.

Sur le champ de bataille, s'il est ému, il suffit que quelques hommes crient : « Sauve qui peut ! » pour qu'immédiatement toute idée raisonnable soit balayée en lui; sans réfléchir, sans se rendre compte si le danger est réel, il se met à fuir comme un fou.

La contagion mentale rend fort dangereux les bruits, les opinions, etc., se propageant surtout quand le moral est ébranlé par une défaite. Voici ce que m'écrivait à ce sujet l'officier d'artillerie, déjà cité :

Quelques jours à peine après le début de la campagne, j'ai trouvé une confirmation de l'exactitude de vos conceptions, qui m'a frappé. C'était le 20 août, à Sarrebourg. Une simple rumeur comme celle-ci : l'artillerie ennemie tire de trop loin pour que l'on puisse se défendre contre elle, avait transformé en un troupeau indécis des hommes qui, quelques heures auparavant, étaient pleins d'enthousiasme. L'artillerie seule tenait en face de cette démoralisation. Un obus atteint mon cheval et je fus lancé dans un entonnoir. Je ne sais pourquoi je pensai à vous, et, dans la demi-inconscience où m'avait laissé le choc, je sentis comment ces hommes avaient subi la contagion mentale qui les paralysait et que nous autres ne pouvions ressentir étant, comme artilleurs, étrangers à leur foule. Cinq jours après, les mêmes hommes, stimulés par l'exemple de compagnies ayant conservé leur sang-froid, et le bruit de victoires supposées dans le Nord, donnaient un splendide effort. Le vague troupeau était redevenu un instrument puissant.

Le même officier me faisait remarquer que les isolés reprenaient une valeur militaire après être parvenus à rejoindre leur groupe habituel, mais nullement quand on les fusionnait avec un autre. Ils le quittaient à la première occasion pour s'accrocher aux voitures d'artillerie. La confiance due à la contagion mentale disparaissait donc hors de leur milieu familier.

CHAPITRE IV

LES CONSÉQUENCES DES IMPRÉVISIONS ET DES ERREURS DE PSYCHOLOGIE DANS LA GENÈSE DES CONFLITS

§ 1. — Généralité de l'imprévision et du défaut d'observation en psychologie politique.

La plupart des phénomènes physiques se traduisent facilement en formules. Il n'en est pas de même pour les événements de la vie sociale. Trop de facteurs les déterminent pour que de brèves lois puissent permettre de les prévoir.

Même à l'égard des événements rapprochés de l'heure présente, les pronostics restent toujours incertains. Bien peu de cerveaux sont capables de saisir les enchaînements immédiats d'un événement, et à plus forte raison ses résultats lointains. Les hommes d'Etat possédant la faculté de prévoir un peu les déroulements de faits importants sont en nombre fort restreint.

Mais si les difficultés de prévisions lointaines apparaissent clairement, on conçoit moins la rareté de l'aptitude à observer correctement. L'histoire démontre cependant que des gouvernements ayant entre les mains tous les éléments possibles d'information : ambassadeurs, attachés militaires, espions, etc., et pouvant donc être facilement documentés, n'arrivent presque jamais à savoir ce qui se passe dans les pays voisins. Il est évident, par exemple, que si, en 1870, Napoléon III avait su la force militaire réelle de l'Allemagne, il ne se serait pas lancé dans la guerre funeste qui devait nous coûter si cher.

Il est non moins évident que si nous avions connu, avant 1914, les méthodes et l'armement allemands, qu'un observateur un peu judicieux aurait dû découvrir pendant leurs grandes manœuvres, nous eussions pu réformer tout ce que l'expérience révéla de défectueux dans notre organisation.

C'est surtout au point de vue de la psychologie des peuples que les facultés d'observation des hommes d'Etat se montrèrent toujours médiocres. Ils veulent juger les êtres d'après les idées qu'ils s'en font et appliquent à toutes les mentalités la même mesure. Lourde erreur.

Les grands chefs d'Etat furent de tout temps de grands psychologues, mais s'ils surent pénétrer les mobiles d'action de leurs compatriotes, ceux d'autres peuples leur demeurèrent souvent fermés.

Napoléon, qui connaissait si parfaitement l'âme des Français. se trompa entièrement sur celle des Russes et des Espagnols. Cette méconnaissance le conduisit à entreprendre des guerres d'où résulta la décadence de son empire.

Une des grandes supériorités de Bismarck fut de posséder aussi bien la psychologie des peuples étrangers que celle des Germains. Il savait jusqu'où l'on pouvait aller, les limites où il fallait s'arrêter et les moyens à employer pour exciter des mouvements populaires. Avec quelques mots changés dans la célèbre dépêche d'Ems, il obligea les Français à lui déclarer la guerre. Deux ou trois jours de patience auraient suffi à établir la vérité, mais, connaissant notre psychologie, il nous devinait incapables de cette petite dose de patience.

L'ignorance de la psychologie d'un peuple coûte souvent fort cher aux gouvernants. L'ignorance de la psychologie des Boers conduisit un ministre anglais à lancer son pays dans l'expédition du Transvaal. Cette guerre ruineuse fut, de plus, totalement inutile car, reconnaissant qu'elle ne pourrait dompter l'âme de ce petit peuple, l'Angleterre finit par lui rendre presque entièrement la liberté et abandonner sa conquête.

L'histoire des guerres du second Empire suffirait à montrer la fréquence du manque de prévision et d'observation en politique. Il n'est pas une seule des campagnes de cette période, celles de Crimée et du Mexique notamment, qui ne trahisse une incompréhension absolue chez nos gouvernants. Une guerre unique était à faire, celle qui pouvait empêcher la Prusse de terrasser l'Autriche, en s'alliant à cet empire. Elle eût prévenu nos futurs désastres.

Les antécédents de la guerre de 1870 peuvent figurer parmi ceux révélant le plus d'imprévisions et d'incompréhension. Qu'on parcoure la collection des journaux français, des discours parlementaires, des documents diplomatiques de 1865 à 1870, traitant des événements écoulés de Sadowa à Sedan. Quelle accumulation de jugements erronés, de prédictions absurdes, d'incompréhension formidable. Aveuglement partout, clairvoyance nulle part. Si ces mêmes événements devinrent intelligibles plus tard, c'est que leurs conséquences s'étant déroulées ne pouvaient plus être contestées.

Il faut bien reconnaître qu'avec les complications de la politique actuelle les événements les plus rapprochés sont difficiles à prévoir. On ne saurait donc être trop surpris qu'un de nos plus éminents hommes d'Etat actuels ait pu écrire dans le *Figaro* du 5 juin 1914, c'est-à-dire à la veille de la guerre :

« L'Autriche-Hongrie est une puissance de tout repos. Elle n'est un danger pour personne. »

Comment expliquer l'inaptitude générale à comprendre les faits présents et pressentir un peu leurs conséquences? Elle tient surtout à ce que la plupart des hommes d'Etat, confinés dans un cycle de croyances politiques, de source mystique ou affective, raisonnent non sur les événements, mais sur les idées qu'ils s'en font. Ces idées étant généralement l'image de leurs sentiments et de leurs désirs, n'ont aucun rapport avec la réalité.

Si l'on remontait aux origines de la plupart des fautes de l'histoire, on y trouverait toujours l'imprévision, le défaut d'observation et l'incompréhension.

Les erreurs de psychologie sont les plus funestes de celles qu'un homme d'Etat puisse commettre. Sa tâche est donc fort difficile. De ses prévisions ou de ses erreurs dépend souvent la destinée d'un peuple. La justesse des vues de Cavour a créé l'unité de l'Italie et celle de Bismarck l'Empire allemand. Les imprévisions d'un visionnaire couronné nous ont au contraire valu Sedan et une invasion qui figurent parmi les causes de la guerre actuelle. Si les volontés humaines ne dirigent pas entièrement les événements de l'histoire, elles peuvent au moins en orienter le cours. Nos imprévoyances et nos erreurs créent les fatalités, dont il nous faut ensuite supporter le poids.

Les erreurs des hommes d'Etat tiennent souvent à ce qu'ils négligent les influences affectives, mystiques et collectives qui mènent les peuples. La guerre actuelle en a fourni de frappants exemples. On citera toujours parmi eux l'insuccès prodigieux de notre politique dans les Balkans, et notamment la facilité avec laquelle des diplomates considérés comme distingués furent pendant des mois bernés par les Bulgares et les Turcs.

Les hommes ne sont pas les pièces insensibles d'un échiquier que le calcul manie froidement. Trop raisonner avec son intelligence empêche souvent de comprendre les mobiles qui conduisent les âmes.

Très utile aux hommes d'Etat, le sens des prévisions ne semble pas avantageux aux simples particuliers qui le possèdent.

> J'ai depuis longtemps remarqué, écrit Clémenceau, que l'homme infortuné qui voit trop loin devant lui devient facilement un ennemi public pour ses compagnons à courte vue. Rien ne réussit mieux en politique que de se barrer l'horizon. Le docteur Gustave Le Bon, avec sa cruelle psychologie des foules, n'a peut-être pas assez insisté sur le fait que le peuple est foule par définition, ce qui facilite au plus haut point le cours des mauvais gouvernements de tous noms et de toutes catégories, ainsi que l'histoire n'a cessé d'en faire foi.

Laissant de côté ces généralités, nous allons énumérer maintenant quelques-unes des erreurs de psychologie commises dans les divers pays avant et pendant la guerre.

§ 2. — Les imprévisions et les erreurs de psychologie en France.

Nos fautes de psychologie ont été nombreuses. L'une des plus graves consista dans l'illusion pacifiste. Elle nous fit négliger longtemps nos armements et causa l'opposition à la loi de trois ans, dont la nécessité apparaissait pourtant indéniable lorsque l'allure de plus en plus menaçante de l'Allemagne révéla l'imminence du danger. Cette évidence échappait cependant à beaucoup de nos gouvernants.

La conviction qu'en l'état actuel de la civilisation, une conflagration européenne était impossible se trouvait si répandue que la plupart des ministres au pouvoir à l'époque de la déclaration de guerre avaient voté contre la loi de trois ans. Alors que les Allemands s'armaient chaque jour davantage, nous rêvions de paix universelle.

On se croyait d'ailleurs bien certain, en cas de conflit, d'une durée très courte des hostilités. Avec les armements modernes : mitrailleuses, canons à tir rapide, obus explosifs, etc., comment auraient-elles pu se prolonger? Le fait seul d'appeler sous les drapeaux tous les hommes valides de dix-huit à quarante-six ans n'anéantirait-il pas instantanément la vie du pays? Les peuples aux prises seraient sûrement menacés de mourir de privations?

L'expérience a montré le peu de valeur de ces prédictions. La guerre envisagée comme si courte paraît, au contraire, devoir être très longue et lord Curzon a pu dire aux volontaires anglais que plusieurs Noëls s'écouleront avant qu'ils revoient leur patrie.

Malgré toutes les prévisions, l'adaptation de la population aux conditions nouvelles d'existence s'opéra facilement. Les femmes, les vieillards, les enfants ont vaillamment remplacé les hommes manquants pour les travaux d'où dépend la subsistance du pays. La vie s'est ralentie mais ne s'est pas éteinte.

On restait également convaincu qu'en raison de l'énormité des masses engagées, une ou deux grandes batailles régleraient le sort des armées en présence. Or, la caractéristique essentielle de la guerre présente est l'extrême rareté des grandes batailles et la fréquence de petits combats sur une ligne d'immense longueur.

Peu d'écrivains avaient prévu les violences de la lutte actuelle. Je ne crois pas cependant qu'elles étaient difficiles à pressentir. Voici comment je m'exprimais à ce sujet, il y a fort longtemps, dans ma

Psychologie politique. Parlant de la prochaine guerre que je jugeais inévitable, je disais :

N'oublions pas qu'elle sera une de ces luttes finales comme l'histoire en a déjà enregistré plusieurs et qui amènent la disparition définitive de l'une des nations aux prises. Mêlées formidables ignorant la pitié, et dans lesquelles des contrées entières seront méthodiquement ravagées jusqu'à ce qu'elles ne renferment ni une maison, ni un arbre, ni un homme.

Et, persuadé que cette lutte était prochaine, j'ajoutais :

Ayons ces notions bien vivantes dans l'âme quand nous élevons nos enfants et nos soldats et abandonnons aux rhéteurs les vains discours sur le pacifisme, la fraternité et autres futilités qui font songer aux discussions théologiques des Byzantins alors que Mahomet pénétrait dans leurs murs.

Un ancien ministre des Affaires étrangères, M. Hanotaux, a signalé quelques-unes des erreurs psychologiques commises par nos gouvernants depuis le commencement de la guerre. Elles sont, en vérité, excessives :

Les puissances avaient des raisons sérieuses d'intervenir dans les Balkans. A partir du jour où la Turquie prenait position contre elles, elles avaient à rompre les avantages que l'alliance turque apportait aux deux empires germaniques. C'était un nouveau front constitué contre la Russie; c'était la Russie bloquée, au Sud, par terre et par mer; c'était l'Angleterre menacée au canal de Suez et dans les Indes.

Il est singulier que des précautions diplomatiques n'aient pas été prises, à ce sujet, dès le début; il est singulier que l'on n'ait eu aucune donnée précise sur la position éventuelle de la Turquie dans le conflit, à tel point que la place de Paris fournissait encore à la Sublime-Porte un emprunt de 500 millions quelques jours avant la déclaration de guerre; il est singulier que, quand la nécessité d'agir fût devenue évidente, on ne l'ait pas fait plus soudainement et plus énergiquement, en pénétrant à la suite du *Gœben* et du *Breslau* dans le port de Constantinople.

Il y eut là une suite d'erreurs dont le poids porte sur la situation présente.

§ 3. — Les imprévisions et les erreurs de psychologie en Allemagne.

Les erreurs psychologiques des Français furent lourdes, puisqu'elles entraînèrent un défaut de préparation et des désastres. Celles des Allemands, tout en n'ayant pas eu pour eux la même gravité, ont été nombreuses. Elles leur coûtèrent également d'ailleurs très cher.

D'après une interview d'un personnage allemand publiée par *la Dépêche coloniale*, il y a quelques années, les Allemands, pour nous vaincre, comptaient beaucoup :

1° Sur nos dissensions religieuses et politiques;

2° Sur l'antimilitarisme;

3° Sur la Confédération générale du travail, qui prêchera, au moment de la guerre, la grève générale et la grève du soldat;

4° Sur notre décadence physique et morale;

5° Sur la désorganisation de notre armée et de notre marine;

6° Sur nos institutions, pacifistes pour la plupart.

On sait combien la réalité démentit ces prévisions. En les formulant, leur auteur, traduisant d'ailleurs des idées répandues dans son pays, oubliait l'influence d'un facteur psychologique essentiel, la puissance de l'âme nationale qui, dans une crise menaçante, domine les volontés individuelles divergentes et unit tous les cœurs contre le danger commun.

Les Allemands n'ont pas vu davantage que la violation de la neutralité belge soulèverait l'indignation en Angleterre et réconcilierait instantanément des partis paraissant divisés pour toujours. Ils ne pouvaient d'ailleurs prévoir l'effet que produirait la violation d'un traité, les principes de droit international enseignés dans leurs livres étant fort différents de ceux professés par les Anglais.

L'Allemagne ne supposa aucunement non plus la résistance de la faible Belgique à une invasion armée. Ici encore, la force des éléments ataviques lui échappa.

Toutes ces imprévisions amenèrent l'avortement de la marche foudroyante sur Paris.

Nous avons montré dans d'autres chapitres comme cause principale de la guerre cette conviction erronée de l'Allemagne que ni la Russie, ni l'Angleterre, et encore moins la France, ne consentiraient à intervenir dans le conflit. Elle pouvait donc conseiller l'intransigeance à l'Autriche et la laisser écraser commodément la Serbie. Nouvelle erreur de psychologie.

A l'égard de l'Italie, les fautes psychologiques de l'Allemagne ne furent pas moindres. Son allure arrogante vis-à-vis de cette alliée, aboutit à s'en faire une nouvelle ennemie.

Une des plus lourdes maladresses psychologiques des Allemands fut leur barbarie inutile dans les pays conquis par eux. Ils se sont ainsi aliénés tous les neutres, y compris l'Amérique. Ce n'était pas assurément le résultat cherché, puisque nombre de millions furent ensuite dépensés aux Etats-Unis pour acheter des journaux, imprimer des brochures, faire des conférences, etc., afin de changer l'opinion. M. Brieux a bien montré comment s'accomplit l'évolution des sentiments en Amérique.

Un fait extrêmement intéressant, et qui me paraît significatif, c'est que j'ai vu, pour ainsi dire sous mes yeux, l'opinion américaine évoluer, je veux dire : évoluer dans notre sens. Je vous citerai par exemple le cas de M. Butler, président de l'Université Colombia. Or, au début de la guerre, il était très germanophile. Commandeur de l'Aigle rouge, il ne faisait nul mystère de ses opinions. Eh bien, la force des choses, au fur et à mesure que les événements se déroulent, est telle, la vérité devint si éclatante, que M. Butler, à l'heure actuelle, exprime très nettement ses sympathies pour la France. Je suis repassé à trois mois de distance dans une même ville, notamment à Boston : la chaleur de l'accueil s'était élevé de plusieurs degrés !

Souvent, à la fin de mes conférences, des jeunes gens sont venus très émus à moi pour me dire : « Nous sommes Allemands : mais nous venons vous serrer la main : vous savez ce que cela signifie ; ne nous forcez pas à nous expliquer davantage. » Contre les actes de vandalisme, incendie de Louvain, bombardement de Reims, etc., l'indignation est générale. Des jeunes gens, élèves de l'école des beaux-arts, peintres, sculpteurs, architectes, m'ont remis une adresse de protestation revêtue de plus de cinq cents signatures.

Les maladresses psychologiques des Allemands ont persisté pendant toute la campagne : maladresse du fameux manifeste des intellectuels niant des faits évidents : maladresse d'illustres professeurs affirmant aux neutres que le but de l'Allemagne était de conquérir les petits pays et de les soumettre à son régime ; maladresse dans l'invraisemblable exagération des dépêches, brochures et pamphlets dont les Allemands inondèrent le monde ; maladresse du chancelier qui, pour excuser sa phrase historique relative aux traités considérés comme des chiffons de papier, inventa de misérables explications.

Des entreprises pouvant être qualifiées d'ordre psychologique, les Allemands ne réussirent qu'un très petit nombre. La plus notoire fut d'amener la Turquie à déclarer la guerre aux Alliés. Le cas était simple puisque les Allemands n'eurent qu'à faire miroiter aux yeux du gouvernement turc les deux grands facteurs agissant toujours sur lui : le prestige de la force et l'argent. Il est reconnu aujourd'hui que si, au début de décembre 1914, la Triple Entente avait montré assez d'énergie, la Turquie restait neutre. Bien probablement même, à cette époque, elle n'aurait pas conçu l'idée d'interdire à la flotte alliée le passage des Dardanelles. En cas de difficultés, quelques millions habilement dépensés eussent suffi pour maintenir la Turquie dans des idées pacifiques.

En dehors de succès fort restreints dans l'ordre psychologique, les erreurs des Allemands furent donc considérables. Elles justifient le mot du prince de Bülow sur l'incapacité politique de ses compatriotes, incapacité résultant de leur impuissance à comprendre la psychologie des autres peuples. Les diplomates allemands oublient toujours que tous les êtres ne peuvent se mesurer au même mètre.

L'extrait suivant du journal allemand le *Tag*, reproduit dans le *Temps* du 29 mars 1915, montre que les Allemands ont fini eux-mêmes par reconnaître les erreurs de psychologie qu'ils accumulèrent si maladroitement :

Nous nous sommes trompés dans tant de nos calculs ! Nous nous attendions à ce que l'Inde entière se révoltât au premier son des canons en Europe, et voilà que des milliers et des dizaines de milliers d'Indiens combattent maintenant avec les Anglais contre nous. Nous nous attendions à ce que l'empire britannique fût réduit en miettes; mais les colonies britanniques se sont unies, comme elles ne l'avaient jamais fait auparavant, à la mère patrie. Nous nous attendions à un soulèvement victorieux dans l'Afrique du Sud britannique, et nous ne voyons là qu'un fiasco. Nous nous attendions à des désordres en Irlande, et l'Irlande envoie contre nous quelques-uns de ses meilleurs contingents. Nous croyions que le parti de la « paix à tout prix » était tout puissant en Angleterre; mais il a disparu dans l'enthousiasme général qu'a suscité la guerre à l'Allemagne. Nous calculions que l'Angleterre était dégénérée et incapable de constituer un facteur sérieux dans la guerre, et elle se montre notre ennemi le plus dangereux.

Il en a été de même avec la France et la Russie. Nous pensions que la France était corrompue et qu'elle avait perdu le sens de la solidarité nationale, et nous constatons maintenant que les Français sont des adversaires formidables. Nous croyions que la Russie ne pouvait rien faire; nous jugions que ce peuple était trop profondément mécontent pour combattre en faveur du gouvernement russe; nous comptions sur son effondrement rapide en tant que grande puissance militaire, mais la Russie a mobilisé ses millions d'hommes très rapidement et très bien;

son peuple est plein d'enthousiasme et sa force est écrasante. Ceux qui nous ont conduits à toutes ces erreurs, à tous ces faux calculs, à toutes ces grosses méprises sur nos voisins et sur leurs affaires, ont assumé un lourd fardeau de responsabilité.

Les erreurs psychologiques des Allemands ont frappé les écrivains de tous les pays. Voici comment s'exprime un Italien, M. Pareto, dans la revue *Scientia*, du 1er mars 1915 :

L'alliance italienne a été relâchée par les procédés brutaux de l'Autriche et par la disposition dans laquelle étaient l'Allemagne et l'Autriche de ne donner à l'Italie qu'une situation subordonnée dans l'alliance. D'autre part, il ne pouvait être question d'une alliance ni même d'une paix durable de l'Allemagne avec la France, à la suite de la conquête de l'Alsace-Lorraine, des intolérables persécutions auxquelles étaient soumis les habitants de ces contrées, et à cause de l'action incessante de l'Allemagne, qui, poussée par le besoin de s'agrandir, contrecarrait toute entreprise coloniale française. Le gouvernement allemand fut fort mal avisé, en interrompant, par de telles attaques, l'œuvre dissolvante du général André et de M. Pelletan, en France; et, plus récemment, en n'ayant pas la patience d'attendre que la démocratie antimilitariste eût fini d'accomplir, en France et en Angleterre, son œuvre de démolition.

... Rome et l'Angleterre eurent l'art de gagner l'amitié des peuples devenus leurs sujets, ou sur lesquels s'étendait simplement leur influence. Ce fut la cause de la résistance victorieuse de Rome à l'invasion d'Annibal en Italie; c'est la cause de l'union présente de l'empire britannique. Au contraire, ni Carthage, ni l'Allemagne n'eurent cet art; et les effets de son absence se montrèrent pour Carthage, lors de l'invasion romaine en Afrique, de même qu'il se manifeste, pour l'Allemagne, par les sentiments des Alsaciens-Lorrains, des Danois et des Polonais assujettis à ce pays.

§ 4. — Les imprévisions et les erreurs de psychologie en Russie.

Les imprévisions russes sont d'un ordre un peu différent de celles de l'Allemagne et de la France. Elles ne constituent pas des imprévisions en réalité, mais des erreurs psychologiques dues au tempérament mystique des dirigeants de ce grand empire. Leurs conséquences furent de rendre les Russes fort impopulaires dans les pays, tels que la Galicie, conquis d'abord par eux. En persécutant la foi religieuse de leurs nouveaux sujets, ils oublièrent que les croyances sont ce qu'il y a de plus sacré pour un peuple et que la force reste impuissante contre elles.

On n'est pas complètement renseigné encore sur les détails des proscriptions religieuses en Galicie. Il faut donc se borner à reproduire des extraits de journaux étrangers non suspects d'injustice puisqu'ils se montrèrent toujours très favorables aux Russes.

Voici d'abord un passage d'une correspondance du *Journal de Genève*, du 16 février 1915 :

Par un ordre du 30 septembre 1914, tous les livres ruthènes imprimés en Galicie, et même les livres de prières, doivent être déposés aux bureaux de police pour y être détruits, sous peine, pour leurs propriétaires, de trois mois de prison ou de 3.000 roubles d'amende. La correspondance, même privée, en langue ruthène, est défendue. 20.000 fonctionnaires des postes, chemins de fer, etc., de l'ancienne administration, tous Galiciens, sont aujourd'hui sans place, dans la plus noire misère. Ils ont été remplacés par des Russes, venus du fond de la Russie, qui ne comprennent même pas la langue du pays.

Dans le même journal (28 avril 1915), le président de la députation parlementaire ukrainienne, écrivait :

L'invasion russe en Galicie a, d'un coup, détruit tout le travail de longues années. La langue ukrainienne a été tout simplement interdite, dans l'usage officiel, l'église et l'école. Tous les journaux ukrainiens de la Galicie ont été supprimés, les bibliothèques détruites, les livres ukrainiens qui appartenaient à des particuliers, confisqués, les collections des musées nationaux ont été envoyées en Russie. Toutes les associations ukrainiennes ont été dissoutes. Des centaines de notables de Galicie ukrainienne ont été expédiés en Sibérie.

L'église grecque-uniate, à laquelle appartenait depuis plus de deux siècles tous les ukrainiens de la Galicie orientale (il n'y avait pour ainsi dire pas d'orthodoxes avant la guerre), cette église, qui était devenue une église nationale ukrainienne, est maintenant persécutée par tous les moyens. Son chef, l'archevêque métropolitain, comte Andréas Szeptyckyj, a été traîné dans l'intérieur de la Russie. à Koursk; beaucoup de prêtres ont été déportés, le peuple terrorisé et à moitié affamé a été converti au moyen de menaces et de promesses, à l'orthodoxie par des popes importés de Russie. Dans les églises grecques-uniates, par conséquent catholiques, on a célébré des messes orthodoxes à l'instigation et d'après l'exemple de l'évêque Eulogius de Volhynie, le célèbre faiseur de prosélytes orthodoxes. Maintenant on commence même à transformer de force les églises catholiques grecques en églises orthodoxes « parce que, dit-on, elles ont été orthodoxes il y a deux ou trois cents ans et qu'elles doivent maintenant le redevenir. »

D'après le journal russe la *Novoje Wremja*, le Saint-Synode a nommé une commission destinée à veiller sur la vie religieuse de la population russe de la Galicie orientale. Suivant un manifeste du tsar, « après un siècle de domination catholique et polonaise, la Galicie revient au giron de sa sainte mère la Russie ».

On ne saurait s'étonner que les Galiciens, si durement opprimés, aient accueilli avec des transports d'enthousiasme l'expulsion des Russes de leur pays.

D'après le *Journal d'une Française en Allemagne*, publié par la *Revue de Paris* (mars 1915), « les persécutions des Russes n'ont fait qu'éveiller la méfiance des Polonais, qui ne s'en attachent que davantage à l'Allemagne et à l'Autriche ».

Le correspondant du même journal (23 mars 1915) a bien montré les aboutissements de ces draconiennes mesures sur les sentiments polonais :

Les Polonais que j'ai vus sont assez découragés...

— Voyez en Galicie orientale, me dit l'un d'eux, comme le gouverneur russe Bobrinski abolit toutes les libertés auxquelles la population était habituée. Tout le monde y regrette le régime autrichien, même les Ruthènes, qui se réjouissaient tant d'être Russes. Vous avouerez que ce n'est pas encourageant. D'ailleurs, la moitié des nouveaux fonctionnaires sont des Russes baltiques d'origine allemande. C'est une camarilla d'ex-Prussiens qui règne encore sur le conseil d'empire à Pétrograd. Elle a violé la parole du tsar après 1905. Elle violera celle-ci de même.

...Même à Varsovie, beaucoup sont découragés, car de nouvelles restrictions viennent d'être imposées dans les écoles, et la persécution continue. Les journaux n'ont même pas le droit de parler de la promesse du grand-duc.

Ces maladroites prescriptions, qui nous ramènent à des âges de lointaine barbarie, ont naturellement porté leurs conséquences et justifié la défiance des Polonais.

Voici comment s'exprime dans la revue *Scientia* (15 mai 1915), M. Jaworski, président du comité supérieur de la Pologne :

Me croira-t-on ? Il n'y a pas une seule, je répète : pas une seule famille polonaise, en Pologne russe, qui n'ait à pleurer quelqu'un des siens mort sur le gibet pour avoir trop aimé la patrie et la liberté, ou enseveli vivant dans les prisons russes, ou bien encore traînant une vie de dernière misère dans les déserts glacés de la Sibérie.

Tous les Polonais patriotes ont très bien compris la gravité de la situation et arrêté un plan d'action très net. Ils ont repoussé les promesses alléchantes du grand-duc, sentant le gouffre qui sépare leur civilisation et leurs intérêts nationaux de la civilisation et des intérêts de la Russie et sachant que, dans une Russie victorieuse, la Pologne serait infailliblement écrasée.

J'ai insisté sur les lourdes et maladroites erreurs de psychologie des Russes durant leur court séjour en Galicie, parce qu'elles justifient la thèse, plusieurs fois développée dans mes livres, que le mystique domine entièrement l'affectif et le rationnel. Les êtres obéissant à des impulsions mystiques perdent tout jugement. Ils deviennent incapables de percevoir leurs intérêts les plus clairs et aucun raisonnement ne saurait les influencer.

CHAPITRE V

LES ERREURS DE STRATÉGIE RÉSULTANT DES ERREURS DE PSYCHOLOGIE

§ 1. — Les facteurs psychologiques de la stratégie.

Tous les grands capitaines furent convaincus que la guerre est une question de psychologie autant que de stratégie. « A la guerre, disait Napoléon, tout est moral. Le moral et l'opinion font plus de la moitié de la réalité. »

Les erreurs de stratégie peuvent avoir, naturellement, des causes variées : insuffisance des munitions et des approvisionnements, événements imprévus, etc. Mais celles résultant uniquement de facteurs psychologiques sont nombreuses. Nous verrons, par exemple, que l'insuffisance des marines alliées au début de la guerre tint uniquement, d'après les autorités les plus compétentes, à l'extrême timidité et au défaut de prévision du commandement supérieur. Nous avons déjà constaté dans d'autres chapitres l'importance capitale, en temps de guerre, de certains éléments psychologiques, tels que l'endurance, la patience, l'initiative, etc.

Beaucoup des fautes stratégiques d'une campagne résultent d'erreurs psychologiques commises à ses débuts. En 1870, par exemple, le gouvernement français connaissait parfaitement l'effectif de l'armée allemande, imprimé dans divers recueils, mais il fut victime d'une de ces assimilations illusoires d'où dérivent tant de convictions erronées. Sa persuasion, partagée par un homme aussi éminent que M. Thiers, était que l'armée allemande de réserve avait aussi peu de valeur militaire que celle de notre garde nationale composée à cette époque, de bourgeois sans discipline ni instruction militaire.

§ 2. — Erreurs de stratégie française résultant d'erreurs psychologiques.

La guerre présente est sans analogie avec celles qui l'ont précédée, mais à côté des faits nouveaux imprévisibles se manifesta l'action de lois générales dont les conséquences pouvaient être pressenties. Bernhardi a très bien montré dans *la Guerre d'aujourd'hui* (t. I, p. 19) cette permanence de certaines lois dont les cas particuliers n'altèrent pas la valeur.

Dans la guerre, comme dans la plupart des faits sociaux, il y a certaines lois, certains phénomènes se représentant toujours, certains rapports entre les actes et leurs effets restant constants. Certaines circonstances et certaines causes ont toujours eu un caractère décisif, tandis que la masse des phénomènes particuliers porte le caractère du changeant et du fortuit.

Ne pouvant énumérer toutes les erreurs commises, nous mentionnerons seulement quelques-unes de celles nous ayant coûté le plus cher et qu'un peu de prévision eût facilement évitées.

Notre état-major ne pouvait évidemment pas ignorer en 1914 les méthodes germaniques, mais un sentiment que j'appellerai la vanité de corps, le laissait persuadé de la supériorité des conceptions françaises. Il fallut nos premières défaites pour lui apprendre qu'on ne saurait combattre les Allemands qu'avec leurs propres méthodes. Nos chefs ignoraient alors l'action prépondérante de l'artillerie, et la puissance défensive des tranchées qui arrêtèrent si facilement, mais beaucoup trop tard, l'invasion germanique. C'est pendant la paix qu'ils auraient dû apprendre cela.

Il faut bien croire que l'éducation militaire de notre armée avait été fort médiocre, car dès le début de la guerre nous vîmes renaître tous les défauts si funestes pour nous il y a quarante-cinq ans. Absence d'éclaireurs, inaptitude à se dissimuler dans les replis du terrain, attaques faites de loin sans les appuyer par de l'artillerie, etc. Nous réussîmes, grâce à nos facultés d'adaptation, à nous corriger, mais seulement après avoir perdu un nombre immense d'hommes et essuyé plusieurs défaites. La simple observation des grandes manœuvres allemandes auxquelles nos attachés militaires avaient mission d'assister pouvait nous instruire.

Si tant de faits essentiels leur échappèrent, c'est en raison de ce phénomène psychologique que les idées trop fixées dans l'esprit empêchent d'accepter ce qui leur est contraire. Par suite, le spécialiste est incapable d'admettre autre chose que ses propres conceptions. Appliquez ce principe à l'interprétation des propos émis par les êtres formant votre entourage et vous en sentirez vite la justesse.

Parmi les erreurs stratégiques d'origine psychologique on peut citer celles ayant eu pour résultat final le bombardement de la cathédrale de Reims. Persuadés — simplement pour l'avoir entendu dire à un chef quelconque — que les forts protégeant Reims n'étaient pas défendables, nous les évacuâmes. Or, de bien légers travaux suffisaient à les rendre imprenables, puisque les Allemands les conservèrent plus d'une année après s'y être installés et s'en servirent impunément pour bombarder la cathédrale.

Les militaires eux-mêmes ne purent jamais expliquer cette incompréhensible évacuation. Elle pèsera lourdement sur la mémoire des chefs qui l'ont ordonnée. Voici comment s'exprimait le général Cherfils, au commencement d'octobre 1914, sur l'importance énorme des forts de Reims :

> Abandonnée par notre état-major par suite d'une idée préconçue, la ligne de l'Aisne, prolongée par Reims et Montfaucon jusqu'à l'Argonne, était une position de résistance bien choisie, à laquelle Reims prêtait une puissance particulière. Nous avions abandonné, pour des raisons inconnues, la défense du camp retranché rémois, mais ses forts restaient intacts. Les Allemands les ont occupés en retournant leurs défenses contre nous. Ceux de Brimont, de Vitry-les-Reims et Nogent-l'Abbesse, notamment sont devenus pour les barbares des points d'appui formidables. C'est de ces forts qu'ils ont bombardé Reims et cherché à détruire son sanctuaire trois fois sacré par la foi, par l'histoire et par l'art... Reims est le pivot fixe, autour duquel ont oscillé les deux branches de la longue courtine qui va de l'Oise à l'Argonne.

Pendant la première partie de la campagne, notre état-major se nourrissait des plus singulières illusions. Le 25 août 1914, c'est-à-dire presque au moment de l'invasion et de la marche foudroyante sur Paris, le communiqué officiel disait :

> Nous avons conservé la pleine liberté d'utiliser notre réseau ferré et toutes les mers nous sont ouvertes pour nous approvisionner. Nos opérations ont permis à la Russie d'entrer en action et de pénétrer jusqu'au cœur de la Prusse orientale.

Loin d'avoir pénétré au cœur de la Prusse orientale, c'était la Prusse qui, à cette époque-là, pénétrait au cœur de la Russie.

Les communiqués de l'état-major se montrèrent d'ailleurs souvent bien faibles au point de vue psychologique. On peut citer comme exemple celui du 5 décembre annonçant que « Reims avait été bombardé avec une intensité particulière ». Les Allemands souhaitaient évidemment le faire savoir, mais ce n'était pas notre rôle d'apprendre au public qu'avec un million d'hommes nous n'étions pas assez forts pour empêcher quelques milliers d'Allemands de semer journellement la ruine et la mort dans une des plus importantes villes de France.

Parmi les erreurs stratégiques d'ordre psychologique, la plus grave fut celle faisant supposer, au début de la guerre, à notre état-major, que les Allemands arriveraient par l'Alsace. On massa donc toutes les armées face à l'est, alors que les ennemis envahissaient le nord. En vain les écrivains français ou allemands avaient-ils publié de nombreux mémoires pour prouver que l'invasion de la France se ferait par la Belgique. En vain, vers le milieu du mois d'août, le correspondant militaire du *Times* publiait-il dans ce journal des cartes montrant une trentaine de corps allemands massés sur le nord de la France et s'étendant vers l'ouest, tandis que trois ou quatre à peine existaient dans toute la région de l'est. Rien n'y fit. Les idées fausses ont une telle puissance que les conceptions de notre état-major ne se laissèrent pas ébranler. Leurs conséquences finales furent la sombre déroute de Charleroi.

§ 3. — Rôle des erreurs psychologiques dans la guerre navale.

Les facteurs psychologiques ont joué un rôle tout à fait prépondérant dans la façon dont les alliés utilisèrent leur flotte. Une grande dominante psychologique, la timidité, paralysa leurs efforts.

Ses conséquences se révélèrent désastreuses. On ne vit jamais mieux à quel point la puissance matérielle peut être anihilée par les influences morales. Ce ne furent pas, certes, des hommes courageux qui manquèrent aux alliés, mais des caractères résolus et entreprenants. Il est trop évident que si, dès le début de la guerre, quand le *Goeben* et le *Breslau*, après avoir bombardé Bône et Philippeville entrèrent dans les Dardanelles, ils avaient été suivis par les nombreux cuirassés des escadres alliées de la Méditerranée, nous serions depuis longtemps à Constantinople, sans avoir perdu les navires et les hommes que devait coûter plus tard la tentative de franchir les Dardanelles. Les amiraux commandant notre flotte pouvaient facilement passer le détroit. Ils ne l'osèrent pas.

Les marins eux-mêmes ont bien dû reconnaître que la tactique navale des alliés s'était montrée pleine d'imprévoyance et d'erreurs. Voici comment s'exprime à ce sujet l'amiral Degouy dans la *Revue de Paris* :

Ce fut une disgrâce, tout d'abord, une disgrâce qui pèsera sur toutes nos opérations, que les escadres de la triple entente n'aient pu prendre à la première heure du conflit, l'offensive énergique, rapide, qui rentre si bien dans le mode d'action normal des flottes modernes et met exactement en œuvre toutes leurs facultés..

... Il est difficile de douter que nous n'ayons perdu, au commencement des hostilités, l'occasion de donner à la marine autrichienne un coup assez violent pour qu'elle en restât longtemps paralysée.

Non! Ce n'est pas que notre marine ne fut préparée à l'action la plus énergique ; c'est que, faute de renseignements exacts, faute de pouvoir faire, dans ces heures d'angoisse, le départ de ce qui était possible et de ce qui était impossible aussi bien à l'ennemi qu'à nous-mêmes, faute de discernement militaire ou plutôt de pénétration politique, faute aussi de cette précieuse mentalité offensive qu'il semblait que nous eussions totalement perdue depuis quarante-quatre ans, les conseils de la prudence — je ne veux pas dire de la timidité — l'emportaient naturellement, sans effort, sans discussion, sur ceux de l'audace, de l'audace clairvoyante, tranquille, assurée, à elle seule facteur principal des grands succès.

L'auteur fait voir l'allure craintive adoptée par la marine anglaise au début de la guerre bien qu'elle se trouvât de beaucoup la plus forte. « Ce fut, dit-il, la défensive passive employée systématiquement par le plus fort contre le plus faible. »

La flotte allemande, en effet, se trouvait au commencement de la guerre, dans une situation assez critique :

Elle était à ce moment précis, 25-26 juillet, en manœuvres du côté de Bergen, assez loin de ses bases d'opérations naturelles, dont elle allait avoir besoin pour se réapprovisionner, faire le plein de ses soutes — charbon et munitions — compléter ses équipages, terminer toutes ses dispositions pour une grande et décisive lutte. Pour comble de disgrâce, la flotte anglaise, au même instant, se présentait beaucoup plus forte qu'elle ne l'était d'ordinaire.

L'auteur de l'article se déclare incapable de comprendre les motifs d'une telle réserve.

On était bien loin de l'application de la maxime célèbre « que c'est à la frange de la côte ennemie que commence l'action de la flotte anglaise », lorsqu'on abandonnait si longtemps aux mouilleurs de mines de l'adversaire toute la partie méridionale de la mer du Nord, qu'on lui laissait, par surcroît, le loisir d'organiser la défense sous-marine de ses estuaires, de compléter ses divisions de « matrosen artilleristen » et de signaleurs de côte, d'armer une multitude de bâtiments auxiliaires en même temps que ses unités de combat en réserve, d'augmenter la valeur, plutôt médiocre, de ses ouvrages de côte — une côte basse, si facile à battre par les vaisseaux ! — en les encadrant de batteries de mortiers, en les soutenant de forces mobiles des trois armes, empruntées à des formations de réserve, puisque le IXe corps actif était, dès le premier jour, parti pour la Belgique...

Du côté de la Baltique, d'ailleurs, même abstension, même inertie.

Ce furent probablement les incertitudes d'un cabinet politique assez divisé qui rendirent les Anglais si craintifs. Les conséquences de leurs dangereuses hésitations montrèrent, une fois de plus, l'importance de la décision et de la prévision chez les gouvernants d'un pays.

La guerre actuelle révéla également aux hommes d'Etat anglais l'imprévoyance de quelques-uns de leurs prédécesseurs. Une des stations les plus utiles aux Allemands est l'île d'Héligoland. Toute voisine de leurs côtes, elle protège le port de Hambourg, et sa possession par l'Angleterre eût sans doute changé la face de la guerre. Or, cette île appartenait il y a quelques années à l'Angleterre. Lord Salisbury, qui n'en soupçonnait pas l'énorme importance, l'offrit à Bismarck en 1890 comme compensation de la reconnaissance du protectorat anglais sur Zanzibar. Il s'imaginait sans doute donner un œuf pour recevoir un bœuf, alors qu'il abandonnait en réalité d'immenses troupeaux de bœufs en échange d'un œuf médiocre. Une fois de plus se vérifia l'aphorisme dans lequel j'ai synthétisé l'un des fondements de la psychologie politique : « l'homme d'Etat sans prévoyance est un créateur de fatalités désastreuses ».

Du côté russe, les mêmes erreurs psychologiques furent commises.

Comme les Anglais et les Français, dit l'amiral cité plus haut, les Russes avaient des torpilleurs et des destroyers, des mouilleurs et des dragueurs de mines, des sous-marins enfin. Ils avaient même beaucoup de ces bâtiments légers dans la mer Baltique. Mais, comme leurs alliés encore, ils ne songeaient — semble-t-il — à utiliser ces précieux éléments qu'à la défensive pure, soit que rien ne fût prêt en réalité pour l'offensive immédiate, ni le matériel, ni le personnel, cependant groupés, tous les étés, en divisions actives, en escadres et en escadrilles, soit que l'on ne se fût arrêté d'avance qu'à des concepts timides, prudents, effacés, en face d'une marine dont la jactance allemande augmentait singulièrement la valeur, réelle, du reste.

Tout ceci justifie le principe que j'ai déjà eu l'occasion de répéter : à la guerre, les facteurs psychologiques sont l'âme des facteurs matériels. La valeur de ces derniers n'est rien sans une volonté forte pour les animer.

Il ne faudrait pas déduire de ce qui précède que les flottes alliées n'ont été d'aucune utilité durant la guerre. Bien que timidement réfugiées dans des ports dont l'entrée était protégée par des filets d'acier, elles existaient. Or, le fait seul de cette existence nous assura la liberté de l'Océan et empêcha la flotte allemande de s'aventurer hors de la mer du Nord et de la Baltique. Cette simple présence suffit également pour interdire aux navires étrangers le commerce avec l'Allemagne. Donc, même inactive, la flotte britannique gardait à son pays la maîtrise de la mer.

§ 4. — Les erreurs de stratégie des Allemands.

Les Allemands ne commirent pas assurément des fautes psychologiques aussi lourdes que celles de leurs ennemis, mais enfin ils en ont accumulé beaucoup et se trompèrent dans nombre de leurs prévisions, comme je l'ai montré déjà.

Tout en reconnaissant le rôle possible des tranchées dans une future guerre, Bernhardi était persuadé que ce moyen serait peu utilisé par les Allemands. Voici comment il s'exprime dans *la Guerre d'aujourd'hui*, tome II, p. 250.

> Quant à nous, nous ne nous défendrons sûrement pas derrière des remparts et des fossés, le génie du peuple allemand nous en préservera... Un défenseur énergique ne pourra facilement se résoudre à sacrifier sa liberté d'opérations pour s'installer derrière des ouvrages de terre.

Ils s'y sont résolus cependant !

Le plus célèbre des généraux allemands commit bien d'autres erreurs de prévision. Un écrivain suisse les lui a rappelées dans les termes suivants :

> Le maréchal von der Golz n'en est pas à ses premières prophéties. Il n'avait pas été moins disert en 1912, quand se forma la ligue balkanique. On le tenait pour l'homme qui connaissait le mieux l'armée turque qu'il avait formée. Les journalistes allemands, autrichiens, hongrois, anglais, français même, assié-

geaient sa porte. A tous il prodiguait les trésors de sa certitude. Ce que ces pauvres Bulgares, Grecs, Serbes et Monténégrins allaient être mis en bouillie. L'armée turque est une des premières du monde. On le croyait. Toute la politique de l'Autriche et de l'Allemagne dans la crise fut dictée par les prévisions infaillibles de von der Golz pacha... Vinrent Kirk-Kilissé, Lulle-Bourgas, la prise d'Andrinople, les batailles de Kossovo et de Monastir, la prise de Salonique et de Janina. Le grand chef germano-turc s'était lourdement trompé. Il connut même un temps de disgrâce.

Le maniement des facteurs psychologiques est plus difficile encore que celui des canons. Pour s'en être maladroitement servis les Allemands se créèrent des ennemis qu'ils auraient pu s'éviter facilement.

Toute leur psychologie se réduisit, d'ailleurs, à la mise en action d'un seul procédé : l'intimidation.

Nous verrons ses résultats. Les Allemands n'ont jamais réussi à comprendre la psychologie de leurs adversaires, et c'est pourquoi leurs prévisions stratégiques furent si souvent erronées.Voici dans quels termes le colonel Feyler en relève quelques-unes :

Depuis quinze mois de guerre, le gouvernement a toujours promis des buts lointains à brève échéance, et ces buts n'ont jamais été atteints. Paris devait être pris en six semaines; on avait compté sans les accidents. Calais devait suivre en automne; il n'y a pas eu moyen de passer par-dessus l'armée belge. Les zeppelins devaient détruire Londres; Londres a peu souffert, et la réputation des zeppelins beaucoup. Les sous-marins devaient bloquer l'Angleterre; l'Angleterre a créé le sport de la pêche des sous-marins. Les Russes devaient être encerclés à Varsovie, puis à Vilna, puis à Riga, et sans doute ailleurs; les armées austro-allemandes en sont à se défendre contre les attaques des Russes.

LIVRE VI

LES ÉLÉMENTS PSYCHOLOGIQUES DES MÉTHODES DE GUERRE ALLEMANDES

CHAPITRE PREMIER

FONDEMENTS PSYCHOLOGIQUES DES MÉTHODES DE GUERRE ALLEMANDES

---

§ 1. — Le but de la guerre.

On ne saurait reprocher aux Allemands d'avoir négligé les facteurs moraux des batailles. Tout en se trompant souvent sur le choix des moyens psychologiques à employer, ils ne méconnurent pas leur importance.

Le principe fondamental, posé par leurs écrivains, est que le but de la guerre consiste à dominer par tous les moyens possibles la volonté de l'adversaire et à lui imposer la sienne.

« Il faut que l'âme d'une nation soit pliée et vaincue pour qu'on puisse lui arracher la victoire. »

Cette domination de l'âme du peuple ennemi est un résultat moral qui s'obtient, non seulement avec des facteurs matériels, mais aussi par des procédés psychologiques.

Les Allemands ne considèrent pas seulement la guerre comme un moyen de vaincre la volonté des adversaires. Elle constitue aussi à leurs yeux la plus péremptoire façon de démontrer la supériorité morale d'un peuple.

Cette conception, que formulait déjà Hegel, a été répétée et développée par bien des auteurs et au cours de la guerre actuelle on l'a encore rappelée. Voici comment s'exprime, entre autres, un écrivain allemand, M. Seeberg, dans une étude sur *le Droit moral de la Guerre*, résumée par la revue italienne *Scientia* (mai 1915).

La guerre est une révision des rapports des valeurs et des forces réelles dans l'histoire. Elle assigne aux peuples la situation qui leur appartient en raison des forces dont ils disposent. Elle ouvre à leurs activités un champ en rapport avec leurs aptitudes. La guerre favorise la révélation de la vérité. C'est en cela que consiste sa signification éminemment morale dans l'histoire, et c'est là qu'il faut chercher les racines de son droit moral. Et qu'on n'objecte pas que dans le cas le plus favorable la guerre constitue seulement la preuve d'une force physique supérieure. La guerre actuelle nous fournit précisément une preuve du contraire.

La guerre prouve la supériorité non seulement de la force physique, mais aussi de la force morale et cultuelle. La guerre est le plus grand jugement de l'histoire universelle. Les uns montent, les autres descendent. Et ce jugement est juste.

Avant d'examiner les principes psychologiques qui guidèrent les Allemands dans le conflit auquel nous assistons, rappelons quelques-unes des tentatives faites pour limiter les droits de la guerre chez les nations civilisées.

§ 2. — Les droits de la guerre.

Les Grecs semblent avoir été les seuls peuples de l'antiquité qui aient discuté sur les limites du droit de la guerre. « Toute guerre, bien qu'étant une perturbation de l'état de droit, écrit Polybe, n'en a pas moins des lois spéciales. »

Dans le reste du monde ancien, chez les Romains notamment, le seul droit reconnu était la volonté du vainqueur. Il pouvait, au gré de sa fantaisie, anéantir les villes et en massacrer les habitants. Ceux qu'il épargnait étaient vendus comme esclaves ou dévorés vivants par les bêtes fauves dans les cirques pour amuser le peuple. Très rares furent les écrivains qui protestèrent contre cette loi de la force et bien timides leurs protestations.

Une telle conception du droit de la guerre dura longtemps. Il faut arriver presque à l'époque moderne pour voir épargner la population civile des cités, soigner les blessés, etc.

On sait que depuis plusieurs années existait à La Haye une sorte de tribunal international, destiné à codifier ce qu'on pourrait appeler les lois de la guerre.

Les intentions des honnêtes légistes prétendant établir un tel code étaient assurément très louables, mais la réflexion aurait dû leur montrer combien elles demeuraient irréalisables. Ils oubliaient, en effet, qu'un code n'a de valeur qu'appuyé sur la force nécessaire pour le faire respecter. Les conventions de La Haye ne pouvaient manquer d'être nuisibles aux nations qui les observeraient, alors que leurs ennemis les violeraient sans scrupule. Les Allemands pensèrent justement de la sorte. Ils acceptèrent ces conventions dans l'espoir de les voir paralyser leurs adversaires et leur donner ainsi un grand avantage sur eux, mais ne songèrent jamais à les observer.

En les violant, ils restaient d'ailleurs fidèles aux conceptions de la plupart de leurs légistes. Ces derniers n'ont pas, en effet, dissimulé le mépris que leur inspiraient des conventions prétendant borner le droit du vainqueur. Ce droit, pour eux, demeure absolu, personne n'ayant la puissance de le restreindre.

Presque tous les auteurs allemands, depuis Grotius, n'admettent d'autres limites aux droits de la guerre que des limites volontaires. Lueder partage cette opinion, et il se base sur ce que les moyens les plus terribles sont parfois nécessaires pour amener très vite la fin de la lutte.

Quant à l'immunité assurée aux non-combattants, elle ne fut pas considérée davantage par les Allemands comme obligatoire. Suivant eux, rien n'interdit au vainqueur d'exterminer la population civile d'une ville et de s'emparer de ses richesses.

C'est, on le voit, une renaissance de la notion antique n'admettant aucun droit entre ennemis. Nul obstacle ne s'oppose donc à l'achèvement des blessés et au massacre des prisonniers, si ces opérations engendrent des résultats utiles au vainqueur.

Envisagée au point de vue allemand, la guerre serait une lutte sans merci entre peuples, comparable à celle qui domine le monde animal : ou gibier ou chasseur.

On conçoit le mépris qu'inspirent les anciennes idées chevaleresques à ces théoriciens de la destruction sans pitié. Les tueries et les ravages relatés dans un autre chapitre sont une simple application de principes généralement admis en Allemagne. Ils ont inspiré, nous allons le voir maintenant, les écrivains militaires et les instructions de l'état-major allemand.

§ 3. — Les principes psychologiques formulés par l'état-major allemand.

Ce qui précède suffit déjà pour faire comprendre que les actes commis par l'armée allemande, qui ont si profondément indigné le monde ne représentent pas seulement les sanguinaires débordements d'une soldatesque abandonnée à ses instincts ou d'intellectuels dépravés, mais aussi les conséquences de principes posés depuis longtemps par les théoriciens et propagés par les écrivains militaires, dont les travaux inspirèrent les chefs germaniques. Leurs passages les plus importants ont été traduits par le professeur Ch. Andler, dans la *Revue de Paris* du 15 janvier 1915. Je vais en reproduire les principaux :

Comme les tendances morales du XIXe siècle, dit l'état-major général, ont été essentiellement dirigées par des considérations humanitaires qui ont assez souvent dégénéré en émotivité, voire en sensiblerie, il n'a pas manqué de tentatives en vue de faire évoluer les usages de la guerre dans un sens absolument opposé à la nature et aux fins mêmes de celle-ci : et l'avenir nous réserve certainement encore des efforts du même genre, d'autant plus qu'ils ont déjà été moralement sanctionnés dans la convention de Genève et dans les conférences de Bruxelles et de La Haye.

C'est en creusant l'histoire des guerres que l'officier se défendra contre les idées humanitaires exagérées.

Quiconque, écrivait Clausewitz, se sert de la force, sans égard aucun et sans épargner le sang, a tôt ou tard la prépondérance, si l'ennemi ne procède pas comme lui-même. On ne saurait introduire dans la philosophie de la guerre un principe de modération, sans commettre une absurdité.

Le réalisme militaire, dit le général Hartmann, exige absolument, dans son intérêt exclusif, qu'on lui donne le pas sur toutes les exigences qu'un droit international scientifiquement constitué pourrait désirer faire valoir... Toute restriction aux actes de guerre, une fois qu'on en est venu aux moyens militaires, conduit à affaiblir l'action d'ensemble du belligérant... Le droit des gens devra se garder de paralyser l'action militaire en lui imposant des entraves...

La guerre, par sa nature même, est la négation des principes sur lesquels reposent la civilisation et la culture, et des lois qui président à leur développement. Elle restitue en leur place un état de choses qui légitime la force et la puissance individuelle. Si l'on entend par civilisation l'équilibre de droits et devoirs qui soutient la structure sociale des nations et que garantissent leurs institutions, ce terme de « guerre civilisée », tel que

Bluntschli l'emploie, paraît à peine intelligible. Il porte en lui une contradiction irréductible.

La détresse et le dommage de l'ennemi sont les conditions nécessaires pour ployer et briser sa volonté. Dans l'efficacité de ces moyens réside leur indiscutable justification, dès qu'on peut atteindre par eux, avec certitude, une fin militaire exactement définie.

Il faut diriger nos entreprises, écrit von Blum, surtout vers des objectifs qui seront de nature à augmenter les dommages infligés à l'ennemi.

La première de ces méthodes est l'invasion des provinces ennemies, non pas avec l'intention de les garder, mais pour y lever des contributions de guerre, voire simplement pour les dévaster.

La détresse, la misère profonde de la guerre, écrit Hartmann, ne doivent pas être épargnées à l'Etat ennemi. Il faut que le fardeau soit et demeure écrasant. La nécessité de l'imposer résulte de l'idée même de la guerre nationale... Quand la guerre nationale a éclaté, le terrorisme devient un principe militairement nécessaire.

La théorie du droit de réquisition est formulée par Clausewitz de la façon suivante :

Elle n'a pas d'autres limites que l'épuisement, l'appauvrissement et la destruction du pays.

Les déclarations de l'état-major allemand relatives aux réquisitions sont très catégoriques :

Le système des réquisitions, écrit Hartmann, dépasse infiniment le simple droit de recueillir des approvisionnements dans le pays où a été portée la guerre. Il implique l'exploitation intégrale de ce pays, en toute matière...

On affirme par là, notamment, que les nécessités militaires n'ont à établir aucune distinction entre la propriété publique et la propriété privée, et qu'elle revendique le droit de prendre ce qu'il lui faut, partout, et de quelque façon qu'elle puisse se l'approprier.

La liberté absolue de l'action militaire est, à la guerre, une condition indispensable du succès. Voilà les principes que les milieux exclusivement militaires devront opposer à toute tentative d'entraver cette action par un droit de guerre international...

Les principes précédents furent appliqués avec rigueur par les Allemands pendant toute la durée de la guerre. Les réclamations des neutres à propos de la destruction de monuments considérés comme le patrimoine de l'humanité, les a laissés extrêmement indifférents. On en peut juger par l'extrait suivant, publié dans un journal de Berlin sous la signature d'un général allemand et reproduit dans la *Revue des Deux-Mondes* du 15 décembre 1914 :

> Nous n'avons rien à justifier. Tout ce que feront nos soldats pour faire du mal à l'ennemi, tout cela sera bien fait et justifié d'avance. Si tous les chefs-d'œuvre d'architecture placés entre nos canons et ceux des Français allaient au diable, cela nous serait parfaitement égal... On nous traite de barbares : la belle affaire ! nous en rions. Nous pourrions tout au plus nous demander si nous n'avons pas quelque droit à ce titre. Que l'on ne nous parle plus de la cathédrale de Reims et de toutes les églises et de tous les palais qui partageront son sort : nous ne voulons plus rien entendre. Que de Reims nous arrive seulement l'annonce d'une deuxième entrée victorieuse de nos troupes : tout le reste nous est égal.

Obéissant à des théories dont l'application leur semblait un devoir, les Allemands ont été fort étonnés de l'indignation des neutres devant leur conduite. Que présentaient de si surprenant les incendies et les pillages? « Piller n'est nullement voler », avait déjà dit le Grand Frédéric.

§ 4. — Procédés psychologiques divers utilisés par les armées allemandes.

Les moyens psychologiques utilisés à la guerre par les Allemands sont variés : terreur, surprises, attaques nocturnes, etc. Ils découlent tous, cependant, du même principe : impressionner le moral de l'ennemi et le déprimer. Nous allons énumérer les plus caractéristiques :

La terreur. — Elle est le procédé psychologique fondamental dominant toute la conduite des chefs de l'armée allemande. De lui dérivent les massacres et les incendies. Devant étudier ses conséquences dans d'autres chapitres, nous ne faisons que les mentionner maintenant.

Dès les débuts de la guerre les Allemands cherchèrent à terrifier l'ennemi. Ils fusillèrent ou torturèrent un grand nombre d'habitants inoffensifs pour épouvanter les autres et achevèrent l'impression produite par des réquisitions tellement élevées qu'elles dépouillaient totalement les survivants. Si on peut impressionner l'ennemi en détruisant des monuments auxquels il tient, on les bombarde jusqu'à ne plus laisser d'eux que des ruines. Nous savons avec quelle précision fut pratiqué ce système dans la plupart des villes et villages de la Belgique. Toute la population était groupée sur un point donné, un certain nombre de civils fusillés, les maisons pillées puis incendiées.

Ces opérations s'exécutaient au grand jour et les chefs s'en faisaient gloire.

« Dans une proclamation adressée aux autorités communales de Liége et datée du 22 août, écrit M. Andler, le général von Bülow, faisant allusion au sac d'Andenne, dit : « C'est avec mon consentement « que le général en chef a fait brûler toute la localité « et que cent personnes environ ont été fusillées. »

Ces féroces généraux ne faisaient que perpétuer les anciens procédés guerriers de l'Allemagne. Au XIIe siècle, Frédéric Barberousse manquait rarement de faire couper une main aux prisonniers. Après avoir pillé puis incendié Milan, il ordonna de tuer tous les habitants dont on put s'emparer. En Sicile son fils faisait écorcher vifs les prisonniers ou les condamnait à avoir les yeux crevés.

Ces mœurs se continuèrent toujours chez les Allemands. Tilly, en 1622, massacrait tous les habitants de Heidelberg et incendiait cette cité. En 1631, il livrait au sac la ville de Magdebourg, détruisait 1.500 maisons et 6 églises et brûlait vifs la plupart de ses habitants.

Il faut remarquer, écrit M. Savarit, que les Allemands, par leurs atrocités, ont presque toujours obligé leurs adversaires à de pareilles représailles. Les fameuses « instructions » qu'on a tant reprochées au dur Louvois, à propos du Palatinat, n'avaient pas d'autres causes que les férocités allemandes qui avaient alors épouvanté la rive gauche du Rhin. Louvois écrit en effet : « Il faut enchérir en inhumanité sur les Allemands, s'ils ne prennent pas le parti de faire une guerre honnête ».

L'état-major allemand ne chercha des prétextes pour justifier sa conduite seulement qu'après avoir vu l'effet produit sur les neutres. Il assura alors, sans trop espérer le faire croire, je pense, que les prêtres et les jeunes filles belges crevaient les yeux des blessés.

Nécessité de porter la guerre sur le territoire ennemi. — Pour employer impunément de pareils procédés, il faut évidemment porter de suite la guerre sur le territoire ennemi. C'est un des principes les plus fondamentaux de l'état-major allemand. Sa pratique entraîne naturellement une longue préparation antérieure. Création de chemins de fer stratégiques, mobilisation minutieusement étudiée, etc.

La préoccupation de pénétrer le premier chez l'adversaire était si vive chez les Allemands qu'elle les conduisit à violer la Belgique, malgré le risque d'une guerre avec l'Angleterre.

Les avantages de porter les hostilités sur le territoire ennemi sont, en effet, immenses. Ils facilitent notamment les approvisionnements et permettent de s'enrichir par le pillage des vaincus. Un journal allemand a bien marqué ces divers points dans les lignes suivantes :

Tout le travail s'accomplit en vertu d'un principe : faire venir le moins possible d'Allemagne pour les besoins de l'armée, tirer le plus possible du pays ennemi conquis; et tout ce qui est utilisable le faire passer en Allemagne.

Pendant trois mois, il a été pourvu aux besoins de l'armée dans la proportion des quatre cinquièmes par le pays occupé. Maintenant même, bien que les sources du pays occupé commencent à rendre avec moins d'abondance, notre armée de l'Ouest en tire encore les trois cinquièmes du nécessaire. Par là, d'après un calcul établi sur la moyenne, il est économisé à l'Allemagne de 3 millions à 4 millions de marks par jour.

Ce bénéfice de la victoire s'accroît encore des profits de la guerre économique menée, conformément au droit des gens, contre le territoire conquis, c'est-à-dire par l'utilisation des ressources immenses transportées de la Belgique et du nord de la France en Allemagne, telles que : approvisionnements de forteresses, céréales, lainages, métaux, bois. Ce que l'Allemagne économise ou gagne par cette guerre économique dirigée avec intelligence commerciale, peut s'évaluer journellement à 6 ou 7 millions de marks, et le total des profits rassemblés par l'Allemagne derrière le front occidental des opérations depuis le commencement de la guerre, peut se chiffrer à environ deux milliards.

Assurer que le fait de porter la guerre en pays ennemi offre de grands avantages, c'est énoncer une vérité tellement évidente qu'on ose à peine la formuler. Nos dirigeants auraient cependant eu besoin de l'entendre répéter sans cesse pendant les quarante-cinq ans qui leur furent laissés pour préparer notre défense. En la méditant, ils eussent peut-être songé à protéger notre frontière du Nord. Quelques-unes de ces tranchées révélées presque inviolables par l'expérience et, en tout cas, capables de retenir longtemps une invasion suffisaient pour cela. Leur valeur était enseignée dans tous les livres militaires étrangers, et la guerre russo-japonaise en avait prouvé la puissance.

Attaques en grandes masses. — Pour atteindre les résultats précédents, — occuper de suite le territoire ennemi et en même temps terroriser l'adversaire, — il faut non seulement arriver le premier chez lui, mais encore y pénétrer en grandes masses. Les Allemands y ont réussi en France et en Russie.

Cette opération nécessite, comme je le disais plus haut, une préparation fort longue. Semblable invasion se constitue non pas seulement avec l'armée active, mais au moyen de toutes les réserves. Bien que nous n'ayons encore aucun document certain, on peut dire que l'envahissement de la France s'est fait avec 2 millions d'hommes.

Lorsque, dans une phase avancée de la guerre, les invasions par grandes masses devinrent impossibles aux Allemands, ils ne renoncèrent jamais cependant à précipiter de nombreuses troupes sur un point donné. A la première bataille des Flandres, des corps d'armée entiers furent lancés en colonnes épaisses, malgré toutes les tranchées. L'armée allemande perdit ainsi plus de 150.000 hommes en quelques jours, mais si elle avait réussi, c'était la conquête de Calais et toutes ses conséquences. L'enjeu valait le risque.

Méthodes diverses d'intimidation. — Aucun des procédés capables d'affecter le moral de l'ennemi n'a été négligé par l'état-major allemand : attaques nocturnes, gaz asphyxiants, lancement de bombes au moyen de ballons, etc.

Plusieurs d'entre eux, tels que les bombardements par ballons, ne pouvaient, l'expérience l'a prouvé, produire des résultats matériels notables. Seule, l'impression morale était recherchée.

Une des plus utiles opérations allemandes comme effets psychologiques fut le bombardement de petites villes de la côte anglaise par des croiseurs qui surent échapper à la surveillance, d'ailleurs insuffisante, de la flotte britannique.

Cette entreprise était fort dangereuse, en raison de

la chance qu'elle présentait de rencontrer des cuirassés ennemis ou ces terribles mines coulant un vaisseau en quelques minutes. Les Allemands n'ont pas hésité, cependant, à la tenter en raison de son importance.

Les résultats matériels de ce bombardement ne pouvaient qu'être insignifiants, mais son action psychologique fut considérable. On peut dire, d'après les chiffres mêmes donnés par le *Times*, que ses conséquences furent de réduire de 600.000 hommes l'effectif que les Anglais se proposaient alors d'envoyer en France.

Le succès de cette tentative fit redouter, en effet, à tous les Anglais le danger d'une invasion, qui était déjà leur cauchemar au temps de Napoléon. Ils résolurent donc de garder chez eux, pour se défendre contre un investissement possible, une partie de l'armée qu'ils s'apprêtaient à envoyer sur le continent. En risquant quelques bateaux, les Allemands obtinrent ce résultat : réduire de 600.000 le nombre de leurs ennemis.

Le bombardement des côtes anglaises fut donc bien une opération psychologique. Il faut classer dans la même catégorie, le torpillage des paquebots de passagers, tels que celui du *Lusitania*, faisant périr 1.200 personnes. Mais ici les Allemands commirent une lourde faute en ne devinant pas que cette destruction, dont plusieurs citoyens américains furent victimes, provoquerait aux Etats-Unis un mouvement d'indignation si violent qu'une guerre faillit en sortir. Ils perdirent du même coup toutes les sympathies qui leur restaient.

Les surprises. — Quelle que soit l'opération militaire en vue, les Allemands tâchent toujours de l'effectuer par surprise. D'où la fréquence de leurs attaques de nuit. Un écrivain militaire a dit très justement : « On ne redoute pas un danger en raison de sa puissance, mais en raison de l'inconnu qui cache cette puissance. Non le danger même, mais l'incertitude fait la peur. La nuit favorise la frayeur, parce qu'elle dissimule la surprise. »

Les alliés oublièrent souvent le rôle important de la surprise dans les engagements militaires; notamment quand ils se décidèrent à tâcher de forcer les Dardanelles, opération facile si elle avait été pratiquée au lendemain de la déclaration de guerre de la Turquie. Une surprise navale et une surprise terrestre concomitantes eussent trouvé les Turcs sans résistance. Au lieu d'opérer inopinément, on perdit un temps énorme pour négocier avec la Russie à qui reviendrait Constantinople. C'était vendre un peu vite la peau d'un ours encore très solide. Le seul résultat fut de laisser aux ennemis le temps nécessaire à l'organisation de leur défense. Un journal anglais fit justement remarquer à ce propos, que, pendant toute la campagne, Anglais et Français n'ont jamais fait preuve de beaucoup d'initiative.

Egalement pour utiliser l'effet moral de la surprise se pratiquent les attaques brusquées en pleine paix, observées plus d'une fois dans les guerres modernes. L'agression des Bulgares lors de la seconde guerre balkanique contre leurs alliés serbes et grecs de la veille en est un type caractéristique. Elle échoua parce que les assaillants avaient trop préjugé de leur valeur, et aussi parce que les assaillis possédaient à leur tête un général ayant su répondre à l'attaque, non par une défensive, mais par une autre attaque, c'est-à-dire par une surprise à une surprise. Les Bulgares, qui avaient escompté le désarroi de leurs ennemis furent rapidement démoralisés. Il est bon d'avoir confiance en sa valeur, mais la puissance qu'on s'attribue ne doit pas être composée d'une quantité trop grande d'illusions. Il ne faut pas non plus supposer que l'adversaire se conduira d'après les idées, le plus souvent très fausses, par nous formées sur sa mentalité.

Je ne poursuivrai pas davantage l'étude du rôle des facteurs psychologiques dans les luttes modernes. J'ai déjà eu occasion de montrer leur influence en étudiant certaines des qualités mises en jeu au courant de la guerre. Les faits cités montrent que tous les agents matériels sont, je le répète, dirigés en dernière analyse par des forces psychologiques.

CHAPITRE II

APPLICATION DES PRINCIPES DE L'ÉTAT-MAJOR ALLEMAND. INCENDIES, MEURTRES ET PILLAGES

§ 1. — Les récits des meurtres, incendies et pillages d'après les carnets des prisonniers allemands

Les meurtres, incendies et pillages dont nous allons donner de brefs spécimens sont la conséquence de méthodes arrêtées d'avance par les Allemands et exposées par eux, dans divers écrits. Leur base, qu'ils croient très sûre, est la terreur.

L'exactitude des faits rapportés sera naturellement toujours fort difficile à prouver. Les Allemands les nient en bloc, bien entendu. Mais les témoignages sont si répétés, si concordants et issus de sources si diverses que contester leur ensemble paraît impossible. Nous possédons d'ailleurs certains aveux consignés dans les carnets mêmes trouvés sur des prisonniers allemands. M. Bédier en a relevé beaucoup.

En pareille matière la valeur des témoignages dépend plus de leur origine que de leur nombre. Nous sommes sûrs, par exemple, malgré la rareté des documents, que les rois assyriens, avaient l'habitude de crever eux-mêmes les yeux aux prisonniers, simplement parce qu'ils prirent soin de se faire représenter pratiquant cette opération, sur les bas-reliefs de leur palais. Les aveux relatés sur les carnets allemands ont la même valeur documentaire.

La plupart des atrocités allemandes seront certainement connues un jour dans leurs détails par des accumulations de circonstances échappant à toutes les prévisions.

Nous le verrons en constatant comment les catholiques allemands eux-mêmes eurent à cœur de prouver que les actes de cruauté imputés aux prêtres belges par les Germains n'avaient aucune réalité. On s'en doutait un peu.

Examinons maintenant les forfaits attribués aux Allemands. Nous commencerons par ceux consignés dans les carnets des prisonniers et choisirons seulement les plus typiques.

En voici quelques-uns, traduits par le professeur Bédier et que publia la *Revue de Paris*, du 1er janvier 1915. Les noms des auteurs de ces récits, ainsi que les numéros de leur corps et de leur régiment, sont indiqués dans le travail du savant observateur :

3 septembre 1914 à Sommepy (Marne). — Horrible carnage, le village brûlé, jusqu'à ras de sol, les Français jetés dans les maisons en flammes, les civils et tout brûlés ensemble.

Carnet d'un officier saxon :

24 août. — L'admirable village du Gué-d'Hossus (Ardennes) a été livré à l'incendie, bien qu'innocent, à ce qu'il me semble. On me dit qu'un cycliste est tombé de sa machine, et que, dans sa chute, son fusil est parti tout seul: alors on a fait feu dans sa direction. *Là-dessus, on a tout simplement jeté les habitants mâles dans les flammes.*

D'un autre:

C'est de la sorte que nous avons détruit huit maisons avec leurs habitants. Dans une seule d'entre elles, furent passés à la baïonnette deux hommes avec leurs femmes et une jeune fille de dix-huit ans. La petite a failli m'attendrir, son regard était si plein d'innocence!

Autre fragment d'un carnet:

25 août (en Belgique). — Des habitants de la ville, on en fusilla trois cents. Ceux qui survécurent au feu de salve furent réquisitionnés comme fossoyeurs. Il aurait fallu voir les femmes à ce moment!

Et comme certains soldats avaient ménagé des prisonniers, le général Stenger, commandant la 58ᵉ brigade adressa le 25 août à ses troupes l'ordre suivant:

A partir d'aujourd'hui, il ne sera plus fait de prisonniers. Tous les prisonniers seront massacrés. Les blessés, en armes ou sans armes massacrés. Même les prisonniers déjà groupés en convois seront massacrés. Derrière nous, il ne restera aucun ennemi vivant.

La *Revue des Deux-Mondes* a publié d'autres extraits de ces instructifs carnets. Voici l'un des plus frappants :

Le 23 août, on s'empare de soldats que leur uniforme fait qualifier de francs-tireurs: on les place sur trois rangs pour qu'un même coup de fusil abatte trois hommes à la fois. Nous prenons position le long de la Meuse. Nos hommes se sont comportés comme des vandales. Tout a été bouleversé. Le spectacle des cadavres des habitants tués défie toute description. Il ne reste plus une seule maison debout. Nous retirons de tous les coins les survivants les uns après les autres et on fusille en bloc, hommes, femmes et enfants trouvés dans un cloitre qui a été incendié.

M. Paul Hazard, officier interprète, traduisit également un grand nombre de carnets. En voici quelques passages :

18 août. — Brûlé tout un village, fusillé huit habitants.

Dans un autre carnet:

25 août. — Nous avons fusillé des habitants du village; cinquante environ.

Dans un autre encore:

19 octobre, le soir cantonnement à M... Nous fusillons quelques civils. Vous ne pouvez vous faire une idée de l'aspect

actuel de la Belgique. La plupart des villages sont complètement détruits. Tout est brûlé. Le premier qu'on fusille dans les villages est toujours le curé, les aumôniers ne sont pas épargnés...

Tous les mauvais cas sont niables assurément, mais il sera difficile aux Allemands de démentir des faits racontés par leurs propres soldats.

§ 2. — Les récits de meurtres, incendies et pillages d'après les documents divers.

L'authenticité des actes consignés dans les documents officiels après enquêtes ou empruntés à d'autres sources, n'ont pas évidemment la même valeur que les aveux des intéressés reproduits plus haut, mais ils les confirment. C'est pourquoi j'en rapporterai quelques-uns.

Voici un extrait des rapports d'une commission officielle relative aux massacres de Dinant :

Leur œuvre de destruction et de vol accomplie, les soldats mettaient le feu aux maisons. La ville ne fut bientôt qu'un immense brasier. En résumé la ville de Dinant est détruite. Elle comptait 1.400 maisons, 200 restent debout.

... La commission possède la liste des victimes du massacre de Dinant. Cette liste contient près de 700 noms et elle n'est pas complète. Parmi les morts il y a 73 femmes et 39 enfants des deux sexes, âgés de 6 mois à 15 ans.

Dinant avait 7.600 habitants ; le dixième de cette population a été mis à mort ; il n'est pas de famille qui ne compte des victimes et certaines ont entièrement disparu.

Le *Temps* du 30 novembre 1914 a donné d'effroyables détails sur la conduite des Allemands à Dinant.

Des familles entières furent fusillées. A un moment donné, pour aller plus vite, on mit en action deux mitrailleuses qui fauchèrent des centaines de civils, hommes, femmes et enfants qui avaient été massés sur la voie publique.

Les cas de massacres et de tortures infligés aux prisonniers sont innombrables.

Dans le numéro du 31 décembre du même journal, on lit les faits suivants :

Le 6 septembre, le cavalier Backelandt est désarmé. On le ligote, puis on lui ouvre le ventre à coups de baïonnette. A Tamines, un officier supérieur français a été amené près d'un arbre, lié au tronc : on a attelé un cheval à chacune de ses jambes. Au signal donné, on a fouetté les chevaux ! C'est l'écartèlement dans toute sa cruauté ! « J'ai vu, dit le témoin, tremblant encore, j'ai vu le pantalon se déchirer, le corps s'ouvrir ».

Le même journal rapporte qu'à Badonvillers plusieurs femmes et enfants furent brûlés vifs après avoir été enduits de pétrole.

Le *Figaro* du 26 janvier 1915 relatait le récit suivant d'un échappé de Longwy :

Un vieillard, les pieds enchaînés avait été suspendu à une porte par les poignets à l'aide de fils de fer qui lui entraient dans la chair et lui arrachaient des hurlements de douleur. Et le pauvre vieux hurla près de vingt heures avant de rendre le dernier soupir.

Parmi les plus sanglantes dévastations de la Belgique, il faut citer le sac de Louvain et le massacre d'une partie de sa population.

Bien des récits en ont été publiés. On peut citer notamment celui d'un citoyen suisse, M. Füglister, alors habitant la ville. En voici quelques extraits publiés par le *Journal de Genève* du 5 mai 1915 :

Le massacre et l'incendie ont commencé à une heure fixée d'avance, sur un signal. L'horreur fut indicible. Bientôt abominablement ivres, les troupes s'abandonnèrent à des actes sans nom. Les officiers commandaient, M. Füglister les a entendus : « Tuez et brûlez tout ». Il est impossible encore d'établir les chiffres, mais la population était de 43.000 habitants et il ne reste plus que 21.000 personnes à Louvain.

Le témoin suisse a raconté toute une série de faits spéciaux atroces dont il possède et garde les preuves. Ce qui s'est passé recule les bornes connues de l'horreur.

Le sadisme seul peut expliquer des actes comme ceux que résume M. Lenotre d'après les documents officiels.

A X..., cent quatre-vingt-deux fusillés, un jeune homme est enterré vivant, la tête en bas, les jambes hors de la fosse, pour que les bourreaux ne perdent rien des contorsions de sa lente agonie. Un soldat belge est prisonnier : on lui fait bouillir les mains. Les Prussiens traînent sur les routes, cherchant un endroit propice à une exécution en masse, un troupeau de femmes harassées, de paysans, d'enfants en pleurs; de temps à autre, un arrêt; c'est ici, les malheureux se groupent et s'embrassent avant de mourir; mais non, pas encore, on va plus loin et on les remet en marche, à coups de cravache, à coups de crosse. Un officier commande halte, aligne ses hommes; les fusils sont abaissés. — Regardez encore une fois votre belle patrie! fait-il en ricanant.

Afin d'excuser des actes d'une telle cruauté, les Allemands ont prétendu que les habitants avaient commencé par tirer sur eux. Impossible d'invoquer le même prétexte pour justifier les épouvantables tortures infligées aux milliers de Russes se trouvant dans les villes d'eau de l'Allemagne à l'époque de la déclaration de guerre. On en trouvera le récit dans le livre de M. Rézanoff, que résume la *Revue des Deux-Mondes* du 1er août 1915. Il ne s'agit pas d'actes de fureur populaire mais de ceux commis par des intellectuels de tout rang, notamment des officiers. Les jeunes filles étaient mises nues et violées sous les yeux de leurs parents, fusillés aussitôt qu'ils faisaient un geste de protestation. Plusieurs de ces malheureux se sont suicidés de désespoir ou devinrent fous. La férocité sadique du tempéramment allemand s'est révélée d'une façon indéniable dans cette sinistre aventure. Parmi les personnes torturées se trouvaient plusieurs consuls. Ils furent ensuite jetés dans des cachots, où ils sont sans doute encore.

Le caractère pillard et féroce des Allemands a d'ailleurs été observé dans toutes les guerres. Wellington écrivait en 1807 à propos de la légion allemande servant, à cette époque, sous le drapeau anglais contre Napoléon :

Je puis vous assurer que, dans cette légion d'Allemands, depuis le général jusqu'au plus petit tambour, c'est tout un. La terre n'a jamais gémi de porter des coquins plus sanguinaires et plus infâmes. Ils assassinaient, volaient et maltraitaient les paysans partout où ils passaient.

Les soldats dont nous venons de citer les forfaits n'ont donc que continué une tradition déjà vieille.

L'invasion des Allemands en Belgique rappelle effectivement, en tous points, celles des Germains aux premiers siècles de notre ère. Comme aujourd'hui, ils pullulaient effroyablement dans leur pays, et, ne pouvant y trouver subsistance, se déversaient sur les contrées voisines. Les Romains en firent à plusieurs reprises d'immenses carnages, d'ailleurs insuffisants.

L'empereur Probus en extermina, dit-on, 400.000. Mais quand il arriva, les barbares avaient eu le temps de détruire les merveilleux monuments de la Gaule romaine. Un siècle plus tard, ils recommencèrent leurs ravages et dévastèrent la Gaule, l'Espagne et l'Italie. Après avoir été le fléau de l'Empire Romain, l'Allemagne menace aujourd'hui de devenir le fléau de l'univers.

La destruction des monuments religieux de Louvain, Soissons, Reims et Arras n'aurait jamais pu avoir lieu sans la volonté expresse de l'empereur. On doit y voir les conséquences de sa haine intense du catholicisme manifestée jadis, dans une lettre écrite à une de ses parentes qui venait de se convertir : « Je hais cette religion que tu as embrassée, écrivait-il, je considère sa destruction comme le but suprême de ma vie. »

Dans un de ses discours, reproduit par la *France* du 3 octobre 1914, on lisait :

Les églises catholiques du romanisme papal, dont on vous impose l'admiration excessive, sont parfois des injures au Tout-

Puissant. Dieu y est injurieusement oublié au profit de saints imaginaires, véritables idoles substituées à la divinité par la superstition latine. Dans la cathédrale de Reims, on voit même le spectacle impie de rois français qui furent des adultères, déifiés en quelque sorte et présentés sous les formes de statues au sommet du grand portail, mieux placés que l'image de Dieu.

Des maîtres allemands dignes de notre race ne doivent pas décrire de telles églises sans s'élever avec indignation contre les superstitions du romanisme.

Ces lignes contribuent à expliquer l'acharnement des Germains contre l'antique cathédrale.

§ 3. — Les férocités autrichiennes.

Les soldats autrichiens pendant leur première invasion en Serbie ne se montrèrent pas plus tendres que leurs confrères allemands en Belgique. M. Reiss, professeur à l'Université de Lausanne, a fait en Serbie une enquête sur les lieux, dont les résultats ont paru dans la *Revue de Paris*, du 7 avril 1915.

J'en détache les lignes suivantes, relatives aux genres de supplices choisis par les soldats d'après les ordres de leurs officiers :

J'ai relevé les façons suivantes de tuer et mutiler : victimes fusillées, tuées à coups de baïonnette, égorgées au couteau, violées puis tuées, lapidées, pendues, assommées à coups de crosse et de bâton, éventrées, brûlées vives, ayant les jambes ou les bras coupés ou arrachés, les oreilles ou le nez coupés, les yeux crevés, les seins coupés, la peau coupée en lanières ou les chairs détachées; enfin une petite fille de trois mois jetée aux cochons.

Chacun se rappelle les faits analogues relevés à la charge des Balkaniques pendant leurs guerres avec les Turcs d'abord, puis entre eux. On alléguait alors qu'il s'agissait de populations demi-barbares ayant depuis des siècles l'habitude de vivre dans les massacres réciproques et que les Turcs seuls réussissaient à maintenir en paix.

Les mêmes arguments ne pouvant s'appliquer aux Allemands, il faut bien admettre que la civilisation la plus élevée ne rend pas les hommes moins féroces. Toutes nos vieilles idées humanitaires se trouvent refoulées pour longtemps.

§ 4. — Psychologie de la terreur. Ses inconvénients.

L'état-major allemand donne comme justification des meurtres et incendies la nécessité d'épouvanter les populations pour les amener ainsi à demander la fin de la guerre.

La terreur fut employée en tout temps, par les révolutionnaires tout aussi bien que par les rois, comme moyen d'impressionner leurs adversaires et de servir d'exemple à ceux qui hésiteraient à se soumettre. Les tortures infligées donnent en même temps satisfaction aux ataviques instincts sanguinaires de beaucoup d'hommes.

Il faut donc s'attendre à retrouver la terreur pratiquée dès les premières époques de l'histoire. Je rappelais plus haut les bas-reliefs assyriens qui montrent des rois crevant eux-mêmes les yeux aux prisonniers et confiant seulement à leurs soldats l'opération compliquée de les écorcher vifs, pour tapisser de leurs peaux les murs de la ville.

J'ai également fait remarquer que les Romains des premiers âges professaient, à l'égard des peuples envahis et du traitement à infliger aux prisonniers, les mêmes théories que les Allemands actuels. Toute action utile au vainqueur était bonne à leurs yeux. L'étranger représentait en principe un ennemi ne possédant aucun droit. Il n'y avait de fraternité possible qu'entre individus de la même cité et tout au plus, du même pays.

La dureté implacable, l'égoïsme féroce qui furent pendant longtemps la loi de Rome, ne le restèrent pas toujours. Vers la fin de la République, les mœurs devinrent moins sanguinaires.

Aucun acte de barbarie n'est mentionné dans l'*Enéide*. Cicéron loue Marcellus d'avoir épargné les monuments de Syracuse et accable de ses mépris le pillard Verrès.

Les Germains modernes nous ont ramenés par leurs cruautés aux âges les plus lointains de l'histoire.

Ils systématisèrent dans la lutte actuelle les meurtres, tortures et pillages, mais ne formulaient pas leurs méthodes pour la première fois. Bismarck affirmait déjà qu'il faut rendre la guerre extrêmement pénible aux populations afin de les disposer à la paix.

La véritable stratégie, écrivait-il en 1870, consiste à frapper votre ennemi et à le frapper durement. Avant tout, vous devez infliger aux habitants des villes envahies le maximum de souffrances, de façon à les écœurer de la lutte et à vous assurer leur concours dans la pression à faire sur leur gouvernement pour l'amener à cesser la lutte. Vous ne devez laisser aux populations que vous traversez que leurs yeux pour pleurer.

Dans tous les cas, notre principe directeur est de rendre la guerre si terrible aux populations civiles qu'elles-mêmes supplient en faveur de la paix.

Nous avons vu avec quelle ardeur furieuse les Allemands ont suivi ces conseils : incendies des villages, femmes et enfants brûlés vifs ou soumis à toutes les tortures. Ils n'obtinrent guère d'ailleurs, comme résultat, que l'exode en masse des habitants.

Il serait inutile de discuter la validité de tels actes au point de vue du droit ou de l'humanité. On peut du moins les examiner quant à leurs résultats.

Non seulement l'efficacité des violences commises ne fut pas du tout celle que les Allemands espéraient, mais elles leur ont été nuisibles, soulevant chez tous les peuples un sentiment d'indignation profonde et leur créant ainsi des ennemis dans l'univers entier.

La terreur n'a d'ailleurs d'action efficace qu'à la condition d'être très brève. La prolonger, c'est la rendre plus funeste qu'avantageuse. Chez le vaincu, elle produit, en effet, avec la révolte, une haine intense, puissant élément de succès dans les batailles. Les peuples envahis, comprenant qu'ils n'ont aucun quartier à espérer, se défendent jusqu'à la dernière extrémité.

Ils se défendent et se souviennent. Les Allemands possédaient avant la guerre une grande partie du commerce de la Belgique, surtout à Anvers. Quelle sera leur situation après la paix? Ils eussent fait preuve d'une psychologie bien autrement avisée en gouvernant avec douceur le pays qu'ils prétendaient avoir conquis pour toujours.

L'emploi de la férocité systématique exige aussi la certitude que l'ennemi molesté ne pénétrera jamais sur votre territoire pour y prendre sa revanche. Or, nul n'est sûr de fixer la fortune. Napoléon lui-même n'y réussit pas.

Supposons que 100.000 cosaques entrent un jour dans Berlin et y fassent subir aux femmes, aux enfants, et aux vieillards le traitement infligé par les Allemands aux infortunés habitants de Dinant et de Louvain; qui les plaindrait?

§ 5. — Les justifications des Allemands.

Après avoir nié systématiquement tous les faits qui leur étaient reprochés, les Allemands finirent par tenter de les justifier, en alléguant qu'il s'agissait de simples représailles et ils ont alors imputé aux Belges et aux Français les mêmes crimes.

On sait que, dans un rapport présenté à une séance

du Reichstag, le chancelier accusa les jeunes filles belges de crever les yeux aux blessés.

Suivant les journaux allemands les prêtres belges avaient aussi l'habitude de crever les yeux et de couper les doigts aux prisonniers.

Ces assertions semblaient bien improbables. Mais ce n'était là que des invraisemblances opposées à des articulations précises.

Une circonstance particulière permit cependant de les anéantir complètement.

Il a toujours existé en Allemagne une rivalité assez grande entre protestants et catholiques. Les premiers ayant pris l'habitude de charger les seconds de toutes sortes de méfaits, ces derniers, pour se défendre, fondèrent depuis longtemps des agences d'investigation, notamment le bureau *Pax*, chargé d'établir la lumière sur les actes dont on les accusait.

Ne pouvant admettre que des prêtres de leur religion se soient rendus coupables des crimes qui leur étaient imputés, le bureau *Pax* entreprit une série d'enquêtes minutieuses sur chacun de ces faits et n'eut aucune peine à obliger les autorités allemandes de reconnaître que tous les actes reprochés au clergé belge furent totalement imaginaires.

Les Allemands donnèrent ensuite comme principale raison de l'incendie des villes ouvertes notamment Louvain, que des habitants avaient tiré sur leurs soldats. Or, les civils, suivant eux, ne doivent pas se mêler à la guerre. Mais, dès qu'ils y eurent intérêt, les chefs allemands adoptèrent la règle opposée. Les journaux ont reproduit la proclamation suivante, répandue dans la partie de la Prusse orientale envahie par les Russes :

Lorsque l'ennemi traversera les frontières de l'Allemagne impériale, il s'en suivra une lutte pour la défense nationale dans laquelle toutes les méthodes sont autorisées. Il est du devoir de tout homme capable de porter des armes de refouler l'invasion et de harasser l'ennemi quand il se retire. La population entière doit prendre les armes pour tenir toujours l'ennemi en éveil, pour prendre ses munitions, pour arrêter son approvisionnement en vivres, pour capturer ses éclaireurs, pour détruire par tous les moyens possibles ses ambulances et hôpitaux de campagne et pour le tuer pendant la nuit.

§ 6. — Enseignements psychologiques à tirer de la pratique des méthodes de terreur.

Les meurtres, pillages et incendies pratiqués par les Allemands et les Autrichiens, avaient été constatés également, je l'ai rappelé plus haut, dans les deux guerres balkaniques.

Ces méthodes de guerre sans pitié semblent donc se propager de plus en plus. Elles nous ramènent progressivement aux périodes les plus reculées de l'histoire.

On pensait bien à tort que les progrès de la civilisation ayant développé l'intelligence, pouvaient faire subir une transformation analogue à nos sentiments. Il n'en est rien. Les contraintes sociales dissimulent un peu chez certains peuples la barbarie ancestrale, mais simplement masquée elle reparait dès la désagrégation de ces contraintes.

Elle reparaît aussi bien chez l'intellectuel que chez l'illettré. On comprend facilement pourquoi en ayant présente à l'esprit la séparation profonde qui existe entre le caractère et l'intelligence et la minime influence de l'éducation sur les sentiments. Aussitôt que les contraintes sociales furent abolies, chefs et soldats de l'armée allemande se trouvèrent égalisés et obéirent aux mêmes instincts de férocité.

A plus d'une époque de l'histoire, on vit une culture raffinée s'associer avec la plus sanguinaire cruauté. Tels, par exemple, les seigneurs italiens de la

Renaissance, au temps des Borgia. Tels encore ces empereurs mogols, poètes, artistes et savants qui dressaient des catalogues d'étoiles, imaginaient des instruments pour mesurer l'obliquité de l'écliptique et faisaient cependant élever des pyramides avec les têtes coupées de leurs prisonniers.

L'avenir que nous prépare la généralisation des méthodes allemandes n'est pas rassurant.

Si la guerre moderne, écrivait le *Spectator*, ne doit plus connaître de règle, alors, en vérité, l'avenir de la race humaine est bien sombre et bien précaire.

Si ce que l'Allemagne a fait est froidement accepté par la masse de l'humanité comme étant une loi de nécessité inévitable ou un procédé normal de la guerre, alors il sera vraiment difficile d'empêcher les ennemis de l'Allemagne de la payer de sa propre monnaie.

Il est certain que, dans toutes les futures guerres, les peuples seront bien obligés d'adopter les méthodes allemandes et de se montrer, eux aussi, sans pitié. Combien faible serait une armée se pliant aux conventions internationales, notamment à celles de La Haye, devant une autre armée qui n'en aurait nul souci.

Le recul des idées humanitaires est visible. On l'a montré aisément en comparant les proclamations des officiers allemands parlant sans cesse d'incendies et de massacres, avec les ordres donnés en 1796 par Bonaparte à son armée lorsqu'elle allait pénétrer en Italie.

On remarquera facilement que toutes les conceptions d'ordre général destinées à modifier les relations entre les peuples telles que le socialisme, l'humanitarisme, les conventions de La Haye, etc., ont été sans action. Leur faillite semble bien définitive.

Il est à souhaiter que toutes les atrocités constatées soient, après vérification complète, réunies dans un livre spécial dont la lecture devra toujours faire partie de l'enseignement primaire. Les populations des provinces limitrophes de l'Allemagne ne devront jamais oublier ce qu'est une invasion germanique. Mieux renseignées, elles eussent exigé de leurs représentants que le gouvernement fît des travaux sérieux de défense sur la frontière du Nord, et la plus riche partie de la France ne serait pas ruinée aujourd'hui.

Une telle publication aura aussi pour résultat d'empêcher, après la guerre, une nouvelle invasion pacifique des Allemands. Il sera impossible de rompre tout commerce avec eux, mais on devra toujours se rappeler l'impérieuse nécessité de tenir à distance ces irréductibles ennemis de notre civilisation et de notre race.

CHAPITRE IV

CONSÉQUENCES DES MÉTHODES DE GUERRE ALLEMANDES SUR LES SENTIMENTS DES NEUTRES

§ 1. — Les conséquences psychologiques des méthodes allemandes sur l'opinion des neutres.

Les protestations soulevées dans tout l'univers par les méthodes de dévastation et de massacres des Allemands les laissèrent d'abord fort indifférents. Agissant suivant des principes arrêtés, ils n'avaient pas à se préoccuper de l'opinion des neutres.

Le flot grandissant de réprobation finit cependant par les émouvoir. Le gouvernement allemand comprit que si la force peut écraser le droit, son abus engendre des hostilités dont le faisceau arrive à former lui aussi une force.

La violation de la neutralité belge avait déjà valu à l'Allemagne la redoutable inimitié de l'Angleterre. Fallait-il encore irriter les autres puissances et surtout l'Amérique?

La pratique de cruautés sans utilité militaire, constituait visiblement une erreur de psychologie. Comment parler des bienfaits de l'hégémonie et de la culture germanique après tant de férocité?

Dès que les Allemands comprirent leur erreur, ils essayèrent par des journaux, des conférences, des brochures, de changer l'opinion.

Malheureusement pour eux, le courant d'hostilité avait acquis une telle force, les actes de dévastation se trouvaient si difficilement contestables que l'impression produite ne put s'effacer.

Eux-mêmes finirent, d'ailleurs, par reconnaître le faible succès de leur propagande. Voici un extrait de la *Gazette de Cologne* très significatif :

> Il faut avouer que tous les talents des Allemands, des Prussiens surtout, ne tendent pas beaucoup à leur gagner les cœurs. La perspicacité psychologique qui fait pénétrer les sentiments des autres peuples n'est pas le point fort des Teutons. Les efforts que fait aujourd'hui l'Allemagne par la voie de la presse, pour se concilier les sympathies des neutres arrivent un peu tard et ne sont pas toujours marqués au coin d'un tact consommé.

Nous allons reproduire maintenant les protestations des notabilités les plus éminentes, formulées dans les diverses parties de l'univers.

Ces reproductions ne constituent pas une récrimination inutile. Elles font comprendre aux peuples tentés d'imiter dans l'avenir la méthode des Allemands de quelle réprobation ils s'entoureraient et quels ennemis ils pourraient se créer.

L'âge de la chevalerie est assurément passé pour toujours, mais l'abandon définitif de certaines lois ramènerait l'humanité aux périodes les plus sombres de la barbarie primitive. L'opinion seule pourra peut-être les faire revivre.

§ 2. — L'impression produite en Amérique.

Donnons d'abord la parole à l'un des plus illustres personnages de l'Amérique, l'ancien président Roosevelt. Il s'exprimait ainsi dans le *New-York Times* du 8 novembre 1914 :

La Belgique n'a pas commis d'offense d'aucune sorte et cependant son territoire a été envahi et son peuple soumis au joug. Il est établi également que des villes ouvertes ont été bombardées. Cela est manifestement contraire à l'accord de La Haye interdisant le bombardement de villes ouvertes.

Les articles 43 et 50 interdisent expressément les pénalités collectives, pécuniaires ou autres, frappant une population pour des actes commis par des individus de la conduite desquels elle ne peut pas être tenue pour responsable. Ou bien cette interdiction est sans portée, ou elle s'applique à des pénalités telles que la destruction de Visé, de Louvain, d'Aerschot et de Dinant. De plus c'est dans le dessein de répandre la terreur et non de punir qu'on a eu recours à la dévastation systématique, épouvantable, à laquelle a été soumise une partie de la Belgique centrale et cela est expressément défendu par les conventions de La Haye.

Dans le *New-York Times* du 20 octobre 1914, M. le professeur Eliot écrivait les lignes suivantes :

Notre opinion publique s'est profondément émue de la façon dont la guerre est conduite du côté allemand. Aux yeux du peuple américain rien ne peut justifier ni le fait de lancer des bombes sans but spécial sur des villes peuplées de non combattants, ni le fait de brûler ou de faire sauter des quartiers de villes non fortifiées, ni la destruction de monuments précieux et de trésors de l'art, ni la dispersion de mines flottantes dans la mer du Nord, ni l'exaction de rançons extorquées aux cités menacées de destruction, ni l'arrestation de citoyens qui ne portent pas les armes, pour être gardés comme otages répondant de la conduite pacifique de populations entières et frappés d'exécution sommaire en cas de désordre.

Le président du célèbre Institut Carnegie, de Pittsbourg, M. A. Church, écrivit en réponse au manifeste des intellectuels allemands que lui avait envoyé un certain docteur Schaper, de Berlin :

J'éprouve un sentiment de pitié à noter avec quelle importunité les Allemands font des efforts pour se concilier la bonne opinion de l'Amérique.

Oh ! docteur Schaper, si jamais les conditions sont renversées, si jamais des soldats étrangers traversent les rues de Berlin et si les citoyens voient leurs maisons détruites et leurs habitants massacrés, voudriez-vous et les quatre-vingt-treize intellectuels voudraient-ils ne pas tirer sur ces envahisseurs sans pitié?

... Tout l'or que vous pourriez donner à la France et à la Belgique en un millier d'années, toutes les prières expiatoires que vous pourriez faire à toute heure pendant mille ans, tout cela ne réparerait pas la ruine de deux nations par le feu et par le sang et ne dessécherait pas l'océan de larmes humaines qui ont accompagné votre horrible invasion.

... Il n'y avait aucune excuse pour faire cette guerre. Armés et défendus comme vous l'étiez, le monde entier n'aurait jamais pu faire irruption au delà de vos frontières. Votre grande nation faisait flotter ses vaisseaux sur les Océans, vendait ses marchandises dans les parties les plus reculées de la terre, et jouissait de la plus grande faveur de l'humanité parce qu'on avait confiance en elle en tant qu'Etat humain. Mais maintenant toute la bonne opinion a été détruite. Vous ne pourriez en un demi-siècle regagner ces bienfaits matériels et spirituels que vous avez perdus.

Parmi les très rares Américains qui ont assisté à la dévastation de la Belgique, on peut citer M. Dawell. Il en rapporta des souvenirs plein d'horreur résumés dans un livre dont voici un fragment :

J'ai vu, écrit-il, en maints lieux de la terre, maintes choses terribles et révoltantes, mais rien d'aussi épouvantable qu'Aerschot. Les deux tiers, je n'exagère point, de ses maisons avaient été la proie des flammes et portaient les visibles traces d'un pillage préalable accompli par une démente soldatesque. Les preuves du crime étaient partout...

§ 3. — L'opinion en Suisse et dans divers pays neutres.

Dans une partie de la Suisse allemande l'opinion se montra d'abord favorable aux Germains, mais elle se retourna entièrement contre eux dès que les massacres et les incendies de Belgique furent connus.

Voici d'abord un fragment d'article publié dans la *Bibliothèque universelle de Genève* par M. Rossel, juge fédéral suisse :

L'invasion du Luxembourg, malgré les garanties solennelles de 1867, la violation du territoire belge, malgré les garanties non moins solennelles de 1831, sont des fautes pour lesquelles il n'y a pas d'excuse : la mer y passerait sans laver la souillure.

Lorsque les États ne respectent plus ce que les particuliers regardent comme sacré, leur signature, c'est que toute civilisation est en péril. A qui et à quoi se fier dans les relations internationales ? Que valent les traités, s'ils ne sont pas régis par un autre droit que le droit du plus fort ? Les monstrueux et détestables exemples de jadis suffiraient-ils à justifier les violations d'aujourd'hui ? Dix-neuf siècles de christianisme et toutes les conquêtes de la science, et tous les progrès de la loi, et tous les chefs-d'œuvre de la pensée auraient-ils donc été vains ? La victoire elle-même pourrait-elle effacer la tache indélébile ? Quand l'Allemagne aura recouvré le sang-froid et eût-elle ceint son front de la couronne de laurier, elle baissera la tête en songeant à cette *deutsche Treue*, cette « Loyauté allemande » qui était son orgueil.

Il semble bien, en effet, je l'ai dit déjà, que l'Allemagne moderne traverse une de ces phases mystiques qui hallucinent tout un peuple. Aucune discussion n'est alors possible. L'auteur d'un article publié dans le *Journal de Genève*, du 6 novembre 1914, l'a très bien montré :

La discussion est impossible, avec qui prétend non pas chercher, mais posséder la vérité. Aucune force de l'esprit n'est pour le moment capable de percer le mur épais de certitude, dont l'Allemagne se barricade contre la lumière du jour. L'affreuse certitude, le contentement de pharisien qui s'épanouit dans la lettre monstrueuse de ce prédicateur de cour, glorifiant Dieu de l'avoir fait impeccable, irréprochable et pur, lui, son empereur, ses ministres, son armée et sa race, et se réjouissant d'avance, dans sa « sainte colère », de l'écrasement de tous ceux qui ne pensent pas comme lui.

... Quand on voit, d'autre part, les esprits les plus lucides de l'Allemagne, historiens et savants qui sont pourtant rompus à la critique de textes, baser leurs certitudes sur des documents tous provenant d'une seule des parties et, pour preuve péremptoire, nous renvoyer aux affirmations intéressées de leur empereur et de leur chancelier, comme de sages écoliers qui n'ont d'autre argument que : *Magister dixit*, quel espoir reste-t-il de les convaincre qu'il existe une vérité en dehors du maître et qu'à côté du Weissbuch nous avons dans les mains toutes sortes de livres de toutes les couleurs, dont un juge impartial doit écouter les témoignages.

Entre l'esprit germanique d'aujourd'hui et celui du reste de l'Europe, il n'y a plus de point de contact.

L'Allemagne semble atteinte d'une exaltation morbide, d'une folie collective, sur laquelle aucun remède ne peut agir que le temps. Si l'on en croit l'observation médicale pour des cas analogues, ces formes de délire sont à évolution rapide et suivies subitement de profondes dépressions.

Parmi les divers articles d'écrivains suisses, je reproduirai encore un passage de celui intitulé *l'Opinion publique en Suisse*, publié par le professeur Henri Poggi dans *la Revue des Deux-Mondes* du 15 avril 1915. Il y montre comment un public d'abord sympathique aux Allemands fut ensuite indigné contre eux par leurs actes de vandalisme. Avec plus de psychologie les Allemands auraient compris que s'il peut y avoir grand plaisir à brûler et massacrer, cette satisfaction entraîne parfois des ennuis supérieurs au plaisir.

Dès le début des hostilités, la violation de la neutralité belge et le discours cynique prononcé par le chancelier au Reichstag pour la motiver, ont soulevé chez nous un *tolle* général contre l'Allemagne. En Suisse allemande, il est vrai, une grande partie des habitants et de nombreux journaux se sont montrés germanophiles tout d'abord, comme il est naturel, par affinité de race, et sous l'influence de vastes intérêts engagés et de liens d'amitié et de parenté.

...Après les épouvantables cruautés commises en Belgique et en France, après le sac et la destruction de Malines et de Louvain, qui eurent comme digne couronnement l'abominable attentat contre la cathédrale de Reims, l'opinion publique et la presse se sont en grande partie retournées en Suisse allemande et plusieurs éloquentes protestations s'y sont fait entendre. Le professeur Vetter lui-même, jusqu'alors le plus pangermaniste des Suisses, adressa après les crimes sacrilèges de Louvain une véhémente lettre ouverte aux intellectuels d'Allemagne.

Les autres pays neutres, Hollande, Danemark, Norvège, etc., n'ont pas formulé d'opinions aussi nettes que celles de l'Amérique et de la Suisse.

Ils étaient trop voisins de l'Allemagne et se sentaient trop menacés par elle pour pouvoir écrire librement. L'exemple de la Belgique eût suffi pour leur imposer silence.

En Espagne, l'opinion s'est nettement divisée. Les catholiques, au moins au début, prirent ouvertement parti pour les Allemands, comme nous l'avons marqué déjà.

Le plus illustre savant de l'Espagne, Ramon y Cajal, a exprimé publiquement un avis, dont voici des extraits :

> Notre ancêtre des cavernes pillait et assassinait franchement et sincèrement, sans tourmenter ses victimes à l'aide de théories anthropologiques. Aujourd'hui les agresseurs, quand ils se sentent forts, écrivent des livres savants, pleins de haute philosophie, non seulement pour justifier leurs crimes et leurs iniquités, mais pour se présenter au monde comme une race supérieure à laquelle tout est permis.

L'auteur ne croit pas à l'écrasement complet d'un des groupes de belligérants. Suivant lui :

> les vaincus n'auront d'autre pensée que d'imiter les méthodes du vainqueur pour essayer de vaincre à leur tour. Quand les orphelins d'aujourd'hui auront atteint l'âge d'homme, le terrible massacre recommencera.

LIVRE VII

LES INCONNUES DE LA GUERRE

CHAPITRE PREMIER

LES CONSÉQUENCES IMMÉDIATES DES GUERRES MODERNES

§ 1. — Les incidences actuelles et futures.

Les conséquences des guerres modernes sont innombrables, et durant de longues années leurs répercussions dérouleront implacablement leur cours. Les défaites de 1870 pèsent sur notre vie économique et sociale depuis près d'un demi-siècle.

Vouloir exposer maintenant les incidences multiples de la guerre européenne serait impossible. Je me bornerai donc à indiquer sommairement ce que l'expérience enseigne déjà relativement aux complications engendrées par les luttes modernes, au prix qu'elles peuvent coûter, aux pertes qu'elles occasionnent et à leurs conséquences psychologiques.

Aucun des grands conflits de l'histoire n'ayant mis en jeu d'aussi formidables éléments, ne pouvait engendrer de pareils effets. D'ordre matériel et psychologique, ces effets demeurent trop enchevêtrés pour pouvoir être encore séparés nettement.

§ 2. — Complication des guerres modernes.

Dans le monde antique, chez les Romains, par exemple, l'entretien d'une armée était chose très simple. Chaque soldat emportait ses armes et ses provisions les plus essentielles, consistant presque uniquement en une petite quantité de farine avec laquelle il fabriquait lui-même son alimentation quand on ne trouvait rien à consommer dans les pays traversés.

S'il fallait assiéger une ville, les appareils nécessaires, catapultes, tours, etc., se construisaient sur place, au moyen de troncs d'arbres.

Une armée d'aujourd'hui, avec ses énormes effectifs, son artillerie et son matériel, représente une cité ambulante renfermant usines, magasins, ateliers, poste, télégraphe, hôpitaux, cantonnements, etc. Tous ces éléments forment un service d'arrière sans lequel les opérations du front seraient impossibles.

Etant donné l'étendue des champs de bataille actuels et les transports de troupes exigés par la tactique, une organisation compliquée de chemins de fer et d'automobiles devient indispensable pour ravitailler les hommes et évacuer les blessés.

Un corps d'armée de 45.000 hommes, avec les 12.000 chevaux et les 2.000 voitures qui l'accompagnent, occuperait, sur une route, 50 kilomètres. Il faut une centaine de trains pour le transporter.

Ce service des communications joue un rôle prépondérant. Son insuffisance en Russie fut une des causes principales des revers subis par nos alliés. C'est au contraire par les évolutions rapides de son armée d'un point à un autre, que le commandant de l'armée austro-allemande put vaincre si facilement les nombreuses troupes russes qui lui étaient opposées.

Tous les ordres viennent du quartier général qui comprend, pour un corps d'armée, 50 officiers, 300 hommes de troupe, 200 chevaux et 35 voitures.

Chaque corps d'armée est une unité indépendante. Comme elle n'emporte guère de vivres que pour huit jours, il lui faut, en arrière, des organes compliqués de ravitaillement en vivres et surtout en munitions. Les différents commandants d'armée répartis sur une longueur de plusieurs centaines de kilomètres, reçoivent télégraphiquement les ordres du généralissime.

On se rendra compte du rôle des chemins de fer dans les guerres modernes en se rappelant que durant les 20 jours de la mobilisation française, 10.000 trains circulèrent à travers la France.

Après la bataille de la Marne, l'armée française cherchait à déborder la droite de l'armée allemande qui, naturellement, combattait cette tactique par une manœuvre semblable. Au cours des six semaines que dura ce mouvement de nos troupes, terminé par la bataille de l'Yser, toute l'armée anglaise et une partie de l'armée française furent conduites en chemin de fer de l'Aisne à l'Yser. « 6.000 trains transportèrent 70 divisions sur des parcours de 100 à 600 kilomètres. »

Nous venons d'examiner seulement la complication des moyens de transport ; mais si l'on veut réfléchir à toutes les conséquences qu'entraîne le ravitaillement en vivres et en munitions de plusieurs millions d'hommes, on conçoit que la vie extérieure et intérieure d'un pays soit profondément perturbée. Toutes ses usines, fabriques, etc., n'ont plus guère d'autre occupation que de fournir l'alimentation et le matériel des troupes opérant sur le front. Il en résulte une forte réduction des exportations et, par conséquent, de la richesse nationale.

Ce phénomène est actuellement observé en France comme en Allemagne. Les exportations y ont baissé énormément. D'autre part, la nécessité d'acheter beaucoup de produits à l'étranger, accroît grandement l'importation et crée ainsi une cause d'appauvrissement. L'importation représente la dépense, puisqu'il faut envoyer de l'argent au dehors afin de recevoir des marchandises. L'exportation constitue la recette, car en expédiant des produits on encaisse l'argent représentant leur valeur. Importer sans exporter, c'est donc dépenser sans gagner de quoi couvrir ses dépenses.

L'Allemagne, en temps ordinaire, exportait pour 12 milliards environ de marchandises et en importait à peu près autant. Pendant la durée de la guerre, elle a exporté très peu et, au moyen des neutres, importé beaucoup. L'importation ayant été fort supérieure à l'exportation, il lui fallut faire de gros emprunts et exporter beaucoup d'or. Cette émigration de métal précieux ne peut durer longtemps, car la provision d'or d'un pays qui n'exporte plus s'épuise forcément assez vite.

J'arrête ici le paragraphe des incidences matérielles, qui m'éloignerait un peu des phénomènes psychologiques.

§ 3. — Les conséquences de la guerre pour les populations.

Dans les luttes anciennes, sauf peut-être aux périodes de grandes invasions, une faible partie de la population était atteinte par la guerre. La difficulté des moyens de communication laissait les diverses provinces d'un pays presque étrangères les unes aux autres. Les batailles se livraient entre troupes peu nombreuses et sur leur passage seulement les habitants pouvaient souffrir.

Tout autres sont les conditions d'une guerre moderne. Les armées, qui dépassaient rarement 100.000 hommes, en comptent plusieurs millions maintenant. Grâce aux routes et aux chemins de fer, ces avalanches de soldats s'étendent sur les diverses parties d'une contrée comme une nuée de sauterelles et la ravagent complètement. La France n'a été envahie que dans quelques départements, mais ces derniers sont entièrement ruinés. La valeur des objets pillés s'élève, d'après les chiffres donnés par les Allemands eux-mêmes, à 2 milliards pour les premiers mois de la guerre. M. Henri Masson, avocat à la Cour d'appel, évalue à cinq milliards quatre cent millions de francs les pertes subies par la seule Belgique pendant les quatre-vingt-deux premiers jours de la guerre.

Aujourd'hui, le dénûment de la Belgique est complet. A la dévastation brutale du début, succéda le pillage systématique au moyen de réquisitions, échelonnées de façon à dépouiller le pays de ses dernières ressources.

Le public et les journaux ne se sont guère occupés que des ravages accomplis dans la Belgique et le nord de la France ; mais des pays aussi importants : Pologne, Galicie, Arménie, ont été soumis au même régime.

En ce qui concerne la Pologne, voici un extrait du *Journal de Genève*, du 5 juin 1915 :

La guerre s'étend sur les trois quarts du territoire polonais. Les deux tiers de la Pologne, comptant 13 millions d'habitants, sont occupés par les soldats austro-allemands. On parle de 5.000 villages, de 200 villes et bourgs bombardés, ruinés, incendiés.

...Plus de chemins de fer, partant plus de commerce; les vastes industries de la houille, du tissage et du sucre en Pologne, celle du pétrole en Galicie, sont brusquement paralysées. Partout misère, famine, épidémies. Des témoins qui se sont rendus sur les lieux afin de porter secours à tant d'infortunes, déclarent que les pertes de la population civile dépassent celles des champs de bataille.

Si la guerre conduit à ces résultats dans les pays les plus civilisés, on peut supposer ce qu'elle doit être à travers des régions où l'envahisseur se sent libre. Les massacres et la destruction ne connaissent alors pas de limites. Ainsi en arriva-t-il pour l'Arménie.

C'est une tragédie colossale et ignorée, écrit-on de Hoppa, sur la mer Noire, au *Corriere della Sera*. Toute l'Arménie occidentale est en deuil : dévastations, massacres, misère, misère! Les villes sont des cimetières. Trébizonde, qui a vu la gloire d'Alexis Comnène, est à moitié détruite et les habitants fuient.

Nous sommes revenus évidemment à l'époque des anciennes invasions barbares, mais si les invasions modernes se montrent aussi féroces, elles sont, en outre, beaucoup plus étendues.

§ 4. — Les pertes en hommes.

Les pertes en hommes, durant la guerre actuelle, sont immenses et laissent bien loin derrière elles les hécatombes des plus célèbres batailles. Il est cependant encore difficile de relever des chiffres exacts. Les suivants ont été donnés à la Commission de l'armée. Voici quelles étaient les pertes pour la France aux dates du 15 février et du 1er mai 1915 :

	Au 15 février.	Au 1er mai.
Tués	186.541	327.000
Blessés	415.863	592.000
Disparus ou prisonniers	243.321	317.000

Ces chiffres ne comprennent pas les pertes de la bataille d'Arras (en juillet 1915) qui s'élevèrent à 113.000 hommes et celles de la bataille de Champagne en septembre 1915 qui dépassèrent 100.000 hommes. En admettant que la moitié des blessés reviennent sur le front, on peut dire que nos pertes, en un an, furent d'environ 1 million d'hommes.

Celles des Allemands paraissent avoir été beaucoup plus considérables, en raison de leur nécessité de combattre sur deux fronts et aussi de leurs attaques par masses compactes. Elles sont évaluées à plus de 2 millions.

En combinant tous les chiffres successivement donnés par les divers belligérants, on peut admettre que leurs pertes totales pendant la première année de guerre ne doivent pas avoir été sensiblement inférieures à 6 millions d'hommes. Dans ce chiffre ne sont pas compris 1 million de soldats, dont 600.000 Russes, prisonniers en Allemagne. La fleur de la jeunesse européenne aura péri durant cette terrible guerre.

Les luttes napoléoniennes ne produisirent pas en vingt ans de pareilles hécatombes. A Iéna et à Wagram les pertes de l'ennemi furent inférieures à 30.000 hommes. C'est à Leipzig seulement, la plus considérable bataille de l'Empire, que les Alliés perdirent 60.000 hommes.

Les grandes batailles de jadis seraient considérées aujourd'hui comme des affaires d'avant-poste mentionnées par les communiqués officiels en quelques lignes.

Les engagements actuels, importants par les pertes en hommes, n'entraînent pas les conséquences pratiques des anciennes batailles, dont une ou deux décidaient du sort d'une campagne. On dépense 30.000 hommes pour prendre un monticule ou quelques tranchées et le résultat final est presque nul.

§ 5. — Les dépenses des guerres modernes.

Aucune guerre n'aura autant coûté que le gigantesque conflit auquel nous assistons.

A la chambre des Communes, M. Lloyd George disait que les dépenses étaient pour l'Angleterre seule de un milliard par mois. Or, les guerres les plus dispendieuses jusqu'alors, celles de Napoléon qui ont duré vingt ans, coûtèrent seulement vingt et un milliards à la Grande-Bretagne. Les dépenses de la guerre de Crimée s'élevèrent à moins de deux milliards et celles du Transvaal à un peu plus de cinq milliards.

Les armements du temps de paix, depuis quarante-cinq ans, avaient certainement exigé beaucoup plus de milliards. Ils constituaient une prime d'assurance contre les attaques extérieures. L'expérience a montré qu'elle n'était pas encore assez forte puisque au moment de la déclaration de guerre les armements français et anglais se sont trouvés tout à fait insuffisants. Les dix départements français ravagés par les Allemands, avec leurs centaines d'usines et de monuments incendiés, représentent une somme beaucoup plus élevée que celle qu'eût nécessité un armement permettant de résister à l'envahisseur.

Dans un discours au Reichstag, prononcé le 20 août 1915 par le secrétaire du trésor, M. Helfferich fait remarquer que « les dépenses d'un seul mois sont d'un tiers plus élevées que la dépense totale de la guerre de 1870 ». Les 20 milliards de crédit accordés n'ayant pas suffi, il a fallu faire un nouvel emprunt.

L'artillerie et les munitions constituent une des plus grosses dépenses de la guerre moderne. Un dreadnought brûle 19 tonnes de charbon par heure à grande vitesse. Pour renouveler les 150 coups dont sont approvisionnés ses 12 canons et qui peuvent être tirés en deux heures, il faut dépenser plus de 5 millions. Le prix du coup d'un canon de 305^{mm} dépasse 5.000 francs. Un modeste obus pour canon de 75 revient à une trentaine de francs.

Un spécialiste a fait, dans le *Matin* du 19 juillet 1915, les calculs suivants :

D'après un communiqué français du 17 juin, notre artillerie a tiré au nord d'Arras, en vingt-quatre heures, 300.000 obus, c'est-à-dire presque autant que toute l'artillerie de campagne allemande en 1870-71.

Le poids de ces 300.000 coups de canon peut être évalué à 4 millions 500.000 kilos, c'est-à-dire que leur transport a exigé plus de 300 grands fourgons, soit plus de six convois de chemin de fer. Ce transport eût demandé par route 4.000 voitures à six chevaux. La dépense ressort à environ 9 millions 375.000 francs.

Cette dépense de près de 10 millions de francs en quelques heures s'est accompagnée de la perte de 113.000 hommes en quelques jours. De tels chiffres donnent une idée claire de ce que coûte une guerre moderne.

Le conflit européen contient une foule d'incidences imprévues. Le célèbre chimiste sir William Ramsay faisait remarquer en octobre 1914 que l'Allemagne dépense journellement pour ses munitions 1.000 tonnes de coton et que si dès le début de la guerre on avait arrêté l'importation de cette matière, la guerre aurait été fatalement finie en avril. On peut dire également que si la grève des mineurs anglais s'était prolongée, les Alliés n'auraient pu continuer la lutte faute de charbon pour entretenir leurs usines et faire marcher leurs chemins de fer.

Une des conséquences de la guerre a été de créer un immense chômage. L'Etat français s'est vu obligé de verser des allocations à 3.253.367 familles de mobilisés. A la date du 30 juin 1915, c'est-à-dire en moins d'une année, elles ont reçu plus de 1.300 millions, c'est-à-dire près du tiers de notre budget annuel en temps de paix.

Le coût de la guerre est révélé par l'énorme accroissement de ce budget. En juin 1915 elle nous avait déjà englouti 24 milliards dont les 2/3 consacrés aux dépenses exclusivement militaires. Le reste représentait les achats de denrées pour la population (187 millions), les intérêts de la dette (1 milliard 427 millions).

Il s'en faut, et de beaucoup que cette somme exprime la totalité des pertes entraînées par la guerre. Le pillage de nos plus riches départements les a rendues bien autrement onéreuses.

En juin 1915, deux millions d'hectares où vivaient 3.250.000 habitants avaient été envahis et progressivement ravagés par l'ennemi. La valeur pécuniaire du sol occupé s'élève à près de 10 milliards et celle des constructions, des usines notamment, bien davantage.

Afin de couvrir ces multiples dépenses, les nations actuellement aux prises durent recourir à des emprunts. Ils pourront se répéter jusqu'à l'épuisement de tout l'argent du public et des réserves métalliques des banques. Lorsque cette fatale échéance arrivera pour l'un des partis en présence, il sera forcé d'abandonner la lutte.

Ce facteur économique empêchera sans doute la guerre européenne de durer aussi longtemps que celles connues sous les noms de guerre de Trente ans, de Cent ans, etc. Aujourd'hui, l'on ne se bat pas seulement à coups de canon, mais à coups de milliards. Or de telles luttes ne sauraient se prolonger par le seul fait que la fortune d'un peuple est une grandeur limitée. La guerre ne pourra reprendre qu'après des périodes de paix éphémère permettant aux combattants de reconstituer un peu leurs ressources.

§ 6. — La durée des guerres modernes.

La guerre actuelle, aussi bien que les suivantes, se terminera donc probablement sous l'influence de facteurs économiques et non militaires. Avec le système des tranchées une armée n'arrive pas à prendre une grande supériorité sur l'autre. Chacune d'elles s'use lentement par la défensive. La plus vite usée sera l'armée vaincue.

Il ne faudrait pas objecter que les guerres de la République et de l'Empire continuèrent pendant vingt ans. Les moyens de destruction étaient alors peu coûteux et beaucoup moins meurtriers qu'aujourd'hui. En douze mois nous avons dépensé plus d'hommes et d'argent qu'à l'époque napoléonienne pendant vingt années.

Les diverses luttes qui se sont succédé depuis un demi-siècle eurent une durée très variable. La guerre de Crimée en 1854 dura deux ans. la guerre du Transvaal en 1899 deux ans et demi, la guerre de Sécession aux Etats-Unis cinq ans. Mais la plupart furent beaucoup moins longues. La guerre franco-allemande en 1870 a duré six mois. La guerre russo-japonaise en 1904, dix-huit mois. La guerre hispano-américaine en 1898, quatre mois. La première guerre balkanique en 1912, cinq mois et la deuxième moins de six semaines.

De toutes les guerres modernes, la plus coûteuse et la plus meurtrière fut la guerre civile de Sécession entre les Etats-Unis du Nord et ceux du Sud. C'est la seule qu'on puisse comparer à la guerre actuelle. Quand elle se termina, en 1865, les armées du Nord comptaient 1 million de soldats et celles du Sud 700.000. Les pertes des deux adversaires avaient dépassé 1 million d'hommes. A la fin de la guerre, la dette des Etats-Unis du Nord s'élevait à 14 milliards. Les confédérés du Sud, totalement ruinés, laissaient un passif de dix milliards. Le dévouement des combattants à l'intérêt commun fut tel que les femmes donnèrent leurs bijoux et quand toutes les ressources furent épuisées, elles proposèrent de se faire raser la tête pour vendre leurs chevelures sur les marchés européens. De leur victoire, les vainqueurs ne retirèrent d'ailleurs aucun avantage. Tel sera sans doute le cas de la guerre présente et de celles qui pourront la suivre.

CHAPITRE II

LES INCERTITUDES DES RÉCITS DE BATAILLES

§ 1. — Valeur des documents officiels relatifs aux batailles.

Je n'ai nullement l'intention d'aborder dans les pages qui vont suivre la description des principales batailles de la guerre européenne. J'en veux seulement retenir quelques enseignements psychologiques tels que le rôle de l'imprévu et de la volonté dans les grands événements et aussi une justification de cette thèse : qu'il est à peu près impossible de savoir comment se sont exactement passés des faits observés par plusieurs milliers de personnes. Le résultat final est connu, mais la plupart des explications et des interprétations restent erronées. Il est bien douteux que nous connaissions les détails réels des plus célèbres événements historiques, notamment de ceux uniquement relatés par des textes.

Au cours de la guerre actuelle, les rapports officiels des diverses puissances ont été inspirés par différents principes psychologiques qui se ramènent aux suivants : 1° Taire ou dissimuler les revers; 2° altérer la vérité de façon à agir sur l'opinion publique.

La première méthode, que l'on pourrait qualifier de méthode du silence, fut employée par les Anglais et les Français, surtout au début de la campagne. Les Allemands ont usé largement de la seconde, consistant à transformer la vérité. Les Russes utilisèrent alternativement la première et la seconde.

Quant au système se bornant à dire exactement la vérité, inutile de le mentionner, car personne ne l'employa. Il est du reste tout naturel que les adversaires en présence dissimulent leurs défaites et exagèrent leurs succès.

Le lecteur lisant dans les communiqués des divers pays des affirmations absolument contradictoires, finit, du reste, par n'y accorder aucune confiance et ne se fie qu'aux résultats. Peu lui importaient, par exemple, les communiqués russes annonçant la prise de nombreux prisonniers et de beaucoup de mitrailleuses, quand il apprenait finalement que les vainqueurs évacuaient des points stratégiques particulièrement importants et reculaient toujours.

En ce qui concerne les communiqués allemands, ils ont tellement abusé de l'absence de vérité que les neutres n'y attachent plus aucun crédit.

> Plus on étudie de près leurs communiqués, écrivait le *Journal de Genève* du 10 avril 1915, plus les bras vous tombent des affirmations contraires à la réalité qu'ils ont accumulées depuis le début de la guerre. Il y en a plus qu'on ne l'avait supposé au moment de leur publication.

Notre état-major a pratiqué avec un peu d'exagération au commencement de la campagne, la méthode du silence, ne parlant dans les dépêches que d'affaires insignifiantes et taisant même les plus grandes batailles, celle de Charleroi, par exemple. On peut dire que, pendant toute la durée du mois d'août 1914, les Français ne surent absolument rien de ce qui se passait à la frontière. Une dépêche du 29 août annonçant que la situation n'avait pas changé de la Somme aux Vosges révéla pour la première fois la présence des Allemands dans la Somme. Le 1er septembre, le public apprit brusquement qu'un corps de cavalerie allemande marchait sur la forêt de Compiègne et que le Gouvernement en était réduit à quitter Paris.

Un des grands inconvénients de la méthode du silence, est de ne pouvoir se prolonger. Il faut bien, de temps en temps, offrir quelque renseignement au public. Les rédacteurs des communiqués qui nous occupent n'étaient pas évidemment des psychologues fort perspicaces. Ils laissaient voir trop clairement leur dissimulation de la vérité. Nous lisions, par exemple, que les Allemands s'étaient retirés d'une ville, sans avoir été prévenus qu'elle fût occupée. Les blessés, les journaux étrangers, le personnel des ambassades, etc., parlaient de grandes batailles dont nos communiqués n'avaient jamais dit un seul mot. Le public s'aperçut très vite qu'on lui cachait les choses les plus essentielles, et quand il apprit l'entrée des Allemands, que l'on croyait encore aux environs de Lille, à Compiègne, aux portes mêmes de Paris, et leur intention d'incendier la capitale par quartiers, pour nous obliger à signer de suite la paix, ce fut un affolement général, une ruée de la population vers la province, qu'on n'avait pas vue en 1870.

Si, dès le début, la vérité eût été progressivement connue, l'opinion s'y fût lentement adaptée. Le désarroi s'accrut, d'ailleurs, par les sinistres histoires relatées dans les journaux. La censure, qui ne laissait pas publier une seule ligne sur les événements essentiels, permettait aux grands quotidiens de s'étendre longuement sur les incendies des villes, les massacres de femmes et d'enfants, les tortures infligées aux prisonniers, etc. C'était faire le jeu des Allemands, fort désireux que l'on connût partout leurs méthodes de terreur, destinées à prévenir et à paralyser les résistances.

Lorsque la bataille de la Marne arrêta l'invasion allemande et nous conduisit à quelques succès, le gouvernement continua à faire preuve, dans la censure des journaux, d'une aussi médiocre psychologie. Des choses que ne pouvaient ignorer les Allemands, telles que les lieux de combat, les numéros des régiments ennemis nous restaient cachés. Des actes de courage, qui auraient pu relever l'opinion, étaient passés sous silence. Les exploits héroïques qui sauvèrent le pays semblaient avoir pour auteurs de vagues abstractions. Il fallut plusieurs mois à nos dirigeants avant de découvrir l'énorme influence de la contagion mentale et comprendre la nécessité de publier les faits de bravoure tenus secrets jusque-là. Ce réconfort de la population civile n'était pas, cependant, une arme négligeable. Il importait grandement de dissiper les craintes, les douleurs des non-combattants par le récit de nos premiers exploits. Les gestes de héros sont une semence d'héroïsme.

Le silence imposé à la presse paraît avoir eu en partie pour cause la crainte, d'ailleurs compréhensible, de l'influence qu'aurait pu exercer l'opinion publique sur le déroulement des opérations. En 1870, ce fut elle qui imposa les actes les plus désastreux de la campagne : la nomination de Bazaine, l'absurde marche de Mac-Mahon sur Sedan, etc. Dans la guerre hispano-américaine, ce fut encore l'opinion qui exigea l'envoi de la flotte à Cuba, ville au port étroit, dont les vaisseaux pouvaient sortir seulement l'un après l'autre, sous le feu de l'ennemi, ce qui amena la destruction complète de la flotte espagnole par les cuirassés américains.

Les observations précédentes montrent déjà combien l'insuffisance ou l'inexactitude des renseignements officiels rendront difficile un récit fidèle des péripéties de la guerre européenne.

§ 2. — La valeur des récits de batailles. Les illusions des généraux. La première bataille des Flandres.

Pour se convaincre de la faible valeur des récits de batailles, il suffit de comparer les relations variées qui en sont données par leurs chefs. Diverses raisons psychologiques, parmi lesquelles figure le désir de chaque général de s'attribuer le plus grand mérite possible, et les illusions qu'un tel sentiment provoque inconsciemment chez lui, sont cause que la plupart des récits de batailles présentent seulement de bien lointains rapports avec la réalité.

On peut voir par les comptes rendus de la première bataille des Flandres, à quel point des généraux appartenant cependant au même parti, peuvent raconter un combat de façon différente.

Il n'existe, en effet, aucune analogie entre le récit du journal français officiel, le *Bulletin des Armées*, du 5 décembre 1914, et le rapport du commandant de l'armée anglaise, le maréchal French.

D'après le bulletin français, notre généralissime aurait conçu le plan de cette bataille, et les Anglais y auraient joué un rôle secondaire. Le rapport anglais affirme précisément le contraire.

Voici d'abord des fragments du texte officiel français :

Mais ces événements prennent du temps. L'armée anglaise ne pourra entrer en action sur un nouveau théâtre, que le 20 octobre.

L'armée belge, d'autre part, qui vient de se battre trois mois, manque momentanément de munitions. Le général en chef n'hésite pas et prescrit un nouvel effort.

Dès le 4 octobre il a chargé le général Foch d'aller coordonner sur place les opérations des armées du Nord. Le 18 il met à sa disposition des renforts qui, constamment accrus jusqu'au 12 novembre, vont constituer l'armée française en Belgique, sous les ordres du général Durbal. Cette armée, de concert avec les Belges *et un corps anglais*, opérera désormais entre la mer et la Lys.

Le *Journal de Genève* appréciant cette période de guerre, a écrit que le commandement français, par la rapidité et l'ampleur de ses transports, y avait témoigné d'une maîtrise incomparable. Le résultat de cet effort, c'est la faillite totale de l'attaque allemande dans les Flandres.

La version anglaise est bien différente. La voici, d'après le résumé du rapport du maréchal French, publié par le *Times* du 1er décembre 1914 :

Il est sûr, dit ce journal, que c'est le commandant des forces anglaises en France qui : « apprécia le premier la gravité du mouvement allemand dans le Nord, et le premier prit les mesures décisives pour l'arrêter. C'est sur son initiative que l'armée sous son commandement fut ramenée de l'Aisne dans le Nord et placée devant la ligne des Allemands dans leur avance vers Calais. Ce fut lui qui, sourd aux clameurs et aux doutes d'hommes moins résolus, couvrit avec ses troupes un front beaucoup plus long que ne semblait le permettre le nombre des combattants. Il faut se hâter de reconnaître cependant *l'aide* utile que le maréchal reçut du généralissime français. Les généraux Foch, Durbal, Maud'huy se sont conduits en véritables héros. »

On voit que, d'après ce récit, les Français auraient seulement apporté une aide utile au maréchal anglais.

Les choses se passèrent-elles réellement ainsi? A-t-il fallu l'intervention du général anglais pour prévoir et arrêter une invasion qui eût pu nous être si désastreuse? Une seule certitude existe : cette bataille, perdue par les Allemands, fut une des plus sanglantes de l'histoire. L'ennemi n'y aurait pas laissé moins de 150.000 hommes et les armées anglaise et française 50.000.

Nous ne saurons sans doute que dans fort longtemps la vérité sur cette période de la guerre, mais il faut bien l'avouer, notre *Bulletin des Armées* n'a pas toujours été très exact et parfois manifesta une satisfaction un peu prématurée.

On oublie trop dans les jugements sur les opérations actuelles, écrivait à ce propos un correspondant du *Temps*, que le principal but de la stratégie et des manœuvres de guerre est de garantir l'intégrité d'un peuple, son honneur et sa vie. Comme depuis Reims jusqu'à Mézières, depuis Lille jusqu'à l'Argonne, les hordes allemandes tuent et violent, l'optimisme actuel me paraît pour le moins étrange.

L'offensive des Allemands les a conduits à la conquête totale de la Belgique — sauf un mince lambeau — et à l'occupation de nos départements du nord et du nord-est. La proportion de ce territoire doit être, comme population et comme richesse, évaluée au sixième de la France. Le statisticien le plus modeste évaluerait les pertes françaises, en foncier, maisons, meubles, usines, mines, chemins de fer, voies et ouvrages d'art à environ trente milliards. Que dire des morts, hontes et souillures de l'invasion? Un auteur trouve que l'offensive allemande « n'a rien donné ». Qu'est-ce qu'il lui faut de plus?

Les résultats, même chèrement acquis, sont cependant indéniables, et si la pensée se reporte aux sombres jours de la fin d'août 1914, pour les comparer à notre état actuel, nous ne pouvons manquer d'admirer avec gratitude l'armée à la fois patiente, tenace et d'une si magnifique ardeur qui nous protégea, prestigieuse barrière, contre la foudroyante invasion.

Je n'ai pas à insister ici sur ces résultats. Je voulais simplement montrer combien il paraît difficile d'être renseigné sur une bataille. Les généraux des armées adverses, et parfois d'une même armée, proclament chacun leur vérité. Toutes ces vérités, bien que concernant les mêmes faits, sont souvent fort dissemblables. Les récits divergents des origines de la bataille de la Marne vont nous en offrir encore un bien typique exemple.

CHAPITRE III

LES HYPOTHÈSES FORMULÉES SUR LA BATAILLE DE LA MARNE

---

§ 1. — Débuts de la campagne — Les premiers revers.

Nous ne saurons probablement jamais à la suite de quelles illusions psychologiques notre état-major s'imagina que les Allemands attaqueraient la France par l'Est, alors que tant d'écrivains militaires avaient indiqué qu'ils arriveraient par le Nord.

Dans un de ses lumineux articles, le général Bonnal a justement fait remarquer que tout le plan offensif de l'Allemagne contre la France était exposé, page 337 du 2e volume du livre de Bernhardi, *la Guerre d'aujourd'hui*, dont la traduction française a paru en 1913. L'aile droite allemande devait être poussée vers Calais à travers la Belgique, etc. C'est exactement ce qui fut tenté.

Le plan de l'Allemagne n'était donc pas difficile à pénétrer. Il se réduisait à envahir la France en masses par une région peu défendue, prendre rapidement Paris et imposer la paix pour se retourner ensuite contre la Russie.

Les Allemands arrivèrent dans cette intention au nombre de 2.000.000. Les Français ne pouvaient leur opposer que 1.500.000 hommes : mais ce chiffre eût été peut-être suffisant pour résister si nos chefs n'avaient pas eu la très malheureuse idée de disséminer leurs troupes sur un front de plus de 500 kilomètres, assez protégé déjà par les nombreuses forteresses qui le garnissaient. Ce fut la même faute que celle commise en 1870, mais moins explicable car l'invasion par la Belgique était facile à prévoir et les cartes publiées dans le *Times* dès le milieu d'août 1914 montraient que trois ou quatre corps de l'armée allemande existaient seulement à l'Est, alors que tous les autres s'accumulaient sur le Nord et le Nord-Ouest.

L'erreur de prévision de notre état-major eut de terribles conséquences. L'ayant enfin reconnue, il fit en toute hâte transporter nos troupes de l'Est sur le front Dinant, Charleroi, Mons, etc. Il était trop tard. La bataille de Charleroi qui dura du 20 au 23 août fut désastreuse pour nous. Le 23 août au soir le général en chef ordonna une retraite générale.

Cette retraite commencée le 24 août, après la perte de la bataille de Charleroi, ressembla fort à une déroute. Les soldats y ayant pris part en ont gardé un souvenir plein d'horreur. Ils étaient talonnés par l'armée allemande qui faisait 50 kilomètres par jour et ne leur laissait aucun répit.

Un des combattants a raconté la retraite d'une façon que m'ont confirmée beaucoup d'officiers. Je la reproduis d'après *La France* du 10 novembre 1914 :

Après ce fut la retraite, et quelle retraite !... On marchait la nuit, le jour, tout le temps, au hasard, devant soi. Des soldats se rencontraient qui n'étaient même pas du même corps ; toutes les armes se coudoyaient, se mêlaient, cavaliers à pied sans chevaux, artilleurs égarés, fantassins à cheval. Pendant cinq jours je marchai sans retrouver mon régiment...

Les Allemands ne perdirent pas un instant dans leur poursuite. Le 3 septembre l'armée de von Klück avait atteint la ligne Nanteuil, Creil, Senlis. Notre situation semblait désespérée.

§ 2. — Marche des Allemands sur Paris. — Les projets d'incendie méthodique de la capitale.

Le projet des Allemands de s'emparer de Paris avait des fondements à la fois psychologiques et stratégiques. La prise de notre capitale aurait eu un effet moral immense et devait, dans leur esprit, amener la fin immédiate de la guerre.

Paris envahi, il fallait obliger le gouvernement à conclure de suite la paix, afin de n'avoir pas à s'attarder comme en 1870 dans une longue campagne en France et pouvoir disposer de deux millions d'hommes contre les Russes dont la mobilisation n'était pas terminée.

Pour atteindre ce résultat essentiel, l'état-major, d'après les réponses concordantes d'officiers allemands prisonniers, n'avait trouvé qu'un moyen : incendier Paris, quartier par quartier, avec ses habitants, jusqu'à ce que le gouvernement français eût signé la paix.

Tous les renseignements réunis sur ce point sont concordants. Les choses se seraient passées comme les ont racontées M. le sénateur Trouillot et le professeur Lavisse.

Voici ce qu'écrivait le premier dans *La France* du 2 avril 1915 :

> Les sept secteurs qui devaient diviser Paris après la prise de possession de l'ennemi, étaient voués à une destruction intégrale et successive, à mesure que se seraient échelonnés les refus du pays d'accepter, sous le nom de paix ce qui eût été son irrémédiable anéantissement. Et cette fois le but eût été atteint : Paris disparaissait de la face du monde.

M. Lavisse avait de son côté donné la même version dans la *Revue de Paris* :

Paris serait traité en otage. Ils voulaient, paraît-il, le diviser en quartiers, avertir notre gouvernement que, s'il n'avait pas, tel jour, accepté des préliminaires de paix, un quartier sauterait ; un autre ensuite, après un nouveau délai ; et ainsi de suite. Or, nous savons maintenant à n'en pas douter qu'ils étaient très capables de détruire Paris : « Quelque chose, disait un de leurs ancêtres germains — le vandale Genséric je crois — me pousse à brûler Rome. »

Les prisonniers interrogés donnèrent comme explication de ces projets qu'aucun autre moyen n'existait de forcer le gouvernement à conclure une paix dont ils avaient absolument besoin pour tourner leur armée contre la Russie. Avec les théories professées par l'état-major, nulle hésitation ne devait les arrêter.

§ 3. — Les hypothèses formulées sur les origines de la bataille de la Marne.

Nous touchons ici au point le plus capital, peut-être, de notre histoire depuis 1000 ans. La destruction de Paris réalisée par les Allemands eût sans doute joué dans l'évolution du monde un rôle plus important que celui qu'exerça jadis la prise de Constantinople par les Turcs.

Cet événement aurait marqué la fin de notre existence morale. La France décapitée tombait à un rang tout à fait inférieur. Elle succombait dans la honte et le regret de n'avoir pas su se préparer à la résistance.

Mais le destin qui nous avait conduits au bord extrême de l'abîme ne nous y laissa pas disparaître. Nous avons échappé à ce formidable péril pour des motifs qui pourront être invoqués un jour contre la théorie des prétendues fatalités de l'histoire. C'est nous qui créons ces fatalités et il dépend souvent de notre volonté de ne pas les faire naître. Nous allons voir qu'un fait minime peut. à un moment donné, sauver la vie d'un peuple.

Donc les Allemands étaient aux portes de Paris.

Le généralissime craignait, en arrêtant la retraite de son armée, de la voir serrée entre le flot d'Allemands venus du Nord et le flot venu de l'Est. Il n'évitait cet encerclement qu'en reculant au-dessous de Paris. Mais alors la capitale était abandonnée à la destruction. Que faire?

La situation semblait désespérée. Diverses circonstances amenèrent à livrer une bataille sur la Marne. Elle fut gagnée et Paris sauvé.

Jusqu'ici nous ne sommes pas sortis des faits absolument certains; ils se réduisent d'ailleurs à cette simple constatation que la bataille de la Marne fut gagnée.

Mais supposons que l'historien, poussant ses investigations plus loin, vienne à se demander : 1° pourquoi le généralissime qui, d'après les ordres donnés à l'armée, voulait se replier très au sud de Paris, abandonna son projet et livra bataille; 2° pourquoi le général von Klück, qui était aux portes de la capitale, renonça à son attaque pour se diriger vers l'Est?

Examinons d'abord les relations officielles publiées par les journaux, bien qu'elles n'éclairent nullement le problème.

Voici d'abord un des extraits du *Bulletin des Armées* :

Notre armée, à la suite du 4 septembre, lorsqu'elle arrive sur la ligne fixée par le généralissime comme limite extrême de son mouvement de retraite, est une armée trempée, aguerrie par quinze jours de luttes incessantes, et la preuve en est dans les succès locaux qu'elle a remportés en se retirant. Notre retraite est donc, à n'en pas douter une retraite volontaire, réfléchie, voulue. Notre haut commandement a conservé sa complète liberté de manœuvre. C'est en toute liberté que le général Joffre, le

4 septembre au soir, ordonne à ses commandants d'armée de prendre l'offensive le 6.

Les journaux quotidiens ont naturellement renchéri sur ce récit. L'un d'eux écrivait, parlant du général en chef :

Sa méthode se révèle tout entière dans la préparation de la bataille de la Marne. Tous les ordres, écrits de sa main étaient déjà prêts le 27 août pour l'action qui commença le 5 septembre. Il avait tout pesé et réglé les diverses phases de la bataille une par une, comme les pièces d'un mécanisme délicat qui, à l'heure dite, se mit en marche comme un mouvement d'horlogerie.

De telles assertions plaisant fort au public, on ne saurait les blâmer, mais elles exposent à des critiques vraiment trop faciles même pour des esprits peu avisés.

Est-il nécessaire, en effet, d'insister beaucoup pour montrer qu'une fuite précipitée comme celle de la Meuse à la Marne n'était pas : « une retraite volontaire, réfléchie, voulue ». D'aussi évidentes exagérations légitiment des réflexions semblables à celles que publia le *Journal de Genève* dans son numéro du 18 décembre 1914 :

On reste confondu de voir que la vérité a tant de peine à se faire jour sur les faits les plus évidents et dans tous les domaines. Pour ne citer qu'un exemple, beaucoup de gens sont encore convaincus que le chef de l'armée française était décidé, dès le début de la guerre, à attirer l'ennemi sous Paris afin de le battre sur la Marne. Cette victoire fut le brusque et superbe retour offensif d'une armée qui venait de subir une série d'échecs très sensibles. Mais le plan de l'état-major français ne consistait pas à attirer sur le territoire national un million d'Allemands et à livrer à la dévastation et à la ruine les plus riches provinces de France.

Les assertions relatives aux retraites volontaires ont d'ailleurs été les mêmes chez tous les vaincus. C'est donc bien justement que le même journal ajoute :

Cette campagne est riche en ruptures volontaires de combats! Tous les belligérants ont affirmé les leurs. Lisez les communiqués autrichiens, par exemple; leurs plus importantes défaites ont été volontaires. Volontaire, l'abandon de Belgrade par les Serbes. Volontaire de même, la retraite des Allemands à Anspach, en Alsace et à Béthune, dans les Flandres; et si l'on remontait la série des communiqués français, il n'est pas douteux que l'on trouverait la constatation de volontés pareilles. Ce sont les exigences du facteur moral.

Ce qui précède montre qu'aucune opinion exacte ne peut s'établir d'après les récits des journaux et alors subsistent toujours les questions posées, dont celle-ci d'abord : Pourquoi le généralissime qui voulait se replier au sud de Paris arrêta-t-il son mouvement de retraite afin de livrer bataille?

Ici nous sommes entièrement dans l'inconnu et j'imagine qu'il s'écrira dans l'avenir bien des livres afin d'élucider cette question. Provisoirement, deux hypothèses peuvent être formulées.

La première serait l'intervention du gouvernement pour obtenir que le généralissime arrêtât son mouvement de retraite[1]. La seconde, que le généralissime ait songé à profiter du changement de direction vers l'Est de l'armée du général von Klück et se soit décidé brusquement à l'attaquer. En effet, le 4 septembre, il lançait un ordre où on lisait : « Il convient de profiter de la situation aventurée de la première armée allemande pour concentrer sur elle les efforts des armées alliées d'extrême-gauche. Toutes dispositions seront prises dans la journée du 5 septembre en vue de partir à l'attaque le 6. »

1. Par son instruction générale n° 4 du 1er septembre, le généralissime prescrivait aux troupes de se replier au sud de Paris jusqu'à Bray en arrière de la Seine. La Ve armée devait se retirer au sud de Nogent-sur-Seine.

Le 2 septembre le général en chef exposait au ministre qu'il « est impossible d'organiser sur la Marne une ligne de défense selon la proposition du général French » et, par une note (N° 3463) aux armées, il annonce qu'il recule pour soustraire les troupes à la pression de l'ennemi et les amener à se fortifier dans la zone où elles s'établiront, en fin de repli, sur une ligne générale marquée par Pont-sur-Yonne, Nogent-sur-Seine, Arcis-sur-Aube, Brienne-le-Château, Joinville.

Les deux hypothèses précédentes : l'intervention du gouvernement et l'utilisation du mouvement à l'Est de von Klück ne sont pas inconciliables. Leur fusion doit côtoyer de bien près la vérité. Reste alors la dernière et importante question. Pourquoi le général allemand, qui était aux portes de Paris, renonça-t-il à attaquer la capitale? Recherchons-le.

§ 4. — Hypothèses sur les causes de la retraite de l'armée allemande dans sa marche sur Paris.

La retraite des Allemands, alors qu'ils se trouvaient à deux jours à peine de Paris avec leur avant-garde dans Pontoise, est restée le phénomène mystérieux de la guerre. Les âmes croyantes y voient un véritable miracle.

Ce miracle provient plus simplement de facteurs stratégiques et psychologiques.

Tout d'abord il faut, je crois, écarter complètement l'hypothèse que le général allemand se serait conformé à la règle d'après laquelle, avant d'attaquer une place forte, on doit se débarrasser de l'armée pouvant la défendre. Trop au courant des agissements de l'ennemi pour ignorer les ordres prescrivant à l'armée française de se replier très au sud de la capitale, il croyait savoir qu'aucune troupe ne pourrait s'opposer à sa marche sur Paris. Sa certitude d'y entrer facilement était donc complète. Pourquoi arrêta-t-il son mouvement?

A cette question encore, il n'est possible de répondre que par des hypothèses. On peut supposer notamment : le général allemand ayant pensé qu'à la gloire facile de conquérir une capitale non défendue, il pourrait ajouter celle plus haute de prendre dans un coup de filet toute une armée qui se trouvait isolée à l'Est par le fait que les Anglais, écrasés à Compiègne, avaient dû battre en retraite.

Pour envelopper cette armée, il infléchit sa marche vers l'Est. Mais comme en même temps l'armée de Maunoury dont il ignorait l'existence, vu qu'elle avait été presque instantanément formée avec des éléments pris un peu partout, marchait dans sa direction, il se trouva lui prêter le flanc. Se croyant sûr de n'être pas attaqué[1], von Klück s'était contenté de couvrir son flanc exposé par un corps qui prit position au nord de Meaux.

Le 3 septembre le général Gallieni, gouverneur de Paris, apprit que les têtes de colonnes de von Klück qui avaient atteint Nanteuil, s'infléchissaient vers le Sud-Est dans la direction de Meaux et se portaient sur la Marne. De l'avantage d'une telle situation le général Gallieni eut la claire vision. Sur son ordre, Maunoury attaqua le 5 septembre l'aile mal défendue et tâcha de la prendre à revers par Nanteuil-le-Haudouin. Pendant quatre jours il lutta dans l'espace compris entre l'Ourcq et Nanteuil contre les renforts successivement envoyés par von Klück, qui avait vite compris sa faute.

Ce fut le nœud de la bataille. Maunoury menacé à son tour d'enveloppement commençait à faiblir et reculait au nord de Nanteuil quand, dans la nuit du 9 au 10 septembre, von Klück se replia sans qu'on sache encore exactement pourquoi.

Au point de vue militaire on ne peut reprocher à von Klück sa manœuvre. Mais ce qu'on lui reprochera

1. C'est à cette attaque imprévue par une armée improvisée, dont l'existence n'était pas soupçonnée, que les Allemands ont attribué leur défaite. Voici comment s'exprime, dans son numéro du 12 septembre 1915, le journal *die Post* : « Ce plan, parfaitement juste au point de vue tactique, aurait dû aboutir à un succès si le projet de Klück n'avait pas été réduit à néant par l'intervention inattendue de deux armées venues de Paris qui agirent au nord de Meaux. Cette apparition subite d'une force très supérieure ne pouvait être prévue par le général allemand.

sûrement c'est de n'avoir protégé sa droite, près de Meaux, que par des troupes insuffisantes. Dès qu'il vit Maunoury prendre sur l'Ourcq une position de flanc par rapport à la direction de marche de l'armée allemande et lui faire craindre un enveloppement, il envoya deux corps d'armée pour renforcer l'aile menacée. Il échappa ainsi au désastre qui aurait suivi l'enveloppement du corps d'armée exposé, mais toute sa ligne fut désorganisée et le recul général des Allemands en devint la conséquence.

Pendant que l'aile allemande fléchissait, le général Foch réussit à enfoncer une partie du centre aux marais de Saint-Gond.

La retraite des Allemands ne paraît pas s'être effectuée en bloc. A gauche du demi-cercle précédent de Meaux à Sézanne, ils se replièrent le 10. Au centre, vers Sézanne, le 13. L'armée du kronprinz à l'est ne commença sa retraite que le 15.

Le dernier recul des Allemands se fit si vite que nous restâmes trente-six heures sans le connaître et sans savoir que nous étions vainqueurs. En poursuivant notre succès et talonnant l'ennemi en ne lui accordant aucun répit, nous l'eussions probablement reconduit sinon à la frontière au moins au-dessus de Reims, préservant ainsi cette antique cité d'un effroyable bombardement et de la destruction de sa cathédrale.

Des détails concernant la victoire de la Marne elle-même nous ne dirons rien parce que nous n'en savons rien et que personne, probablement, n'en sait rien de précis encore.

L'avenir seul expliquera peut-être les circonstances de notre victoire. Mais on peut dire déjà qu'elle fut à la fois une œuvre collective due à la valeur de nos soldats et une accumulation de hasards heureux.

Tout ce qu'il est permis d'affirmer aujourd'hui avec

certitude, c'est qu'elle fut la plus grande bataille de tous les temps. Elle s'étendit sur un immense demi-cercle de 250 kilomètres environ de longueur, allant de Nanteuil-le-Haudouin, à 25 kilomètres au-dessus de Meaux (armée Maunoury) jusque un peu au-dessous de Verdun. Ce demi-cercle passait par Meaux, Coulommiers, Sézanne, la Fère-Champenoise, Vitry-le-François[1].

Les armées qui y prirent part du côté français dépassaient un million d'hommes. Les effectifs allemands semblent avoir été un peu supérieurs.

La lutte dura 10 jours, du 5 au 15 septembre.

Les pertes des Allemands furent évaluées à 150.000 hommes. Les nôtres ne durent pas être notablement inférieures.

La bataille de la Marne, qui sauva Paris de la destruction, doit être envisagée comme le plus important événement des annales de notre pays. Elle montre une fois de plus l'action de la volonté des hommes sur les prétendues fatalités de l'histoire.

---

1. « Tous les efforts demandés ont été accomplis, écrit le général Malleterre, et il faudra des volumes pour relater les actes héroïques, individuels et collectifs, de la victoire de la Marne. De leur ensemble ne ressort-il pas qu'il y eut dans ce revirement du Destin quelque chose de plus grand encore qu'un acte de tactique militaire? Une immense armée qui se croyait victorieuse, qui marchait dans l'ivresse du triomphe, a été renversée par des soldats qui avaient subi la triple épreuve de la défaite, de la retraite et de la faim!

Mais si leurs corps paraissaient épuisés, leurs cœurs n'avaient pas défailli. Et ce fut bien là le miracle, le miracle de l'énergie nationale, le miracle de la vertu de la race, le miracle de la tradition guerrière de la France. »

CHAPITRE IV

LES PROBLÈMES DE LA PAIX

§ 1. — Les difficultés de la paix.

Les difficultés dont sera hérissé le problème de la paix n'apparaissent pas encore à tous les yeux. Pour les mettre en évidence, il suffit de se placer dans l'hypothèse la plus favorable pouvant se réaliser au profit des alliés. Supposons donc que par les mystérieux décrets des divinités que sollicitent les hommes de foi, au lieu d'avancer de cent mètres par mois, nous avancions de cent kilomètres dans le même temps. Admettons encore que soient anéantis les deux ou trois millions d'Allemands interposés entre Berlin et Paris. Nous voici arrivés dans la capitale de l'Allemagne et pouvant y dicter nos lois. Les difficultés seront-elles aplanies? En aucune façon.

La perspicacité de Machiavel ne suffirait pas pour prévoir la conduite à tenir dans les favorables circonstances que nous venons de supposer.

Quelles que soient les hypothèses envisagées : division de l'Allemagne en nombreuses provinces, désarmement obligatoire, indemnité écrasante, etc., on arrive toujours à cette conclusion que, pour éviter les tentatives de revanche de 70 millions d'hommes, il faudra maintenir indéfiniment sur pied une armée formidable qui n'empêchera pas, d'ailleurs, ces tentatives. Napoléon, maître absolu de la Prusse après Iéna, s'est trouvé en présence d'un problème semblable et n'a pu le résoudre. Il croyait avoir anéanti la Prusse et, peu d'années après, les généraux prussiens entraient vainqueurs dans Paris.

A moins que des solutions imprévues n'interviennent, on peut dire que nous commençons une de ces luttes prolongées, coupées de paix provisoires, telles que l'histoire en a plusieurs fois connues. Guerre de Trente ans, guerre de Cent ans, etc. Les batailles futures seront seulement beaucoup plus ruineuses et meurtrières que celles d'autrefois.

Si les concepts qui conduisent les peuples ne changent pas, les nations européennes devront se résigner, semble-t-il, à ne compter que sur des périodes de paix assez éphémères. Pour que ces périodes puissent même durer un peu, dix ou quinze ans, par exemple, il faudra que les partis aux prises soient si affaiblis après leurs défaites qu'ils se trouvent dans l'impossibilité de recommencer immédiatement la lutte.

Il est donc probable que la guerre actuelle s'arrêtera seulement par la ruine totale de l'un des combattants. Cette solution n'est pas nouvelle et se présenta plusieurs fois dans l'histoire, notamment pour la guerre de Sécession.

Les Américains, écrit M. W. Eliot, se souviennent toujours de leurs cinq années de guerre civile qui, bien que résolument conduite de part et d'autre, ne cessa que lorsque les ressources des États du Sud, en hommes et en matériel, furent épuisées. Dans cette terrible crise, le capital entier de ces Etats fut englouti.

Une paix précaire serait d'ailleurs encore plus ruineuse pour les Alliés que la continuation de la guerre. A ceux qui en douteraient, il suffirait de rappeler les conditions exposées par le comte Bernstorff, ambassadeur allemand aux Etats-Unis :

Il partait du principe qu'il fallait réduire la France et en faire une nation comme le Portugal, même s'il fallait tuer cinq millions de Français. Et, entrant dans le détail, il se livrait au dépècement de la France et lui enlevait quinze millions d'habitants au delà d'une ligne allant de Saint-Valéry à Lyon pour les ajouter aux provinces belges, qui, naturellement, devenaient allemandes. L'Allemagne nous faisait payer dix milliards, démolissait nos frontières et prenait nos armes. Elle forçait la France à abandonner l'Angleterre et la Russie en lui imposant une alliance de vingt-cinq ans avec ses vainqueurs. Enfin Guillaume II achetait la Russie et écrasait l'Angleterre.

Dans un mémoire secret au chancelier de l'Empire, sur les conditions de la paix, signé par les grandes associations des industriels et agriculteurs allemands, le 20 mai 1915, les desiderata du peuple allemand sont nettement exprimés :

La Belgique doit être économiquement soumise à l'Allemagne. La région côtière de France voisine de la Belgique, jusqu'à la Somme, doit faire partie de l'empire allemand. L'Allemagne s'emparera de toutes les forteresses de l'Est, surtout de Verdun et de Belfort. Les territoires charbonniers du Nord et du Pas-de-Calais appartiendront à l'Allemagne. Les propriétaires de toutes ces régions seront expulsés et leurs terres occupées par des Allemands. Pour la Russie, on s'emparera de la Pologne et des provinces de la Baltique.

Le mémoire précédent des industriels reçut une approbation complète dans un autre manifeste, signé par un grand nombre de professeurs. Ils demandent en outre qu'on s'empare de toutes nos colonies.

Les conditions allemandes de la paix nous sont encore connues d'après les derniers discours prononcés au Reichstag, par le chancelier et le ministre des Finances, en août 1915. Elles ont le mérite d'être catégoriques : ruiner et dépouiller les vaincus. Le ministre anglais, sir E. Grey, les commente ainsi :

L'Allemagne doit être au-dessus de tout : la liberté des autres nations doit être celle que l'Allemagne leur octroiera. Telles sont les conclusions du discours du chancelier allemand. Et à ces conclusions, le ministre des Finances ajoute qu'un lourd fardeau de milliards devra être supporté pendant plusieurs décades, non par l'Allemagne, mais par ceux qu'il lui plaît de qualifier les instigateurs de la guerre. En d'autres termes, la prétention de l'Allemagne est que, pendant plusieurs décades à venir, toutes les nations qui lui auront résisté devront peiner afin de lui payer tribut sous forme d'indemnité de guerre.

A la suite du discours prononcé, le 19 août 1915, au Reichstag par le chancelier de l'Empire, la *Gazette de Voss*, écrivait :

Comme nous sommes le peuple suprême, notre devoir est désormais de conduire la marche de l'humanité. C'est un péché contre notre mission que de ménager les peuples qui nous sont inférieurs.

La réflexion d'un personnage allemand sur le sort de l'Alsace après la guerre, reproduite par le *Journal de Genève* du 4 septembre 1915, est très typique : « Après la guerre, les Alsaciens devront nous lécher les pieds. »

Tout ce qui précède devrait être mis sous les yeux des rares personnes qui songeraient à la paix. On ne saurait donc trop approuver les paroles suivantes, prononcées par le Président de la République française, le 14 juillet 1915, à la cérémonie de Rouget de l'Isle. Elles traduisent un sentiment très juste de la situation.

De quoi demain sera-t-il fait, s'il était possible qu'une paix boiteuse vînt jamais s'asseoir, essoufflée, sur les décombres de nos villes détruites ? Un nouveau traité draconien serait aussitôt imposé à notre lassitude, et nous tomberions, pour toujours, dans la vassalité politique, morale et économique de nos ennemis. Industriels, cultivateurs, ouvriers français seraient à la merci de nos rivaux triomphants, et la France, humiliée, s'affaisserait dans le découragement et dans le mépris d'elle-même.

...Que nos ennemis ne s'y trompent pas ! Ce n'est pas pour signer une paix précaire, trêve inquiète et fugitive entre une guerre écourtée et une guerre plus terrible, ce n'est pas pour rester exposée demain à de nouvelles attaques et à des périls mortels que la France s'est levée.

§ 2. — Les causes futures de conflit.

Quelle que soit la paix acceptée par les belligérants, les principales difficultés consisteront à retarder un peu les causes futures de conflit. Une surhumaine sagesse sera nécessaire pour y réussir.

Dans les transformations de la carte de l'Europe que la paix verra surgir, le principe des nationalités remplacera probablement le vieux dogme de l'équilibre.

Il est parfait en théorie, ce principe des nationalités permettant à chaque peuple de choisir le régime sous lequel il veut vivre, mais comment l'appliquer dans des pays de nationalités étroitement enchevêtrées, tels que les Balkans, où Grecs, Serbes, Bulgares, Roumains, Hongrois, etc., réclament les mêmes provinces au nom du même principe. Que de difficultés d'aspect insoluble! Trieste, par exemple, est une ville italienne, entourée de populations slaves, qui vivent dans cette région depuis Charlemagne et n'accepteront jamais une domination latine.

A côté des problèmes européens, surgiront les problèmes asiatiques, notamment l'absorption de la Chine par le Japon. Cette conquête pacifique s'effectua sans bruit pendant la guerre et son histoire sera une source de documents psychologiques des plus curieux.

On se rappelle avec quelle singulière méconnaissance du caractère asiatique, nos diplomates français s'imaginèrent, à un certain moment, pouvoir obtenir le concours en Europe des troupes du Mikado.

Cette étonnante campagne fut accueillie avec enthousiasme par la presse. Une grande perspicacité n'était cependant pas nécessaire pour comprendre que, loin de songer à nous envoyer ses armées, le Japon les utiliserait d'une façon beaucoup plus conforme à ses intérêts[1]. Il a, en effet — comme on devait s'y attendre — su profiter des luttes immobilisant les puissances européennes pour imposer son protectorat à la Chine et lui dicter des mesures qui amèneront l'élimination rapide des étrangers.

Les conséquences de l'hégémonie japonaise ainsi établie en Chine seront certainement immenses. L'Allemagne, à laquelle ses écrivains conseillaient de faire la guerre pour conquérir des débouchés, se verra fermer bientôt, ainsi que tous les Européens, du reste, le plus important des marchés asiatiques.

Mais ce ne sera pas le seul résultat de l'influence japonaise. Le rôle primordial assigné au nombre dans les grandes batailles modernes donnera aux quatre cents millions de Chinois, soumis aux Japonais et dressés par eux, une puissance mondiale qui pourrait bien devenir prépondérante. Nos diplomates le découvriront sans doute un jour.

§ 3. — Les conceptions des écrivains étrangers sur la fin de la guerre et l'état de l'Europe après la paix.

L'avenir de l'Europe semble aujourd'hui fort sombre ; mais toutes les prévisions n'étant que des hypothèses, chacun peut choisir celle qui satisfait son esprit.

Il ne sera pas sans intérêt de montrer comment est envisagé l'avenir, suivant les écrivains de nationalité différente. Dans l'océan de pronostics contra-

1. Les journaux français se montrèrent alors unanimes. Un ancien ministre des Affaires étrangères fut un des plus énergiques défenseurs de ce projet. Je crois bien avoir été le seul à essayer d'en démontrer l'absurdité. Un unique journal, celui de M. Clémenceau, consentit à insérer mes observations. Certaines parties essentielles de ma lettre furent, d'ailleurs, coupées par la censure.

dictoires qui ont été formulés, je choisirai surtout ceux émanant de personnages connus.

Voici ce qu'écrit M. E. Meyer, professeur à l'Université de Berlin :

Une chose est certaine : le retour aux conditions telles qu'elles ont existé avant la guerre est désormais totalement impossible : l'aspect du monde après la guerre sera tout à fait différent de ce qu'il était avant, même si les frontières des Etats ne subissent que des modifications insignifiantes ou n'en subissent aucune. De nouveaux problèmes surgissent en foule qui exigeront une solution et d'autres, qui semblaient résolus, s'imposeront de nouveau à notre attention, souvent avec une force élémentaire.

Cette guerre universelle, déchainée par l'Angleterre (quelle persistante illusion!) aura pour une de ses conséquences les plus immédiates et les plus néfastes, l'accroissement formidable de la puissance du Japon, accroissement dont résultera inévitablement une lutte gigantesque pour la maîtrise du Pacifique et de l'océan Indien. Comme il lui est souvent arrivé, l'Angleterre a contribué elle-même, dans son aveuglement, à armer l'ennemi le plus dangereux de tous ceux qui menacent sa puissance

Quoique nourrissant l'espérance de voir l'Allemagne écraser l'Angleterre, l'auteur ajoute :

Il est beaucoup plus probable que nous serons obligés, alors même que nous serions victorieux jusqu'au bout, de nous contenter de résultats modestes. L'Angleterre profitera de la première occasion pour recommencer la lutte, à la tête, sinon de l'ancienne, d'une nouvelle coalition et avec une préparation meilleure : il en résultera une longue succession de guerres graves et sanglantes, jusqu'à ce que survienne une décision définitive. C'est pourquoi je vois dans cette guerre universelle, déchainée par l'Angleterre (!), un tournant décisif de l'histoire moderne : et nombreux sont les symptômes qui indiquent qu'à partir d'aujourd'hui le développement de la culture moderne se déplacera lentement, mais irrésistiblement, dans la direction descendante, ainsi que cela se produisit dans l'antiquité, à la suite des guerres puniques.

Ce n'est ni le Japon, ni l'Angleterre, mais la Russie que redoute fort un ancien ministre hongrois, le comte Andrassy, dans un article, d'ailleurs remarquable, intitulé : *La Guerre mondiale et la liberté* :

... L'empire russe, agrandi dans cette énorme proportion, deviendrait le plus grand ennemi de la libre existence intellectuelle. Aucune puissance n'est à même, comme le tsarisme, d'entraver la liberté intellectuelle, et aucune n'y serait, comme lui dans ce cas, absolument contrainte.

Le système du tsarisme n'admet pas la liberté, et cela, non seulement par égoïsme, afin de maintenir sa domination, mais aussi parce que la Russie est composée d'éléments et de races si hétérogènes que seule une forte centralisation du pouvoir peut la conserver dans son intégralité. Une Russie libre cesserait d'être une Russie unifiée, et plus le nombre des races opprimées est grand, plus l'empire doit être une véritable création impérialiste, où l'oppression devient une impérieuse nécessité organique.

... Avec la défaite de Pompée, et, plus tard, après la mort de César, avec la destruction des légions de Brutus et Cassius par Auguste et Antoine, le sort de la République a été scellé. La grande lutte, inévitable entre les deux vainqueurs, Octave et Antoine, ne pouvait plus que décider lequel des deux serait maître du monde, mais non s'il existait encore, oui ou non, une liberté.

Après la défaite de l'Europe centrale, la question serait également : à qui doit échoir la souveraineté du monde, au ministère parlementaire anglais ou au tsar blanc?

La paix désirée resterait plus lointaine que jamais et la liberté espérée aurait cessé d'exister.

Peut-on supposer que les souverains allemands confédérés, courbés depuis bientôt cinquante ans sous la domination de la Prusse victorieuse, seraient disposés à se séparer de la Prusse vaincue? Il est difficile de le croire. L'Allemagne a tellement gagné en importance militaire par sa réunion à la Prusse que, séparée d'elle, sa tendance serait toujours de s'y réunir de nouveau. M. de Beyens, ancien ministre de Belgique, à Berlin, fait remarquer avec raison que :

la guerre a été aussi acclamée dans le reste de l'Allemagne que dans la Prusse elle-même. Les premières manifestations ont été encore plus bruyantes à Munich qu'à Berlin. A Dresde, la populace a brisé, avec une fureur au moins égale à celle des bourgeois de la capitale prussienne, les vitres de la légation britannique. Cet état d'esprit prouve d'abord qu'une partie de l'opinion publique, celle qui s'est montrée si démonstrative, avait été aussi pervertie, aussi infectée du virus pangermaniste, chez les tranquilles habitants des régions méridionales que chez leurs frères du Nord infatués de leur supériorité militaire, et aussi que l'unité allemande est maintenant considérée par tous les Germains comme la condition indispensable de leur existence nationale.

Les rares Allemands auxquels l'infatuation nationale n'enlève pas la faculté de raisonner un peu, ont également très bien compris les difficultés de la paix. Voici, d'après la *Revue*, quelques fragments d'un article du professeur Osterrieth :

Imaginons l'Allemagne victorieuse, ayant conquis l'Angleterre, l'ayant réduite au rôle de vassale; ou bien encore : les Alliés ayant réussi à démembrer la Confédération germanique et asservir les Etats allemands du Sud. D'un côté comme de l'autre, cette organisation peut-elle être durable?

Jamais l'Allemagne ne pourra protéger entièrement l'Europe contre une invasion asiatique et en même temps maintenir son lourd héritage du pouvoir anglais sur les mers. Encore moins facilement les Alliés victorieux ne pourront se dispenser de l'Allemagne, qui forme un gigantesque rempart contre l'Asie. Le maintien de la civilisation européenne ne s'effectuera que par l'union des trois grandes puissances : Allemagne, France et Angleterre. Un changement considérable dans l'équilibre de l'une d'elles risquera l'existence des autres. Unies, elles forment la charpente de l'Europe sur laquelle reposent, politiquement et ethniquement, les autres nations.

La Russie, en considération de sa situation particulière, est un monde en elle-même. Cette terre orthodoxe a ses racines à Byzance; elle a tenté de s'approcher de notre culture, mais la force de son pouvoir demeurera en Asie: son développement intellectuel et social créera un peuple nouveau, différent des autres, auquel il manquera les traditions qui nous lient. L'Europe devra se tenir sérieusement sur ses gardes contre les convoitises de la Russie, nation asiatique par essence.

Voici maintenant les opinions émises par des écrivains italiens. L'un d'eux, M. Pareto, voit les difficultés, mais il n'a pas trouvé non plus le moyen de les résoudre :

Deux hypothèses sont possibles au sujet de la manière dont

prendra fin la guerre actuelle : 1° On peut supposer qu'elle aboutira à une paix qui laissera les adversaires de force égale, ou presque égale. En ce cas, il est bien évident qu'elle ne sera qu'une trêve; 2° On peut croire qu'elle finira par la victoire pleine, entière, absolue d'un des belligérants. Si c'est la triple entente qui est victorieuse, on ne voit pas comment, plus et mieux qu'après la bataille d'Iéna Napoléon Ier n'a pu le faire à l'égard de la Prusse, elle pourra détruire la puissance militaire allemande et l'empêcher de se reconstituer. Au contraire, la douleur et l'humiliation de la défaite agiraient, comme elles agirent alors, pour raviver et stimuler les sentiments patriotiques des Allemands. Si ce sont les empires du centre de l'Europe qui obtiennent la victoire, on ne voit pas mieux comment ils pourront détruire l'immense empire britannique, et empêcher que les Etats dont il se compose se réunissent de nouveau en un ardent désir de revanche, peut-être avec l'appui de la grande puissance des Etats-Unis d'Amérique; ni comment ils pourront faire en sorte que l'empire russe, tellement étendu, soit sérieusement atteint et doive perdre tout espoir de meilleur avenir.

Un autre auteur italien, le professeur Rignano, écrit :

Il ne faut pas que les alliés se fassent des illusions sur la possibilité d'anéantir définitivement l'Allemagne. Même dans le cas d'une victoire si décisive de leur part, qu'ils puissent dicter à leur rivale telles conditions qu'ils voudront, ils devront se rendre compte qu'un pays comme l'Allemagne sera remis de sa défaite au bout de peu d'années. Il suffit de se rappeler la rapide résurrection de la France après sa défaite, pourtant si grave, de 1870-71.

Les observations qui précèdent nous montrent un avenir plein de luttes et d'incertitudes, mais elles supposent toutes l'Allemagne actuelle n'ayant pas changé.

On pourrait peut-être faire remarquer que l'Allemagne absolutiste est, au point de vue politique, en retard de plus d'un siècle sur l'évolution démocratique de pays tels que l'Amérique et l'Angleterre. Il semble donc douteux qu'une pareille forme de gouvernement puisse durer. Si de l'état autocratique l'Allemagne passe un jour à l'état démocratique, une guerre offensive deviendra fort difficile.

D'autres hypothèses non formulées encore peuvent être énoncées. Examinons-les maintenant.

§ 4. — Idées relatives au peu d'utilité pratique des guerres, que pourra enseigner l'expérience.

Nombreux sont les écrivains ayant montré les côtés inévitables et utiles des guerres. Pour eux le conflit est une loi de la nature. La lutte existe partout, même entre les cellules de notre propre corps. Si elle se ralentit, c'est la maladie; quand elle cesse, c'est la mort. L'histoire semble montrer que la paix ne constitue qu'une trêve accidentelle entre des combats. Toutes les civilisations ont été fondées sur la guerre et anéanties par la paix. La guerre engendre des qualités que la paix ne saurait créer et qui contribuent à grandir l'âme de la race.

Ces idées offrent un fond de justesse impossible à contester. Mais les luttes anciennes ne furent jamais aussi ruineuses et aussi meurtrières que celles d'aujourd'hui. Jadis des armées et non des peuples entiers combattaient.

Avec leurs conditions actuelles, les guerres ne peuvent se terminer, je le répète, que par la ruine à peu près totale des belligérants. Dès que tout leur or sera transformé en fumée et leurs ressources réduites à du papier sans valeur reconnue, ce sera la banqueroute et l'arrêt forcé de la lutte.

Peut-on espérer que dans l'avenir les peuples admettront la nécessité, sinon de supprimer, au moins de rendre moins fréquents ces ruineux conflits?

On ne doit pas trop compter, sans doute, sur la sagesse des nations, mais on peut espérer qu'elles sauront peut-être découvrir à la longue leurs véritables intérêts.

Laissons d'abord de côté les puérils bavardages des pacifistes sur la paix par le triomphe du droit. Si une paix durable est obtenue, ce ne sera pas le droit qui la créera, mais des nécessités économiques et sociales supérieures à toutes les volontés, puis une transformation profonde des idées qui mènent les hommes.

Un petit changement dans les idées d'un peuple suffit à modifier sa mentalité et, par conséquent, sa conduite. Quand des guerres auront été suffisamment répétées pour amener la ruine industrielle et financière de l'Allemagne, les combattants de cette nation acquerront peut-être un certain nombre de notions, telles que celles-ci :

1° Il n'est pas très sûr que les Germains aient été désignés par Dieu pour régner sur le monde, après l'avoir dévasté ;

2° Massacrer des voisins détestés, incendier leurs monuments et leurs villes, procure sans doute des jouissances très vives, mais ce sont des jouissances coûtant extrêmement cher en hommes et en argent ;

3° Dans l'évolution actuelle du monde, une lutte économique peut enrichir le vainqueur, une guerre militaire le ruine pour longtemps ;

4° Il est plus profitable de commercer avec ses voisins que de les détruire ;

5° L'évolution de l'âge moderne a créé entre les nations une interdépendance financière et industrielle supérieure à toutes les volontés. Les peuples peuvent se haïr, mais ils ne sauraient vivre longtemps sans échanger les produits différents que chacun obtient suivant son climat et ses capacités.

La plupart de ces vérités sont, je crois, évidentes, mais en théorie seulement. Elles n'ont pas atteint encore cette sphère de l'inconscient où s'élaborent les causes de nos actions. Avant qu'elles puissent devenir des mobiles de conduite, bien des millions d'hommes devront encore périr. L'histoire montre que des massacres et des dévastations prolongés furent toujours nécessaires pour qu'une vérité rationnelle triomphât d'illusions d'origine affective ou mystique. Des croisades aux guerres de religion, le monde fut ravagé pour faire triompher des conceptions aujourd'hui sans prestige et sans force. Les illusions ne redoutent que le poids du temps et c'est pourquoi leur vie fut toujours très longue.

CONCLUSIONS

J'ai exposé dans cet ouvrage les enseignements psychologiques de la guerre actuelle et montré sa genèse. L'étude de ses conséquences politiques, psychologiques et sociales fera l'objet d'un autre volume.

Les conclusions générales, de chacun des chapitres du présent livre étant trop spéciales pour être condensées en une vue d'ensemble, je me bornerai à quelques considérations.

De grands cataclysmes ont déjà bouleversé l'Europe. Les générations subissant ces rafales de mort, croient volontiers que tout va finir, mais des ruines accumulées, un monde nouveau surgit toujours.

Il semblerait même qu'arrivés à certaines périodes de leur histoire, les peuples ne puissent progresser sans l'action de ces grandes crises. Elles sont peut-être nécessaires pour les dégager des étreintes d'un passé devenu trop lourd, de préjugés et d'habitudes trop fixés.

L'Allemagne sacrifie aujourd'hui ses richesses et sa prospérité future au désir de voir les nations asservies à son despotisme et nous la maudissons justement. Mais sans cette guerre le redoutable rêve d'hégémonie se fût lentement réalisé dans l'indifférence générale. Lorsqu'enfin sentant peser durement sur eux le despotisme germanique, les peuples auraient voulu le secouer, il eût été trop tard. L'industrie, la science, le commerce et tout ce qui fait la richesse des nations se seraient trouvés entre les mains des Allemands.

La paix leur eût donc probablement livré ce que ne saurait leur procurer cette gigantesque conflagration; mais, aveuglés par leur rêve, ils ne le comprirent pas et crurent que l'empire romain pouvait se répéter encore. Alors même que les armées allemandes gagneraient cent batailles et ravageraient cent cités, le monde a trop besoin de liberté et possède assez de moyens de défense pour qu'un César quelconque puisse espérer le soumettre à ses lois.

Avec la mentalité moderne, l'idéal de domination universelle, qui obséda tant de conquérants, n'est plus réalisable. De nos jours, la plupart des peuples préféreraient périr que d'accepter une hégémonie imposée par la force. Ils ont pris trop conscience d'eux-mêmes pour que l'absolutisme d'un despote puisse les asservir.

Les pays envahis n'échapperont pas sans doute à la ruine, mais ils n'ont pas à craindre la servitude.

*
* *

La destinée des grandes nations européennes nous demeure inconnue. L'avenir est écrit dans un livre où l'intelligence humaine ne sait pas encore lire.

Mais si nul ne saurait révéler ce que verra naître le déroulement du temps, nous pouvons au moins en remonter le cours. Créateur du présent, le passé contient les causes des événements actuels et de ceux que le destin fera surgir. Les fautes sous le poids desquelles nous avons failli périr y eurent leurs germes. Le présent montre des résultats. Le passé révèle sa genèse.

Une des causes de la grandeur des Romains, notée par Montesquieu, fut de savoir toujours reconnaître les qualités de leurs adversaires et au besoin en adopter les méthodes. Nous devrons retenir cette leçon et étudier minutieusement les méthodes militaires et industrielles des Allemands.

Non certes qu'il faille chercher à les copier car leur mentalité diffère de la nôtre, mais les mêmes résultats peuvent être obtenus par des procédés différents.

L'Allemand moderne n'est pas du tout l'être transcendant imaginé par la vanité de ses historiens. Héritier des hommes que Napoléon vainquit si facilement à Iéna, il n'a de réellement supérieur qu'une discipline très stricte et une organisation méticuleuse bien adaptée aux besoins de l'âge moderne.

Son mysticisme ne l'empêche pas de poursuivre un but fort pratique. Il ne lutte pas comme les armées de la Révolution pour le triomphe d'une idée capable de séduire les vaincus, mais pour une suprématie permettant d'accroître les gains commerciaux. Nous ne saurions l'emporter sur de tels terrains, mais il en est d'autres où notre supériorité séculaire pourra se maintenir.

*
* *

Bien que modifié par les circonstances, le plan de guerre des Allemands visa toujours à conquérir des territoires : 1° en Belgique et en France, de riches régions industrielles; 2° en Russie, la Pologne, la Lithuanie et la Courlande; 3° en Orient, Constantinople et, si cela était possible, le canal de Suez et l'Egypte.

En supposant le succès de cette dernière opération,

les Allemands ne pourraient nullement considérer la guerre comme achevée et s'imaginer n'avoir plus qu'à protéger leurs conquêtes, comme ils l'ont fait en France, par un système de tranchées fortifiées empêchant les retours offensifs.

Toutes ces conquêtes ne leur seront d'aucune utilité en effet, tant que l'Angleterre empêchera le commerce maritime sans lequel l'Allemagne ne saurait vivre bien longtemps. Or elle l'empêchera autant que ce sera nécessaire puisque sa flotte domine sans rivalité les mers.

* * *

La France sortira probablement de cette guerre presque épuisée d'hommes et d'argent. Mais elle aura perdu aussi les illusions et les erreurs qui eussent fini par engendrer sa décadence.

Nous nous trouverons alors devant un édifice social que nos dissensions politiques et religieuses avaient fort ébranlé. Les peuples qui ne surent pas renoncer à leurs luttes intestines ont disparu de l'histoire. Les ennemis du dedans rendent toujours impuissants contre les ennemis du dehors.

Consolider la société ébranlée sera une lourde tâche. Bien des éléments de notre vie individuelle et sociale devront subir d'importantes transformations.

Une des plus difficiles sera de nous débarrasser de la funeste puissance des mots. Avec quelques formules populaires sur le progrès, le pacifisme, le socialisme, la fraternité universelle, de redoutables rhéteurs masquaient les réalités sous le poids desquelles nous faillîmes sombrer.

Nous devrons acquérir aussi le sentiment du devoir, ainsi que celui de la responsabilité, qui nous manquaient un peu et un esprit de solidarité faisant plus défaut encore. La guerre nous a donné ces qualités. La paix devra tâcher de les conserver.

Nos lois sociales et notre éducation nécessiteront surtout une vigilante attention.

En ce qui concerne la désastreuse influence exercée en France par les lois sociales, je renverrai le lecteur à ma *Psychologie politique*. Il y verra vers quels abîmes elles nous auraient conduits.

Relativement à l'éducation, base fondamentale de toutes les réformes, c'est un sujet que je ne puis effleurer ici. Je me bornerai à reproduire un court passage de ce que j'ai écrit sur la réforme de l'enseignement dans ma *Psychologie de l'Éducation* :

« Dans la phase d'évolution où la science et l'industrie ont conduit le monde, les qualités de caractère jouent un rôle prépondérant. L'initiative, la persévérance, la précision, le jugement, l'énergie, la volonté, la domination de soi-même, le sentiment du devoir sont des aptitudes sans lesquelles tous les dons de l'intelligence restent inutiles. L'éducation seule peut les créer un peu quand l'hérédité ne les a pas données. »

Ces qualités, non seulement l'université ne les donne pas, mais son pesant régime les ôte à qui les possède. Son système devra donc être changé entièrement.

De la solution réservée au problème de l'éducation notre avenir dépend[1].

* * *

Quel que soit le succès final de l'Europe contre la tentative d'hégémonie allemande, il ne faut pas l'es-

1. Cette opinion que je défends depuis bien des années a été également énoncée récemment par un membre éminent de l'Académie des sciences, M. H. Le Châtelier. Il croit, et je serai aussi de son avis sur ce point, que ce n'est pas de la génération actuelle que pourront être obtenus les changements nécessaires. Où trouver en effet des volontés assez fortes pour les imposer et des professeurs capables de les réaliser ?

pérer définitif. L'idéal de domination constitue une de ces croyances à forme mystique dont la durée n'est jamais éphémère.

Un peuple choisi par Dieu pour conquérir et régénérer le monde, n'abandonne pas facilement une telle mission. L'Allemagne n'y renoncera qu'après avoir été plusieurs fois vaincue.

Les nations civilisées paraissent exposées aujourd'hui à des dangers plus redoutables encore que la perte de leurs richesses et la disparition de leurs élites. Elles sont menacées en effet de voir s'évanouir certaines vertus lentement acquises, qui faisaient la gloire et le charme de la civilisation. Devenues dangereuses pour leurs possesseurs, ces vertus semblent condamnées à disparaître.

La loyauté, la droiture, l'humanité, le respect de la parole et des traités, c'est-à-dire toutes les formes de l'honneur devenant des sources de faiblesse dans une lutte contre des peuples qui ne les respectent pas, ne pourront peut-être plus se maintenir. Mais le jour où toutes ces qualités auraient définitivement péri et où des forces aveugles régneraient exclusivement sur le monde, ce jour-là l'humanité serait condamnée aux plus barbares régressions et les centres de la civilisation se déplaceraient fatalement.

Le plus populaire des savants germaniques assure que les principes : fraternité, égalité, liberté, sur lesquels reposent de plus en plus les sociétés, doivent être remplacés par la formule darwinienne : lutte sans pitié conduisant à la survivance des plus forts. C'est ce que les historiens allemands appellent la justice biologique.

Bien que les naturalistes n'en soient pas encore très convaincus, cette loi sanguinaire régit peut-être le monde animal, mais tous les efforts de la science ont été de soustraire l'homme aux duretés de la nature et de protéger sa faiblesse.

Devons-nous renoncer à ces conquêtes de la civilisation et voir se répéter sans trève ces effroyables hécatombes qui fauchent la jeunesse d'une nation, ruinent des provinces entières et anéantissent les plus purs chefs-d'œuvre du passé? La force brutale est-elle destinée à devenir, comme aux débuts du monde, l'unique souveraine des peuples? Doivent-ils se résigner à subir une barbarie sans pitié, condamnant les faibles à un esclavage sans espoir? Nul ne peut le dire.

On devrait désespérer de l'esprit humain si, après tant de triomphes sur la nature, il aboutissait à une telle fin. L'avenir de l'homme apparaîtrait vraiment bien sombre si tout ce qui embellit la vie se trouvait remplacé par des luttes sauvages, interrompues seulement par les stades d'une existence rigide au fond de sinistres casernes.

Il ne saurait en être ainsi parce que nous ne le voulons pas. Les lois naturelles sont puissantes sans doute, mais très puissante aussi la science qui cherche à les dominer.

Il ne faut pas d'ailleurs trop parler des lois naturelles, car nous les connaissons bien peu. Elle reste pleine de mystères, cette nature tant invoquée. Ses raisons ne sont pas nos raisons et elle ignore nos mesures. Nous ne connaissons que l'éphémère, elle n'envisage que la durée. Nos plus grands cataclysmes lui apparaissent sans doute comme d'imperceptibles rides à la surface d'un océan illimité. Elle fait surgir la vie de la mort et crée des formes transitoires avec des forces éternelles.

Les savants peuvent s'élever au-dessus des illusions qui mènent les peuples, découvrir les réalités sous les apparences, mais aucun d'eux n'a pénétré encore dans la région ignorée où la nature élabore les raisons des choses.

Ne renonçons donc pas à l'espoir d'heures moins sombres. Le monde se transforme si vite aujourd'hui que l'imprévu déroute souvent nos vérités d'un jour.

* * *

La vision philosophique des événements ne doit pas nous faire oublier les menaces dont l'heure présente reste enveloppée. Au moment où j'écris ces lignes nos plus riches départements se voient ravagés sans trêve, les armées de la Russie sont refoulées, la Pologne perdue, ses villes et ses forteresses importantes brûlées ou conquises.

Tous ces désastres seront sans conséquences si notre volonté de triompher persiste. Conquérir le territoire d'un peuple ne suffit pas. Pour le dominer, il faut encore vaincre son âme.

Lorsque Annibal anéantissait à Cannes la dernière des armées romaines il croyait avoir vaincu définitivement la rivale redoutée de sa patrie, mais la volonté de Rome n'avait pas plié et ce fut Carthage qui disparut finalement de la scène du monde.

Aucun des peuples envahis par l'Allemagne n'a vu faiblir sa volonté. A la soumission tous préféreraient la mort.

Cette énergie suffit. Il n'est pas aujourd'hui de despote assez fort pour dominer une nation qui ne veut pas obéir. Napoléon en fit l'expérience avec l'Espagne. Il prit ses villes, vainquit ses armées, mais bien qu'étant le plus grand capitaine de l'histoire, il ne la soumit pas.

L'avenir dépendra surtout de la durée de notre volonté. La ligne de conduite des peuples que l'Allemagne voudrait asservir peut se tracer en quelques mots : Vaincre ou périr, ne jamais céder. Rien ne résiste à une volonté forte et continue, ni la nature, ni les hommes, ni la fatalité même. Je l'ai dit et redit déjà. Je le répète encore.

Octobre 1915.

FIN

TABLE DES MATIÈRES

LIVRE PREMIER

PRINCIPES DE PSYCHOLOGIE NÉCESSAIRES A L'INTERPRÉTATION DE CET OUVRAGE

LIVRE II

L'ÉVOLUTION MODERNE DE L'ALLEMAGNE

LIVRE III

LES CAUSES LOINTAINES DE LA GUERRE

LIVRE IV

LES CAUSES IMMÉDIATES DE LA GUERRE

LIVRE V

LES FORCES PSYCHOLOGIQUES EN JEU DANS LES BATAILLES

LIVRE VI

LES ÉLÉMENTS PSYCHOLOGIQUES DES MÉTHODES DE GUERRE ALLEMANDES

LIVRE VII

LES INCONNUES DE LA GUERRE

8869. — Paris. — Imp. Hemmerlé et Cie. — 11-1915.

PSYCHOLOGIE ET PHILOSOPHIE

AVENEL (Vicomte Georges d'). **Le Nivellement des Jouissances.**

BALDENSPERGER (F.), chargé de cours à la Sorbonne. **La Littérature.**

BERGSON, POINCARÉ, Ch. GIDE, Etc., **Le Matérialisme actuel** (6e mille).

BINET (A.), directeur de Laboratoire à la Sorbonne. **L'Ame et le Corps** (9e mille).

BINET (A.). **Les Idées modernes sur les enfants** (13e mille).

BOHN (Dr G.). **La Naissance de l'Intelligence** (40 figures) (6e mille).

BOUTROUX (E.), de l'Institut. **Science et Religion** (14e mille).

COLSON (C.), de l'Institut. **Organisme économique et Désordre social.**

CRUET (J.), avocat à la cr d'appel. **La Vie du Droit et l'impuissance des Lois** (5e m.).

DAUZAT (Albert), docteur ès lettres. **La Philosophie du Langage.**

DROMARD (Dr G.). **Le Rêve et l'Action.**

GUIGNEBERT (C.), chargé de cours à la Sorbonne. **L'Evolution des Dogmes** (6e m.).

HACHET-SOUPLET (P.), directeur de l'Institut de Psychologie. **La Genèse des Instincts.**

HANOTAUX (Gabriel), de l'Académie française. **La Démocratie et le Travail.**

JAMES (William), de l'Institut. **Philosophie de l'Expérience** (8e mille).

JAMES (William). **Le Pragmatisme** (6e m.).

JANET (Dr Pierre), de l'Institut, professeur au Collège de France. **Les Névroses** (8e m.).

LE BON (Dr Gustave). **Psychologie de l'Éducation** (18e mille).

LE BON (Dr Gustave). **La Psychologie politique** (11e mille).

LE BON (Dr Gustave). **Les Opinions et les Croyances** (9e mille).

LE BON (Dr Gustave). **La Vie des Vérités** (7e mille).

LE BON (Dr Gustave). **Enseignements Psychologiques de la Guerre Européenne.**

LE DANTEC. **L'Athéisme** (12e mille).

LE DANTEC. **Science et Conscience** (6e m.

LE DANTEC. **L'Égoïsme** (8e mille).

LE DANTEC. **La Science de la Vie** (6e m.)

LEGRAND (Dr M.-A.). **La Longévité.**

LOMBROSO. **Hypnotisme et Spiritisme** (6e mille).

MACH (E.). **La Connaissance et l'Erreur** (5e mille).

MAXWELL (Dr J.). **Le Crime et la Société** (5e mille).

PICARD (Edmond). **Le Droit pur** (6e mille)

PIERON (H.), Mre de Confe à l'École des Htes-Études. **L'Evolution de la Mémoire** (4e mil.)

REY (Abel), professeur agrégé de Philosophie. **La Philosophie moderne** (9e mille).

VASCHIDE (Dr). **Le Sommeil et les Rêves** (5e mille).

VILLEY (Pierre), professeur agrégé de l'Université. **Le Monde des Aveugles.**

HISTOIRE

ALEXINSKY (Grégoire), ancien député à la Douma. **La Russie moderne** (6e mille).

AURIAC (Jules d'). **La Nationalité française, sa formation.**

AVENEL (Vicomte Georges d'). **Découvertes d'Histoire sociale** (6e mille).

BIOTTOT (Colonel). **Les Grands Inspirés devant la Science. Jeanne d'Arc.**

BLOCH (G.), professeur à la Sorbonne. **La République romaine.**

BORGHESE (Prince G.). **L'Italie moderne.**

BOUCHÉ-LECLERCQ (A.), de l'Institut. **L'Intolérance religieuse et la politique.**

BRUYSSEL (E. van), consul général de Belgique. **La Vie sociale** (6e mille).

CAZAMIAN (Louis), me de Conférences à la Sorbonne. **L'Angleterre moderne** (6e m.)

CHARRIAUT (H.). **La Belgique moderne** (7e mille).

COLIN (J.), Lt-Colonel. **Les Transformations de la Guerre** (6e mille).

COLIN (J.) Lt-Colonel. **Les Grandes Batailles de l'Histoire.** *De l'antiquité à 1913.* (6em.)

CROISET (A.), membre de l'Institut. **Les Démocraties antiques** (7e mille).

DIEHL (Charles), membre de l'Institut. **Une République patricienne. Venise.**

GARCIA-CALDÉRON (F.). **Les Démocraties latines de l'Amérique** (5e mille).

GENNEP. **Formation des Légendes** (5e m.)

HARMAND (J.), ambassadeur. **Domination et Colonisation.**

HILL, ancien ambassadeur. **L'Etat moderne.**

LE BON (Dr Gustave). **La Révolution Française et la Psychologie des Révolutions** (9e mille).

LICHTENBERGER (H.), professeur adjoint à la Sorbonne. **L'Allemagne moderne** (12e m.)

LUCHAIRE (Julien). **Les Démocraties italiennes.**

MEYNIER (Commandant O.), pr à l'École militaire de Saint-Cyr. **L'Afrique noire** (5e mille).

MICHELS (Robert). Professeur à l'Université de Turin. **Les Partis Politiques.**

NAUDEAU (Ludovic). **Le Japon moderne, son Evolution** (10e mille).

OLLIVIER (E.), de l'Académie française. **Philosophie d'une Guerre (1870)** (6e mille).

OSTWALD (W.), professeur à l'Université de Leipzig. **Les Grands Hommes.**

PIRENNE (H.), Profr à l'Université de Gand. **Les Démocraties des Pays-Bas.**

ROZ (Firmin). **L'Energie américaine** (7e m.)

Bibliothèque de Philosophie scientifique

DIRIGÉE PAR LE Dr GUSTAVE LE BON

SCIENCES PHYSIQUES ET NATURELLES

BACHELIER (Louis), Docteur ès sciences. **Le Jeu, la Chance et le Hasard.**

BELLET (Daniel), profr à l'École des Sciences politiques. **L'Évolution de l'Industrie.**

BERGET (A.), professeur à l'Institut océanographique. **La Vie et la Mort du Globe** (6e m.).

BERGET (A.). **Les problèmes de l'Atmosphère** (27 figures).

BERTIN (L.-E.), de l'Institut. **La Marine moderne** (66 figures) (5e mille).

BIGOURDAN, de l'Institut. **L'Astronomie** (50 figures) (5e mille).

BLARINGHEM (L.). **Les Transformations brusques des êtres vivants** (49 figures). (5e mille).

BOINET (Dr), profr de Clinique médicale. **Les Doctrines médicales** (6e mille).

BONNIER (Gaston), de l'Institut. **Le Monde végétal** (230 figures) (10e mille).

BONNIER (Dr Pierre). **Défense organique et Centres nerveux.**

BOUTY (E.), de l'Institut. **La Vérité scientifique, sa poursuite** (5e mille).

BRUNHES (B.), professeur de physique. **La Dégradation de l'Energie** (8e mille).

BURNET (Dr Etienne), de l'Institut Pasteur. **Microbes et Toxines** (71 fig.) (5e mille).

CAULLERY (Maurice), professeur à la Sorbonne. **Les Problèmes de la Sexualité.**

COLSON (Albert), professeur à l'École Polytechnique. **L'Essor de la Chimie** (5e m.)

COMBARIEU (J.), chargé de cours au collège de France. **La Musique** (10e mille).

DASTRE (Dr A.), de l'Institut, professeur à la Sorbonne. **La Vie et la Mort** (13e mille).

DELAGE (Y.), de l'Institut et GOLDSMITH (M.). **Les Théories de l'Evolution** (7e mille).

DELAGE (Y.), de l'Institut et GOLDSMITH (M.). **La Parthénogénèse.**

DELBET (P.), professeur à la Fe de Médecine de Paris. **La Science et la Réalité.**

DEPÉRET (C.), de l'Institut. **Les Transformations du Monde animal** (7e mille).

ENRIQUES (F.). **Les Concepts fondamentaux de la Science.**

GUIART (Dr). **Les Parasites inoculateurs de maladies** (107 figures) (5e mille).

HÉRICOURT (Dr J.). **Les Frontières de la Maladie** (8e mille).

HERICOURT (Dr J.). **L'Hygiène moderne** (12e mille).

HOUSSAY (F.), professeur à la Sorbonne. **Nature et Sciences naturelles** (7e mille).

JOUBIN (Dr L.), professeur au Muséum. **La Vie dans les Océans** (45 figures) (5e mille).

LAUNAY (L. de), de l'Institut. **L'Histoire de la Terre** (11e mille).

LAUNAY (L. de), de l'Institut. **La Conquête minérale** (5e mille).

LE BON (Dr Gustave). **L'Évolution de la Matière**, avec 63 figures (27e mille).

LE BON (Dr Gustave). **L'Évolution des Forces** (42 figures) (15e mille).

LECLERC DU SABLON (M.). **Les Incertitudes de la Biologie** (24 figures).

LE DANTEC (F.). **Les Influences Ancestrales** (12e mille).

LE DANTEC (F.). **La Lutte universelle** (10e m.)

LE DANTEC (F.). **De l'Homme à la Science** (8e mille).

MARTEL, directeur de *La Nature*. **L'Évolution souterraine** (80 figures) (6e mille).

MEUNIER (S.), professeur au Muséum. **Les Convulsions de la Terre** (35 fig.) (5e m.).

OSTWALD (W.). **L'Evolution d'une Science, la Chimie** (8e mille).

PICARD (Émile), de l'Institut, professeur à la Sorbonne. **La Science moderne** (11e mille).

POINCARÉ (H.), de l'Institut, profr à la Sorbonne. **La Science et l'Hypothèse** (24e mille).

POINCARÉ (H.). **La Valeur de la Science** (21e mille).

POINCARÉ (H.). **Science et Méthode** (13e m.).

POINCARÉ (H.). **Dernières Pensées** (8e mil.)

POINCARÉ (Lucien), dr au Mre de l'Instruction publique. **La Physique moderne** (15e m.).

POINCARÉ (Lucien). **L'Électricité** (11e mille).

RENARD (Ct). **L'Aéronautique** (68 figures) (6e mille).

RENARD (Ct). **Le Vol mécanique. Les Aéroplanes** (121 figures)

ZOLLA (Daniel), professeur à l'Ecole de Grignon. **L'Agriculture moderne.**

www.ingramcontent.com/pod-product-compliance
Lightning Source LLC
LaVergne TN
LVHW010102240826
846091LV00017B/216